OEUVRES

MAISTRE FRANÇOIS VILLON.

Chaque exemplaire porte la signature de l'Editeur.

OEUVRES

DE

MAISTRE FRANÇOIS

VILLON

CORRIGÉES ET AUGMENTÉES

D'APRÈS PLUSIEURS MANUSCRITS QUI N'ÉTOIENT PAS CONNUS,

PRÉCÉDÉES D'UN MÉMOIRE,

ACCOMPAGNÉES DE VARIANTES,

PAR

J.-H.-R. Prompsault.

Cette édition, la 15e des œuvres de Villon, est la seule qui ait été faite sur les manuscrits originaux, la seule par conséquent ou le texte soit pur et les productions du poète sans lacunes. Le nombre des vers omis dans les éditions précédentes, et nécessaires à la suite et à l'intelligence du texte, était de plus de 300, indépendamment d'un poëme tout entier sur la naissance de Marie de Bourgogne.
Les variantes dont elle est enrichie, font en quelque sorte, de cette édition, une bibliothèque complète des manuscrits et des vieilles éditions des œuvres de ce poète.

> Peu de Villons en bon sçavoir ;
> Trop de Villons pour décevoir
> Marot.
>
> Villon sut le premier, dans ces siècles grossiers,
> Débrouiller l'art confus de nos vieux romanciers.
> Boileau.

PARIS,

ÉBRARD, LIBRAIRE-ÉDITEUR,

RUE DES MATHURINS-SAINT-JACQUES, 24.

ET DELAUNAY, PALAIS-ROYAL, 182.

1835.

EXPLICATION

DES PRINCIPALES ABRÉVIATIONS DONT NOUS AVONS FAIT USAGE.

An. L'édition gothique anonyme. (Voy. mém., 3 p., § 2, n° 1.)
Anc. éd. Anciennes éditions.
Bo. L'édition de Bonnemère. (Mém., 3 p., § 2, n° 6.)
Ed. mod. Editions modernes.
Gd. L'édition de Galiod-du-Pré, non corrigée. (*Ibid.*, n° 5.)
G. T. Le Grand Testament.
H. Huitain.
J. p. Le Jardin de plaisance. (Mém., 3 p., § 1, n° 6.)
Leç. div. Leçons diverses.
Mar. L'édition donnée par Marot. (Mém., 3 p., § 2, n°s 4 et 7.
Mém. Notre Mémoire sur la Vie et sur les Œuvres de l'Auteur.
Mss. A. Le manuscrit de la Bibliothèque de l'Arsenal. (Mém., 3 p., § 1, n° 5.)
Mss. C. Le manuscrit provenant de la Bibliothèque Coislin. (*Ibid.*, n° 4.)
Mss. L. Le manuscrit donné à la Bibliothèque royale, par M. Lenglet. (*Ib.*, n° 3.)
Mss. D. Le manuscrit des Poésies du prince Charles d'Orléans. (*Ib.*, n° 1.)
Mss. T. Le Recueil manuscrit où nous avons trouvé le petit Testament de Villon. (*Ib.*, n° 2.)
Niv. L'édition de Niverd. (Mém., 3 p., § 2, n° 2.)
Not. et com. Notes et commentaires.
Œ. Les Œuvres diverses de Villon.
P. T. Le Petit Testament.
Ver. L'édition de Vérard.
V. Voyez.

CLÉMENT MAROT DE CAHORS,

VARLET DE CHAMBRE DU ROY,

AUX LECTEURS.

Entre tous les bons livres imprimez de la langue françoise ne s'en veoit ung si incorrect (1) ne si lourdement corrompu, que celluy de Villon : et m'esbahy (veu que c'est le meilleur Poëte parisien qui se trouve) comment les imprimeurs de Paris, et les enfans de la ville, n'en ont eu plus grand soing. Je ne suys (certes) en rien son voysin : mais pour l'amour de son gentil entendement, et en recompense de ce que je puys avoir aprins de luy en lisant ses Oeuvres, j'ay faict à icelles ce que je vouldroys estre faict aux myennes, si elles estoient tombées en semblable inconvénient. Tant y ay trouvé de broillerie en l'ordre des coupletz et des vers, en mesure, en langaige, en la ryme, et en la raison, que je ne sçay duquel je doy plus avoir pitié, ou de l'œuvre ainsi oultrement gastée, ou de l'ignorance de ceulx qui l'imprimerent. Et pour vous en faire preuve,

---

(1) « *Si incorrect.* » Ce reproche ne peut s'appliquer qu'aux éditions de *Niv.*, *Gd.* et *Bo.*, qui sont, à la vérité, très-incorrectes.

me suys advisé (Lecteurs) de vous mettre icy ung des coupletz incorrectz du mal imprimé Villon, qui vous fera exemple et tesmoing d'un grand nombre d'autres autant broillez et gastez que luy, lequel est tel.

> Or est vray qu'apres plainctz et pleurs
> Et angoisseux gemissemens,
> Apres tristesses et douleurs
> Labeurs et griefz cheminemens
> Travaille mes lubres sentemens
> Aguysez ronds, comme une pelote
> Monstrent plus que les comments
> En sens moral de Aristote.

Qui est celluy qui vouldroit nyer le sens n'en estre grandement corrompu? Ainsi pour vray l'ay-je trouvé aux vieilles impressions, et encores pis aux nouvelles. Or voyez maintenant comment il a esté r'abillé, et en jugez gratieusement.

> Or est vray qu'apres plainctz et pleurs (1)
> Et angoisseux gemissemens
> Apres tristesses et douleurs
> Labeurs et griefz cheminemens
> Travail mes lubres sentemens
> Aguysa (ronds comme pelote)
> Me monstrant plus que les comments
> Sur le sens moral d'Aristote.

Voyla comment il me semble que l'autheur l'entendoit, et vous suffise ce petit amendement, pour vous

---

(1) « Or est vray, etc. » Ce huitain est le douzième du Grand Testament. Marot l'avoit compris, mais il l'avoit mal corrigé. (V. G. T., II. 12.)

rendre advertiz de ce que puys avoir amendé en mille autres passaiges, dont les aucuns me ont esté aysez, et les autres tres difficilles : toutesfoys, partie avecques les vieulx imprimez (1), partie avecques l'ayde des bons vieillards qui en sçavent par cueur, et partie par deviner avecques jugement naturel, a esté reduict nostre Villon en meilleure et plus entiere forme qu'on ne la veu de noz aages, et ce sans avoir touché à l'antiquité de son parler, à sa façon de rimer, à ses meslées (2) et longues parentheses, à la quantité de ses sillabes, ne à ses couppes, tant feminines que masculines : esquelles choses il n'a suffisamment observé les vrayes reigles de françoise poësie, et ne suys d'advis que en cela les jeunes Poëtes l'ensuyvent, mais bien qu'ilz cueillent ses sentences comme belles fleurs, qu'ilz contemplent l'esprit qu'il avoit, que de luy apreignent à proprement d'escrire, et qu'ilz contrefacent sa veine, mesmement celle dont il use en ses Ballades, qui est vrayment belle et heroique, et ne fay doubte qu'il n'eust emporté le chapeau de laurier devant tous les

---

(1) « *Partie avec.* » Marot n'a connu ni l'édit. *An.* ni les *Mss.* que nous avons consultés. En voyant, dans nos *lec. div.*, la différence qu'offre son texte comparé à celui des *Mss.* et des *anc. éd.*, on pensera, comme nous, qu'il n'a pas eu besoin de deviner souvent, et qu'il a rarement bien deviné.

(2) « *Ses meslées.* » Il appelle parenthèses les phrases incidentes dont Villon a surchargé ses périodes. Quant à ce qui est des parenthèses considérées comme signes orthographiques, nous les avons conservées dans cette Préface, parce que telle étoit la manière d'ortographier, en usage du temps de Marot ; mais nous les avons fait disparoître des Œuvres de Villon, parce que Villon n'avoit employé ni points, ni virgules, ni parenthèses.

Poëtes de son temps, s'il eust esté nourry en la Court des Roys, et des Princes, là ou les jugemens se amendent, et les langaiges se pollissent. Quant à l'industrie des lays (1) qu'il feit en ses testamens pour suffisamment la congnoistre et entendre, il fauldroit avoir esté de son temps à Paris, et avoir congneu les lieux, les choses, et les hommes dont il parle : la memoire desquelz tant plus se passera, tant moins se congnoistra icelle industrie de sez lays dictz. Pour ceste cause qui vouldra faire une œuvre de longue durée, ne preigne son soubject, sur telles choses basses et particulieres. Le reste des Œuvres de nostre Villon (hors cela) est de tel artifice, tant plain de bonne doctrine, et tellement painct de mille belles couleurs, que le temps, qui tout efface, jusques icy ne l'a sçeu effacer. Et moins encor l'effacera ores et d'icy en avant, que les bonnes escriptures françoyses sont et seront myeulx congneues et recueillies que jamais.

Et pour ce (comme j'ay dit) que je n'ay touché à son antique façon de parler, je vous ay exposé sur la marge avecques les annotations, ce qui m'a semblé le plus dur à entendre, laissant le reste à voz promptes intelligences, comme ly Roys, pour le Roy : homs pour homme compaing pour compaignon : aussi force pluriers pour singuliers, et plusieurs autres incongruitez, dont estoit plain le langaige mal lymé d'icelluy temps.

---

(1) « *Quant à l'industrie.* » On doit regretter que Marot ne se soit pas donné la peine d'accompagner de notes explicatives, ceux des legs dont il avoit l'intelligence.

Aprés quand il (1) s'est trouvé faulte de vers entiers, j'ay prins peine de les refaire au plus pres (selon mon possible) de l'intention de l'autheur : et les trouverez expressement marquez de cette marque, † affin que ceulx qui les sçauront en la sorte que Villon les fist, effacent les nouveaulx pour faire place aux vieulx.

Oultre plus (2), les termes et les vers qui estoient interposez, trouverez reduictz en leurs places, les lignes trop courtes, alongées : les trop longues, acoursies : les motz obmys, remys : les adjoustez, ostez : et les tiltres myeulx attiltrez.

Finablement, j'ay changé l'ordre du livre : et m'a semblé plus raisonnable de le faire commencer par le petit testament, d'autant qu'il fut faict cinq ans avant l'autre.

Touchant le jargon (3), je le laisse à corriger et exposer aux successeurs de Villon en l'art de la pinse et du croq.

Et si quelqu'un d'aventure veult dire que tout ne soit racoustré ainsi qu'il appartient, je luy respons desmaintenant, que s'il estoit autant navré en sa per-

---

(1) « *Après quant il.* » Les vers que Marot dit avoir refait sont au nombre de 10 ou 12 ; ils font partie du *G. T.* Et, chose singulière, on verra, par nos leçons diverses, qu'on les trouve dans les *Mss.* et dans les *anc. éd.*

(2) « *Oultre plus*, etc. » J'ai déjà dit que le travail de Marot, sur les vers de Villon, se réduit à fort peu de chose. Il a refait les titres, et en a mis en plusieurs endroits, où les éditions *goth.* et les *Mss.* n'en portent point.

(3) « *Touchant le jargon.* » Le jargon fait partie des OEuvres du Poète, et méritoit, à ce titre seul, de nous être conservé.

sonne, comme j'ay trouvé Villon blessé en ses OEuvres, il n'y a si expert chirurgien qui le sceust penser sans apparence de cicatrice : et me suffira que le labeur qu'en ce j'ay employé, soit agreable au Roy mon souverain, qui est cause et motif de ceste emprise, et de l'execution d'icelle, pour l'avoir veu voulentiers escouter, et par tres bon jugement estimer plusieurs passages des OEuvres qui s'ensuyvent.

MAROT

AU ROI FRANÇOIS IER.

Si à Villon on treuve encor à dire;
S'il n'est reduict ainsi qu'ay prétendu;
A moy tout seul, en soit le blasme (Sire)
Qui plus y ay travaillé qu'entendu :
Et s'il est mieux en son ordre estendu
Que paravant, de sorte qu'on l'en prise,
Le gré à vous en doyt estre rendu,
Qui fustes seul cause de l'entreprise.

NOT. et COM.

1. « *A dire.* » A reprendre.

2. « *S'il.* » Si je ne l'ai purgé de toutes les fautes qu'il renfermoit, ainsi que je m'étois proposé de le faire.

4. « *Qui*, etc. » Marot avoue ici ne pas avoir toujours compris ce qu'il corrigeoit ; et cela est vrai.

5. « *Et s'il*, etc. » S'il est mieux distribué.

6. « *Que paravant.* » Qu'auparavant, de sorte qu'on l'en estime davantage.

7. « *Le gré.* » C'est vous qu'il faut en remercier.

8. « *Qui.* » Qui seul m'avez porté à entreprendre ce travail.

MÉMOIRE

SUR

LA VIE ET SUR LES ŒUVRES DU POETE

FRANÇOIS VILLON.

PARMI les écrivains qui ont parlé de François Villon (1), il n'en est, peut-être, aucun qui se soit donné la peine de lire attentivement ses poésies; au moins est-il permis de le croire, quand on voit les inexactitudes nombreuses dont ils se sont rendus coupables. Notre devoir étoit de signaler celles que nous avons pu découvrir et de les rectifier. C'est à quoi nous nous sommes plus particulièrement attachés dans ce mémoire que l'on peut considérer comme une histoire critique du poëte et de ses œuvres. A défaut de mo-

---

(1) Nous ferons connoître ces écrivains à mesure que nous releverons leurs erreurs.

numents plus sûrs et plus authentiques (1), nous avons suivi pas à pas le poëte lui-même, qui, s'étant mis en scène dans presque toutes ses productions, a eu la facilité de donner plusieurs particularités de sa vie, sans qu'on pût le trouver mauvais.

Nous avons pensé que le lecteur seroit bien aise de connoître les manuscrits et les éditions que nous avons consultés. Il trouvera cette espèce de notice à la fin de notre mémoire, qui, de cette manière, sera naturellement divisé en trois parties.

---

(1) Il est parlé de Villon dans la *Diablerie d'Eloy Damerval* ; mais c'est pour nous dire que :

« A farcer se délectoit. »

L'auteur d'un Lai d'amour qu'on trouve dans le Jardin de plaisance, fol. 82, fait dire à un amant :

« Aussi demeure povre comme Villon. »

Dans les Repeues franches il est dit que :

« Cestoit la mère nourissiere
De ceux qui n'avoient pas d'argent,
A tromper devant et derriere
Estoit un' homme diligent. »

Nous n'avons pas trouvé autre chose dans les productions contemporaines au poëte.

PREMIÈRE PARTIE.

DE LA VIE DU POÈTE VILLON.

I. Villon (1) composa son grand testament durant l'automne de l'année 1461,

> Que le bon roy (le) délivra
> De la dure prison de Mehun (2),

où il avoit passé « *tout ung esté, dans ung bas lieu, peû,* c'est-à-dire, nourri *d'une petite miche et abreuvé d'eau froide* (3). »

Il étoit alors dans la « *trentiesme* année de son *eage* (4), » ou, comme il le dit positivement ailleurs, il avoit trente ans (5). D'où il résulte, qu'il étoit né en 1431, et non en 1432, comme l'a cru l'auteur d'un manuscrit qu'on trouve à la Bibliothèque de l'Arsenal (6).

---

(1) Nous conservons au poëte le nom de Villon, parce que c'est celui sous lequel il est plus particulièrement connu.
(2) *Gr. Testam.*, huit. 11.
(3) *Ibid.*, huit. 63.
(4) *Ibid.*, huit. 1.
(5) Ballade du débat du corps et du cueur de Villon.
(6) Je parle de ce *Mss. Mém.* 1 p., n° 14; 2 p. n° 5; et 3 p., § 1, n° 5.

II. C'est donc par erreur que Louis Guyon, sur la foi de je ne sais quels « *historiens françois* », le fait vivre et fleurir en 1540 (1), et que le président Hénault le place sous le règne de Charles V (2), observant, pour rendre sa méprise plus inconcevable, qu'il avoit trente-trois ans à la mort de ce prince, arrivée en 1380, et que Jean Marot, père de Clément, étoit né (3). Il ne nous a pas été possible de découvrir le mémoire de l'Académie des inscriptions et belles lettres, où M. Hénault dit avoir puisé ces assertions mensongères (4). Nous ferons remarquer que, dans la suite de son histoire, Villon reparoit sous l'année 1460, au nombre des littérateurs qui ont illustré le règne de Louis XI ; ce qui est encore inexact : car, en 1460, Charles VII n'étoit pas mort. On sera surpris de trouver tant d'erreurs réunies, au sujet d'un seul homme, dans un ouvrage fort estimé et qui mérite de l'être (5).

III. Nous pensons que Villon étoit né à Paris. Clément Marot, qui vivoit peu de temps après lui, et dont le père Jean Marot, poëte aussi, avoit pu le connoître personnellement, « *S'esbahyt comment les imprimeurs* » *de Paris et les enfans de la ville n'ont eu plus grand*

---

(1) *Leçons diverses*, t. 3, p. 492.
(2) *Abrégé chronol. de l'Histoire de France.*
(3) Jean Marot naquit en 1463.
(4) Il cite, sans en désigner aucun, les *Mém. de l'Ac. des inscript. et bell. lett.*
(5) *Moréri, Dict. hist.*, art. Corbueil, et *la Croix du Maine, Bibl. franç.*, disent que Villon vivait en 1456. Un biographe ne doit pas assigner aussi vaguement l'existence d'un homme de lettres, lorsqu'il suffit d'ouvrir ses œuvres, pour avoir des dates précises.

» *soin, du meilleur poëte parisien qui se trouve* (1). »
C'est pour réparer leur tort que lui, quoique n'étant
« *en rien son voysin* », c'est-à-dire, son compatriote,
donna une édition plus correcte de ses poésies avec ce
titre : « *Les OEuvres de maistre François Villon de*
» *Paris* (2). » Il ne restera aucune espèce de doute à
cet égard, lorsqu'on aura lu le huitain 93 du grand testament où Villon s'exprime ainsi :

>Item vienne Robert Turgis
>A moy, je luy payerai son vin.
>. . . . .
>Le droit luy donne d'eschevin
>Que j'ay, comme enfant de Paris (3).

Les anciennes éditions portent :

>Le droit lui donne d'eschevin ;
>Mais quoy ? Comme enfant né de Paris (4).

Et de fait, l'expression, « *enfant de Paris* », est
synonyme de celle : « *né de Paris* », que l'on retrouve
dans son épitaphe en quatre vers.

>Je suis françois, dont ce me poise,
>Né de Paris, emprès Ponthoise ;
>Qui, d'une corde d'une toise,
>Sçaura mon col, que mon cul poise (5).

---

(1) Préface de Marot, elle est en tête de notre édition.
(2) Voy. 3ᵉ partie.
(3) Grand Testam., huit. 93.
(4) *Gd. Niv. Bo. ver. An.*
(5) On trouvera en leur lieu, les explications littérales dont ces vers et les autres qui sont dans ce Mémoire, peuvent avoir besoin.

Personne ne peut contester l'authenticité de cette pièce. Elle est dans un des manuscrits que nous avons consultés (1), aussi bien que dans toutes les éditions des OEuvres de Villon, et on la rencontre parodiée dans le Pantagruel de Rabelais (2).

IV. A ces autorités qui nous paroissent décisives, on a opposé une autre épitaphe en huit vers, extraite par le président Fauchet d'un manuscrit de sa bibliothèque, que nous avons cherché inutilement, et publiée par lui, dans le traité « *de l'Origine des Chevaliers* », dont la première édition parut en 1599. La voici telle que nous l'avons lue dans la seconde édition de cet ouvrage :

>   Je suis françois, dont ce me poise,
>   Nommé Corbueil en mon surnom ;
>   Natif d'Anvers, emprès Ponthoise ;
>   Et du commun, nommé Willon.
>   Or, d'une corde d'une toise,
>   Scauroit mon col, que mon cul poise,
>   Se ne fut un joly apel :
>   Le jeu ne me sembloit point bel (3).

D'après cette épitaphe, qui pourroit bien n'être qu'une nouvelle édition de celle en quatre vers, revue, corrigée et augmentée par l'éditeur, M. de la Monnoye

---

(1) C'est le manuscrit dont il est parlé 3ᵉ part., § 1, n° 3.
(2) Liv. 4, chap. dernier. *Voy.* OEuv. div. L'on trouvera, dans nos notes, la parodie de Rabelais, etc.
(3) Cette épitaphe est autrement citée dans les éditions Coustellier et Moetjens. Nous n'avons pas pu nous rendre raison de ces infidélités.

pense que Villon, conçu par sa mère à Paris, aura vu le jour à Auvers « *emprès Ponthoise* (1). » La Croix du Maine, sans doute, par inadvertance, le fait naître à Ponthoise (2). Prosper Marchant adopte ces deux opinions comme probables, en même temps que sur un autre article, il rejette le témoignage de l'épitaphe Fauchet qui leur sert de fondement. « *Villon fran-* » *çois*, dit-il avec humeur, *et non pas Corbueil,* » *comme l'a mal à propos avancé Fauchet et l'ont* » *après lui soutenu vingt autres. Né à Auvers, ou à* » *Pontoise, ou à Paris, mais plus probablement à* » *Paris* (3). » Oui plus probablement et même très certainement à Paris. La Monnoye, le seul à qui nous soyons obligé de répondre, n'auroit pas eu d'autre opinion s'il avoit compris qu'il y a dans ce vers,

    Né à Paris emprès Ponthoise,

quelque chose de burlesque et de satirique qui est tout-à-fait dans le caractère de Villon. Rabelais ne s'y est pas mépris. On dirait même qu'il a voulu rendre l'expression plus saillante en la parodiant.

    Ne suis-je badault de Paris ?
    De Paris, dis-je, emprès Ponthoise (4).

Persuadé, au contraire, qu'il étoit absurde de mettre Paris auprès de Pontoise, il crut que ce vers renfer-

---

(1) Notes sur *la Croix du Maine, Bibl. franç.*
(2) *Bibl. franç.*, art. Villon. *V. OEuv. Epit.* Fauch. not. 3, et *Lec. div.*
(3) *Supplément au Dict. de Bayle*, par Prosp. Marchant.
(4) *Pantagruel*, l. 4, ch. dernier. — *Paris. lez Pontoise.*

moit une faute de copiste, et il lui substitua celui de l'épitaphe Fauchet,

Natif d'Auvers emprès Ponthoise.

sans soupçonner qu'il se mettoit en opposition avec les manuscrits et toutes les éditions connues. Pour concilier cette nouvelle version avec le huitain du grand testament que nous avons déjà cité, il supposa que, conçu à Paris, le poëte avoit reçu le jour à Auvers: supposition dans laquelle je trouve un double contresens : car *natif* étoit alors synonyme d'originaire, et enfant de Paris signifioit, ainsi que nous l'avons dit, né à Paris, et non pas originaire de Paris.

Rétablissant donc le texte de l'épitaphe en quatre vers, corrigé par La Monnoye, et donnant au mot natif, qu'on trouve dans l'épitaphe Fauchet, sa véritable signification, on pourroit dire, pour concilier ces deux pièces, qu'originaire d'Auvers, où habitait sa famille, Villon reçut le jour à Paris, où il fut élevé. Cette opinion seroit l'inverse de celle que vouloit établir M. La Monnoye.

V. L'épitaphe Fauchet dit en outre que le nom du poëte étoit François; ce qui me paroît conforme aux mœurs du siècle (1), à l'épitaphe en quatre vers (2), et à l'endroit du grand testament où Villon parle de son aïeul (3). Elle ajoute qu'il avoit reçu du peuple le

---

(1) Dans ces siècles religieux, les hommes ne portoient souvent d'autre nom, que celui qu'ils avoient reçu au baptême. On les distinguoit entre eux, ou par leur profession, ou par des sobriquets.

(2) *Je suis françois*, etc., V. Œuv. div.

(3) *Ni mon aïeul nommé Erace.* Gr. Test. huit. 35.

surnom de Willon (1), qui signifie frippon, et qu'il tenoit de sa famille celui de Corbueil (2). Ainsi, il faudrait l'appeler : François dit Corbueil, ou François dit Willon.

VI. Plusieurs écrivains, du nombre desquels est Fauchet lui-même, l'ont appelé Corbueil (3); d'autres, au contraire, rejetant l'épitaphe Fauchet, qu'ils regardent comme une pièce apocriphe et pleine de faussetés, soutiennent qu'il n'avoit et ne devoit avoir d'autre nom que celui de Villon, qui, disent-ils, étoit son nom de famille, ainsi qu'il est prouvé par le huitain du G. *Test.*, où il fait des legs à un des siens nommé Guillaume de Villon (4). Notre dessein n'est pas de prendre parti dans cette discussion, qui, comme on voit, se trouve placée en dehors de l'épitaphe qui l'a occasionnée. Je dirai seulement que les fins de non-recevoir alléguées par le père du Cerceau, ne sont point recevables (5); car, si l'épitaphe Fauchet dit des choses

---

(1) Willon et non pas Villon, ainsi que l'écrivent le père du Cerceau, Marchant, Ménage, etc. On verra son surnom ainsi orthographié dans la ballade intitulée *Epistre*.

(2) Feller. *Dict. hist.*, écrit Corbeueil, ainsi que Desessart, *Siècles littéraires*. Bernier, *Véritable Rabelais*, écrit Corbeille. Ce sont des fautes à corriger.

(3) Fauchet. *Origine des Chevaliers*, liv. 1. Massieu, *Hist. poét.*, Mervesin, *Hist. de la poésie*, etc. Le plus curieux c'est Moreri, dont l'article peut s'analiser de cette manière : *Cobueil, dit Villon, se nommoit Willon*.

(4) Du Cerceau et tous ceux qui sont venus après lui.

(5) Du Cerceau rejette cette épitaphe, 1° parce qu'elle ne se trouve dans aucune édition, et qu'un imprimé, selon lui, mérite plus de confiance qu'un manuscrit ; 2° parce que cette épitaphe n'est pas de

qui ne sont pas dans les œuvres du poëte, elle ne dit cependant rien qui ne soit possible et raisonnable. D'un autre côté, s'il est douteux qu'elle soit l'ouvrage de Villon, il est certain qu'elle ne peut lui être postérieure que de fort peu de temps; ce qui ne permet pas de rejeter entièrement son témoignage (1).

VII. Quant à ce Guillaume de Villon auquel le poëte, dans son grand testament, lègue sa *librairie* (2), c'est-à-dire, sa bibliothèque, avec le *Roman du Pet-au-Diable*, et à qui il avoit déjà laissé *son bruit, ses tentes* et *son pavillon*, c'est-à-dire, son avoir et sa réputation (3), la nature même des legs qui lui sont faits, auroit dû prévenir les méprises dans lesquelles sont tombés tous les auteurs qui ont parlé de lui. Ce n'étoit ni un riche protecteur comme le pensoit La Monnoye (4), qui a perdu son temps à établir une différence entre *Villon* et *de Villon* (5). Rien n'annonce qu'il fût le parent du poëte, comme le disent le père

---

Villon, qui en ayant déjà fait trois, n'en auroit pas fait une quatrième; 3° parce qu'on le fait naître à Auvers, tandis qu'il étoit né à Paris ; 4° parce qu'il est possible que ce huitain ait été fait pour un frippon nommé Corbueil, surnommé Villon, né à Auvers, condamné à Pontoise, et devant son salut à un appel.

(1) Fauchet la découvrit avant 1599. On a cessé de transcrire les ouvrages de littérature, lorsqu'on a commencé à les imprimer. La première édition de Villon est de 1493.

(2) Voyez ci-après.

(3) Dans la partie du Petit Testament que nous avons découverte, huit. 9.

(4) Notes sur la *Bibl. franç.*, de la Croix du Maine.

(5) *Pet. Test.*, huit. 9. Ce Guillaume de Villon y est appelé Guillaume Villon.

du Cerceau, Prosper Marchant, et plusieurs autres (1); ni son oncle, comme l'a écrit l'auteur de l'article Villon, dans la *Biographie universelle*, et comme l'avoit dit avant lui M. Formey; ni son père, comme l'ont cru Moréri, Le Duchat, l'auteur du *Huétiana*, et celui de la table des familles de Paris, insérée dans l'édition Coustellier, et reproduite dans celle de Formey (2); encore moins son père et son oncle, comme le supposent absurdement le père Niceron (3) et l'éditeur des Annales poétiques. Selon toutes les apparences, ce légataire là n'étoit qu'un maître frippon, l'ami particulier du poëte dont il avoit fait l'éducation, et qu'il avoit quelquefois retiré, par son adresse, des mains de la justice. Le peuple l'avoit surnommé Willon, à cause de son savoir faire, et notre poëte l'a, sans doute, appelé *de Villon*, pour montrer qu'il passoit en mérite tous ceux de la confrérie (4).

VIII. Au sujet du nom de Villon, il s'est élevé une discussion grammaticale, dont nous ne pouvons nous dispenser de dire un mot. La célébrité qu'il s'étoit justement acquise dans *l'art de la pince et du croc* (5), donna lieu au peuple d'appeler tours villonniques, ou dignes de Villon, les escroqueries faites avec beaucoup

---

(1) Du Cerceau, Mém. en forme de Lett. March., Diction., art. Villon.

(2) L'édition donnée par M. Formey a été imprimée à La Haye, chez Moetjens. V. 3e part.

(3) Mémoires pour servir à l'Histoire des hommes de lettres.

(4) Nous invitons le lecteur à lire le huit. 9 du *Pet. Test.*, et les huit. 77 et 78 du *Grand*, où il est parlé de Guillaume Villon.

(5) Expression de Marot. Préface.

d'adresse. C'est en ce sens que Nicolas Dénisot a dit, de Pierre Faifeu, *qu'il usoit de tours villonniques pour avoir le bien d'autrui avec le sien, et vous laisser sans croix ne pille.* Je présume que de là est venue l'erreur de quelques écrivains, qui ont voulu lui faire honneur du verbe *willonner* et de ses dérivés (1). Ménage observe, avec raison, que le mot *wille*, d'où l'on a formé *willon*, *willonnie* et *willonner*, étoit originairement le même que *guille*. Or, ce dernier est aussi ancien que notre langue et le premier est antérieur à Villon (2).

IX. Nous savons que Villon était d'une famille pauvre et obscure.

>   Pauvre je suis de ma jeunesse,
>   De pauvre et de petite extrace (3).

On a dit, et je ne sais pourquoi, que ses parens firent des efforts (4), des sacrifices (5) pour le pousser aux études. D'autres racontent, avec confiance, qu'ayant eu le malheur de perdre son père, tandis qu'il étoit encore fort jeune, il fut élevé par Guillaume de Villon son parent (6). Tout est gratuit dans ces assertions.

---

(1) Pasquier. *Recherche*, l. 8, ch. 60. Bellingen. *Etymol. des prov.* Le Motteux, Not. sur Rabelais, l. 4, ch. 13, etc.
(2) Voyez dans les *Etymol.* de Ménage, les articles Guille et Villon.
(3) *Gr. Test.*, huit. 35.
(4) Du Cerceau, *Mém.*
(5) Père Niceron, *Mém.*
(6) Prosp. Marchant.

Villon avoit perdu son père lorsqu'il composa son grand testament, voilà qui est positif.

> Mon père est mort, Dieu en ayt lame (1).

Mais il ne résulte certainement pas de là, qu'il l'eût perdu dès son enfance. Le lecteur sait ce qu'il faut penser de sa parenté avec Guillaume de Villon. Quant aux sacrifices de sa famille, il y a lieu de croire qu'ils se borneront à lui donner la facilité de suivre les leçons gratuites de l'Université. Liberté dont il usa fort mal : car, au lieu d'étudier, il faisoit comme *le mauvais enfant, il fuyoit l'escole* pour se livrer au libertinage : se ménageant ainsi des inquiétudes et des regrets (2).

X. Avec une conduite pareille, il est permis de croire que ses progrès dans les sciences théologiques ne répondirent point aux dispositions heureuses qu'il manifestoit. Dans ce fait, qui du reste est conforme à ce qu'il dit lui-même (3), se trouve l'explication d'une circonstance de sa vie qui n'a pas été remarquée.

En 1438, les Pères du concile de Basle (4) ordonnèrent, qu'à l'avenir un certain nombre de bénéfices seroient exclusivement accordés à des clercs gradués, suivant les cours des universités les plus célèbres : mesure sage, qui offroit aux jeunes étudians sans for-

---

(1) *Gr. Test*, huit. 38.
(2) *Gr. Test.*, huit. 26. Il faisoit partie d'une bande joyeuse dont il décrit le sort, *Gr. Test.*, huit. 29, 30, 31 et 32, et à laquelle il donne des conseils, huit. 145, et ballade suiv.
(3) *Gr. Test.*, huit. 10 et 26. *Pet. Test.*, huit. 27.
(4) Session 31. Collect. roy. des Conciles, t. 50.

tune, un moyen honnête de perfectionner leur éducation et promettoit à l'Église des ministres éclairés. En vertu de cette décision, les universités présentoient aux collateurs des bénéfices qui leur étoient réservés, ceux de leurs écoliers qui méritoient une pareille faveur et qui en avoient besoin. Villon fut présenté par celle de Paris; mais il n'obtint rien (1). C'est pourquoi voulant procurer une existence honnête à

> Deux pauvres clercs parlant latin,
> Paisibles enfants, sans escry,
> Humbles, bien chantant au lectry (2).

Il leur laisse « sans recevoir », vraisemblablement afin de ne pas être accusé de simonie, la nomination qu'il tenoit de l'université, en attendant quelque chose de mieux. Le portrait qu'il trace de ces deux pauvres clercs fait présumer, qu'outre son ignorance en fait de théologie, on lui reprochoit encore sa vie dissipée et son éloignement pour le service divin; reproches qui pouvoient être fondés.

XI. Condamné à vivre pauvre, puisqu'il n'avoit aucun moyen d'existence et que les efforts de l'université avoient été pour lui sans résultat, il manqua souvent du nécessaire, ainsi qu'il nous l'apprend en parlant de son corps:

> Les vers n'y trouveront grant gresse,
> Trop lui fist la fain rude guerre (3).

---

(1) L'auteur du manuscrit de l'Arsenal pense que la dépravation de ses mœurs l'empêcha d'être nommé.

(2) *Pet. Test.*, huit. 27, et *Gr. Test.*, huit. 121.

(3) *Gr. Test.*, huit. 76.

Joignez à cela qu'il se sentoit un penchant violent pour le libertinage. La licence qui règne dans ses poësies et la nature de ses amours (1) ne permettent pas de donner un autre sens à ces deux vers :

>Bien est vray qu'aymay autresfois
>Et que aimeroye voulentiers (2).

Loin de chercher à le modérer il s'y livra tout entier. La ballade de Margot, dont le refrain est :

>En ce bourdel, ou tenons nostre estat,

nous donne une idée de l'avilissement dans lequel il étoit tombé, et nous découvre la véritable source de ses fripponneries, qu'il voudroit pouvoir excuser en les rejetant sur ses besoins.

>Nécessité fait gens mesprendre,
>Et faim saillir le loup du bois (3).

Il étoit dans la nécessité, c'est-à-dire dans la détresse, lorsqu'il usoit d'industrie ; mais cette nécessité il n'avoit tenu qu'à lui de la prévenir :

>Hé Dieu ! se j'eusse estudié,
>Au temps de ma jeunesse folle,
>Et à bonne meurs dédié ;
>J'eusse maison et couche molle.

---

(1) Voyez *Gr. Test.*, huit. 80 et suiv.
(2) *Gr. Test.*, huit. 25. Il ne fut pas toujours heureux dans ses amours. V. double ballade, à la suite du huit. 54, *G. T.*
(3) *Gr. Test.*, huit. 21.

> Mai s quoy ? Je fuyoye l'escolle,
> Comme faict le mauvais enfant.
> En escrivant ceste parolle,
> A peu, que le cueur ne me fend (1).

Je pense que c'est encore à sa démoralisation plutôt qu'à sa misère, qu'il faut attribuer la conduite de sa famille, dont il se plaint dans les vers suivants :

> Je n'ay ne cens, rente, ne avoir.
> Des miens le moindre, je dis voir,
> De me désadvouer s'avance.
> Oubliant naturel devoir,
> Par faute d'un peu de chevance (2).

XII. Elle fut bientôt telle, « *qu'une sentence du Châtelet le condamna à être pendu* » (3) lui et cinq de ses compagnons. Il composa, dans cette occasion, une épitaphe (4), où il conjure les passants de ne pas leur refuser des prières. Elle est sérieuse autant que le requéroit un pareil sujet. Elle pouvoit l'être trop à ses yeux : ce qui le détermina vraisemblablement à composer la sienne en style libre et gaillard, telle que nous l'avons rapportée plus haut (5). Il forma en même temps son ap-

---

(1) *Gr. Test.*, huit. 26.
(2) *Ibid.*, huit. 23.
(3) Brossette sur Boileau, *Art. poétiq.* V. Ball. de son appel, OEuv. div.
(4) *OEuvres diverses.*
(5) Voici sans commentaire ce qu'en dit Prosper Marchant : « Ce fut probablement lorsqu'il s'attendoit encore à passer le pas, et non point en 1460, comme l'a cru M. le Duchat, qu'il se fit cette épitaphe si connue, si polissonne et si digne d'un garnement tel que lui. » *Dict.*, *art. Vil.*

pel au parlement. S'il faut en croire la *Biographie universelle*, c'étoit une innovation dont il n'eut pas lieu de se repentir; car la Cour, plus indulgente que le Châtellet, se contenta, en faveur de son génie heureux pour les vers, de commuer la peine de mort en bannissement. Nous ne savons pas qu'elle devoit en être la durée. Brossette a écrit qu'il fut perpétuel (1). La preuve du contraire est dans le *Petit Test.*, huit. 8ᵉ.

Pénétré de reconnoissance, le poëte déposa ses sentiments dans une ballade, où il invite *ses cinq sens et tous ses membres où il y a reprouche*, à célébrer la clémence de la Cour:

> L'heur des François, le confort des estranges,
> Mère des bons, et seur des benoistz anges.

Elle est terminée par la demande d'un sursis de trois jours qui dût lui être accordé.

Nous ne connoissons ni la nature du crime qui l'avoit fait condamner, ni le lieu où il avoit été commis. Une ballade du jargon, où il est parlé de cinq à six pendus et de Ruel, a donné lieu de penser qu'il s'étoit rendu coupable de quelque vol commis en ce lieu (2).

XIII. Le poëte séparé *de ses amours durement* (3), c'est-à-dire de sa patrie, de ses parents et de ses amis, étoit en quelque sorte mort pour eux. C'est d'après cette idée qu'il composa son Petit Testament. Il dit l'avoir fait la veille de son départ et l'avoir terminé au

---

(1) Notes sur l'Art Poétique de Boileau.
(2) Jargon, ballade 2.
(3) Ballade qui termine le *Gr. Test.*

son de la cloche de Sorbonne. Ce qu'il confirme dans son Grand Testament (1). Je suis étonné que Prosper Marchant, l'abbé Goujet et d'autres, aient écrit le contraire.

XIV. Sorti de Paris, chargé de regrets et non d'argent (2), quelques-uns le font passer en Angleterre. L'auteur d'un manuscrit (3) l'envoie à Rome chercher les pardons dont il légua plus tard une portion aux religieuses de Montmartre (4). Le bon homme a été ici, de même qu'en plusieurs autres endroits, la dupe de sa simplicité. Le legs de Villon est une épigramme. Quant au lieu de sa retraite, il est indiqué dans la partie du petit testament que nous avons découverte.

> Adieu, je m'envois à Angiers (5).

Il avoit donc le projet de se retirer à Angers, et c'est probablement dans ces contrées qu'il rencontra la bonne ville dont il parle ailleurs (6), puisque c'est là qu'il subit sa deuxième condamnation. Car, incorrigible comme il l'avoit prévu,

> Je ne suis homme sans deffaut
> Ne qu'autre, d'Assier, né d'Estaing (7).

de nouveaux délits le mirent pour la seconde fois entre

---

(1) *Grand Test.*, huit. 65.
(2) *Ibid.*, huit. 13.
(3) *Mss.* de l'Arsenal. V. Mém. 3ᵉ partie, nº 5.
(4) *Grand Test.*, huit. 136, huit. tiré du Mss Coislin.
(5) *Petit Test.*, huit. 6.
(6) *Grand Test.*, huit. 13.
(7) *Petit Test.*, huit. 6.

les mains de la justice. Il fut emprisonné à *Mehung*, c'est à-dire, à Meun sur Loire et non pas à Melun sur Seine, ainsi que l'a cru le père du Cerceau (1). Cette ville étoit sous la juridiction de l'évêque d'Orléans qui, pour lors, se nommoit Jacques Thibault d'Aussigny. La justice devoit s'y rendre en son nom, car c'est à lui que Villon demande compte des mauvais traitements qu'il a reçus dans la prison :

> Dieu mercy et Jaques Thibault,
> Qui tant d'eau froide m'a fait boire,
> En ung bas lieu, non pas en hault ;
> Manger d'angoisse mainte poire,
> Enferré : quant j'en ay mémoire,
> Je pry pour luy et reliqua :
> Que Dieu lui doint, et voire, voire,
> Ce que je pense ; et cetera (2).

Il déclare plus bas qu'il l'aime lui et ses officiers,

> Ainsi que faict Dieu le Lombart.

Ailleurs il prie pour lui, et choisit pour son verset le septième du psaume *Deus laudem meam ne tacueris* (3), auquel on peut donner l'interprétation suivante : Que sa vie soit courte et que son évêché passe entre les mains d'un autre. Avant de clore son Grand Testament,

> Il crye à toutes gens mercy,
> Sinon aux trahistres chiens mastins,

---

(1) Du Cerceau. Mém. en forme de Lettres.
(2) *Grand Test.*, huit. 63.
(3) *Ibid.*, huit. 6.

> Qui (lui) ont faict manger dures crostes
> Et boire eau, maintz soirs et matins (1).

Faudroit-il croire, après cela, qu'il avoit été jugé sévèrement ? Il paroît cependant que le crime dont il s'étoit rendu coupable n'étoit pas de nature à être avoué. Il use même à cet égard d'une réserve qui doit paroître extraordinaire. On a pensé qu'il avoit fabriqué de la fausse monnoie, parce qu'on a mal compris les conseils qu'il donne à ses amis, parmi lesquels il pouvoit fort bien y avoir de faux monnoyeurs.

> Tailleur de faux coings tu te brules,
> Comme ceux qui sont eschaudez (2).

Le manuscrit de l'Arsenal dit qu'il s'étoit fait le chef d'une bande de brigands qui exploitoient les forêts d'Orléans : chose peu vraisemblable (3).

XV. Quoi qu'il en soit de son second crime, à peine fut il condamné à mort qu'il écrivit à ses amis la ballade :

> Ayez pitié, ayez pitié de moy,
> A tout le moins, si vous plaist, mes amis (4).

où il demande, de la manière la plus originale, qu'on

---

(1) *Grand Test.*, avant-dernière ballade.

(2) Ballade de bonne doctrine à ceux de mauvaise vie. Le Père du Cerceau a judicieusement remarqué que, l'eau bouillante étant le supplice des faux monnoyeurs, Villon n'auroit pas été condamné à être pendu s'il eût été coupable de ce crime.

(3) Ce *Mss.*, dont nous avons déjà parlé, mérite peu de confiance.

(4) Œuvres diverses.

lui obtienne des lettres de grâce. On lui en obtint. J'invite ceux qui voudront savoir de quelle manière le poëte en témoigna sa reconnoissance au roi Louis XI, à lire les huitaines 7, 8 et 9 du Grand Testament. Là encore, l'autorité épiscopale est qualifiée de vile puissance. Ne seroit-ce pas à la rancune qu'il conservoit contre cet évêque, ou au rôle qu'auroient joué les moines dans sa condamnation, qu'il faudroit attribuer les sorties qu'il fait contre eux en plusieurs endroits de son Grand Testament (1).

XVI. M. Le Motteux (2) a cru que Villon avoit été pendu, et cela sur la foi de Pasquier, qui cependant ne l'affirme point. La Croix du Maine (3) dit : *Aucuns assurent qu'il fut pendu pour ses malversations.* Dans une note, on dit que *probablement* il ne le fut pas. Fauchet déclare aussi, *qu'il ne fut pas pendu comme beaucoup de gens ont pensé* (4). Ces incertitudes, sur un fait constant et si facile à vérifier, paroîtront plus surprenantes que l'erreur dans laquelle sont tombés ceux qui ne lui ont fait subir qu'un seul jugement et qu'une seule condamnation : erreur qui a donné lieu de dire les choses les plus étranges. Le père du Cerceau, par exemple, attribue le Petit Testament à une *brouillerie d'amour.* L'auteur du manuscrit de l'Arsenal veut que Villon ait été obligé de quitter Paris pour cause d'insultes faites à une fille publique. L'em-

---

(1) Voyez surtout huit. 106 et suiv.; voyez aussi l'Histoire du sacristain des Cordeliers, rapporté plus bas.
(2) Notes sur Rabelais.
(3) *Bibliot. française.*
(4) *Origine des Chevaliers*, l. 1.

barras étoit de concilier la grâce accordée par Louis XI avec la commutation de peine faite par arrêt du Parlement. Huet, qui l'a senti (1), pense que Louis XI ne fit qu'interposer son autorité royale auprès du parlement pour obtenir que la peine de mort fût commuée en celle de bannissement. Nous ne nous arrêterons pas à discuter ces opinions diverses, parce qu'il suffit de lire attentivement les œuvres du poëte (2) pour s'apercevoir qu'elles ne reposent que sur des méprises plus ou moins excusables de la part de ceux qui les ont faites.

XVII. La grâce que le poëte venoit d'obtenir échauffa de nouveau sa verve. Il composa le poëme satyrique qu'un éditeur anonyme appelle son *Codicille et Grand Testament*, et que les autres ont appelé *le Grand Testament*. Je pense que la ballade intitulée, *Le débat du cœur et du corps de Villon*, où il dit qu'il a trente ans et que, si on le condamne à mort, il y mettra résistance, est sortie de la prison de Meun. Ce fut durant son exil, et après cette seconde condamnation, qu'il composa la ballade,

<blockquote>Tant gratte chèvre que mal gist.</blockquote>

celle,

<blockquote>Je connois bien mouches en lait.</blockquote>

La jolie requête au duc de Bourbon, que Marot s'est

---

(1) *Huetiana*.

(2) Que Villon ait été plusieurs fois aux prises avec la justice, la chose m'a paru évidemment résulter des huit. 7 et 77 du Grand Testament. Dans le premier il remercie Dieu de l'avoir tiré de *mains blasmes*, et dans l'autre il reconnaît que Guillaume Villon l'a tiré de *mains boillons*.

en quelque sorte appropriée (1); la ballade que nous avons trouvée parmi les œuvres du prince Charles d'Orléans et qui vraisemblablement lui fut adressée, et le Problème, ballade où la Fortune le console, en lui rappelant la manière dont elle a traité plusieurs personnes qui valoient mieux que lui.

XVIII. Cependant Villon continuoit à vivre dans l'indigence et *en terre loingtaine,* quoiqu'il fût dans son pays (2). Il étoit malheureux et devoit l'être jusqu'à la fin de ses jours. Cette idée désolante, quoique repoussée par sa philosophie, l'obsédoit et ne laissoit pas que de l'accabler quelquefois. Alors il désiroit la mort; peut-être même se la seroit-il procurée, si la religion ne l'eût empêché de se livrer à cet acte de désespoir (3).

On doit encore attribuer à la crainte de Dieu, aussi bien qu'à celle de la justice, les soins qu'il se donna pour devenir meilleur. Il n'est pas à présumer qu'il se soit jamais corrigé entièrement; mais il paroît que les efforts qu'il fit lui enlevèrent une partie de sa gaîté et lui attirèrent des ridicules (4).

XIX. Rabelais, qui ne mérite ni d'être scrupuleusement copié lorsqu'il raconte des anecdotes, ni d'être entièrement mis à l'écart, nous a conservé quelques particularités de l'exil de Villon que nous nous faisons un devoir de consigner dans notre Mémoire. Suivant

---

(1) L'Epître d Marot à François I*er* est calquée sur la requête de Villon au duc de Bourbon.

(2) Ballade au duc d'Orléans, *OEuv. div.*

(3) *Gr. Tost.*, huit. 44.

(4) *Ibid.*, huit. 45.

cet auteur, Villon passa en Angleterre, où son humeur joviale lui acquit les bonnes grâces du roi, qui devoit être Édouard IV(1). Or un jour qu'il accompagnoit Sa Majesté dans un lieu où les souverains de la terre sont obligés d'aller, comme le reste des hommes, payer leur tribut à la nature, le prince lui montra les armes de France et lui dit, avec un air de mépris : *Qu'il ne les tenoit pas ailleurs.* Sans doute, continua le poëte, d'après l'avis de votre médecin, qui vous aura assuré que leur présence en ce lieu suffiroit pour guérir votre constipation (2). Cette réponse hardie nous a été conservée non-seulement par Rabelais, mais encore par Brantôme. On a prétendu, ce qui paroît assez vraisemblable, qu'elle lui avoit attiré le courroux du roi, et que pour en prévenir les suites, il jugea prudent de revenir en France. Je présume qu'il composa dans cette circonstance, et tandis qu'il étoit encore plein de la juste indignation qu'avoit soulevée dans son ame l'insulte faite à sa noble patrie, la ballade qui est un recueil de malédictions contre celui,

Qui mal voudroit au royaume de France.

XX. Après avoir erré dans le midi de la France, et avoir laissé à toutes les *brosses et brossillons de ces contrées,*

Ung lambeau de son cotillon.

il vint, dit Rabelais, passer le reste de ses jours à

---

(1) Rabelais dit que c'est le roi Edouard-le-Quint, et que le médecin se nommoit Linnacer. Sa mémoire l'avoit mal servi.

(2) La peur donne la diarrhée. — Nous n'avons pas cru devoir citer textuellement Rabelais.

St-Maixent, en Poitou, auprès *d'ung homme de bien, abbé dudit lieu*. On le nommoit Jean Rousseau (1). Sous la protection de ce bon religieux, notre poëte vécut paisiblement. Son humeur bouffonne prit une nouvelle direction : il composa des *moralités*, qu'il faisoit représenter par les paysans du village. On raconte, à ce sujet, et c'est encore Rabelais, que les ayant exercés à jouer le mystère de la Passion, il s'aperçut qu'il manquoit une chappe pour habiller décemment celui d'entre eux qui devoit jouer le rôle de Dieu le père. Il en fit demander une au sacristain des cordeliers. Le frère ne voulut pas la prêter, et mal lui en prit : car, un jour qu'il revenoit de la quête sur la *poultre* de son couvent, Villon, qui lui avoit conservé rancune et qui lui préparoit une vengeance digne de lui, sort d'une embuscade avec ses amis, déguisés en diables. La troupe infernale, armée de torches, poussant des hurlements affreux et grimaçant d'une manière effroyable, se met en devoir d'arrêter le frère quêteur. La jument épouvantée se cabre ; le religieux désarçonné tombe, le pied embarrassé dans l'étrier... Il n'arriva au couvent qu'une partie de son corps : le reste demeura par les chemins. Cette fin malheureuse est probablement de l'invention de Rabelais, mais l'aventure est tout-à-fait dans le caractère de Villon (2).

XXI. Ainsi vécut *ce bon follastre*. S'il falloit en croire M. de la Monnoye, il seroit mort avant la fin du règne de Louis XI, et, selon M. Marchant, il seroit mort

---

(1) Suivant le *Mss. A.*, il avoit été élu abbé en 1483.

(2) Si la chose est ainsi arrivée, les officiers de l'évêque d'Orléans auront pu le condamner à mort pour ce crime.

à Paris, vu *qu'il ordonne sa sépulture à Sainte-Avoye.* M. Marchant n'a pas compris que, dans cet endroit du *Gr. Test.*, le poëte badine sur l'importance que certaines personnes attachoient alors au choix de leur sépulture. Sainte-Avoye étoit la seule église de Paris où il fut impossible d'ensevelir un mort (1).

XXII. Ce que nous venons de dire suffit, pour faire connoître le poëte Villon. Ceux qui voudroient étudier ses mœurs d'une manière plus particulière liront ses poésies : il s'y est peint au naturel. On trouvera dans le huitain 105 du Grand Testament un tour de sa façon, joué au barbier de Bourg-la-Reine. On nous a conservé l'histoire d'un dîner qu'il donna à ses compagnons, et pour lequel il dépensa fort peu d'argent. Il commence le *Recueil des hystoires des franches repenes*; petit poëme où l'on dit de lui :

> C'estoit la mère nourrissière,
> De ceulx qui n'avoient pas d'argent.
> A tromper, devant et derrière,
> Estoit un homme diligent.

Après avoir mis sous les yeux du lecteur tout ce que nous avons pu découvrir d'intéressant sur la personne de Villon, nous allons nous occuper de ses œuvres dans la seconde partie de notre Mémoire.

---

(1) La chapelle des religieuses de Sainte-Avoye étoit au premier étage. V. *Gr. Test.*, huit. 163.

DEUXIÈME PARTIE.

DES ŒUVRES DE FRANÇOIS VILLON.

I. Les découvertes que nous avons eu le bonhéur de faire nous ont permis d'augmenter et de compléter les œuvres de Villon. Ainsi, dans notre édition, le Petit Testament se composera de quarante huitains au lieu de vingt-neuf. Parmi les onze que nous avons ajoutés, il en est un qui étoit mentionné dans le G. T., c'est le vingt-quatrième :

Item je lesse à Perrenet.

Sur les dix autres, six remplissent une lacune qui existoit et dont personne n'avoit pu se rendre compte. Les quatre derniers ne renferment qu'une divagation scolastique qui a dû être aussi difficile à comprendre du temps de Villon qu'elle l'est aujourd'hui, ce qui aura pu les faire oublier.

Nous avons ajouté au G. T. un rondeau dont l'existence étoit supposée par le huitain qui le précède, et quatre huitains, dont deux forment, avec celui qui terminoit cette pièce, une nouvelle ballade. Indépendamment de la confiance que méritent les manuscrits où nous avons pris tous ces vers, on s'apercevra à la lecture qu'ils sont véritablement de Villon (1).

Nous avons donné dix vers à la ballade *du débat du corps et du cœur de Villon* (2), et cinq nouvelles ballades aux œuvres diverses. Ces différentes augmentations forment un ensemble de trois cent dix-sept vers, qui n'ont été connus ni de Clément Marot, ni des autres éditeurs qui nous ont précédés (3).

II. Plusieurs personnes ont attribué à Villon (4):

1° *Le Recueil des hystoires des repeues franches*; recueil de fripponneries dont le titre indique la nature. Il commence par le récit d'un dîner que Villon, maître passé dans l'art de vivre aux dépens d'autrui, donna à ses compagnons. Le reste du poëme se compose de différents tours appartenant à d'autres aventuriers. Ce que je fais observer avec dessein; parce que sur la foi de l'abbé Massieu, plusieurs écrivains ont cru, et quelques savants croient encore, que Villon est le seul et unique héros *des repeues franches*.

2° *Le monologue du franc archier et le dialogue de*

---

(1) Les additions faites au Petit et au Grand Testament sont tirées des *Mss. R.* et *Mss. C.* dont il est parlé 3ᵉ part., § 1ᵉʳ, nᵒˢ 2 et 4.

(2) On la trouve avec cette augmentation dans le *Jardin de Plaisance*.

(3) Les ballades que nous faisons imprimer pour la première fois, et qui sont réellement de Villon, ont été prises dans les *Mss. C.*, *Mss. L.*, *Mss. D.* et *J. de pl.*, dont il est parlé 3ᵉ partie, § 1ᵉʳ, nᵒˢ 4, 3, 1 et 6.

(4) Ces personnes sont l'abbé Massieu, qui ne les avoit pas lues, comme il est facile de s'en apercevoir, quelques auteurs qui l'ont copié, et les Biographes qui s'accordent à dire qu'on lui attribue ces productions, lorsqu'il est de fait qu'elles n'ont jamais été imprimées sous son nom, ni même comme pouvant être de lui.

messieurs de *Male-paye* et de *Baille-vent*, deux *soties*, c'est-à-dire deux scènes comiques ingénieuses et fort gaies. Dans la première, un archer fanfaron est mis aux prises avec un épouvantail de jardin ; dans la seconde, deux mauvais payeurs se communiquent réciproquement leurs regrets, leurs désirs, leurs craintes et leurs espérances.

3. Le fragment d'une ballade contre les taverniers, qui a été imprimé pour la première fois dans l'édition de La Haye 1742.

III. D'après M. Formey, on auroit encore attribué à Villon (1) :

1° *Un codicille dont il n'est parlé que dans le titre de la troisième édition de ses œuvres ;*

2° *Des comédies sur les principaux événements de la vie de notre Seigneur. Cela n'est apparemment fondé que sur la prétendue Passion en langage poitevin que Rabelais lui a prêtée ;*

3° *Le Rommant de Pet-au-Diable, dont Villon parle lui-même. Quoiqu'en dise M. le Duchat, ce Rommant, aussi bien que la librairie léguée par Villon à son oncle, ne sont apparemment que de simples plaisanteries.*

Sur quoi nous ferons observer :

Qu'il est fait mention du Codicille dans un manuscrit et dans deux éditions gothiques (2). L'une de

―――――――――――

(1) M. Formey qui a donné l'édition de 1742, La Haye, Moetjens. Nous citons textuellement.

(2) Le *Mss. L.*, les *Edit. An.* et *Niv.*, voy. 3ᵉ partie. Je dois, au sujet du Codicille, relever une erreur que le lecteur qualifiera. On lit dans la Biogr. univ., art. Vil. : « Treize ballades, deux rondeaux

ces éditions porte en tête du G. T. : *Cy commence le grand Codicille et Testament de maistre François Villon*. Par où l'on voit que le Codicille n'est que le G. T., auquel l'éditeur a donné ce nom, parce qu'il peut, en effet, être considéré comme le complément de la pièce, nommée d'abord le *Testament de Villon*, et connue aujourd'hui sous le nom de *Petit Testament*. L'autre édition annonce ainsi les œuvres de Villon : *Le Grant Testament de François Villon, le Petit Testament, son Codicille, son jargon et ses ballades*. On croiroit que le Codicille est une pièce à part, mais il n'en est rien. Il y a donc confusion dans l'ordre de ce frontispice, qui doit se construire de la manière suivante : *Le Petit Testament de François Villon, son Codicille et Grant Testament, ses ballades et son jargon*. Il y a également confusion dans le titre du manuscrit : *Ballades extraites du Testament et Codicille de maistre François Villon*, lisez, *du Codicille et Testament*.

Pour ce qui est des comédies, nous ne connoissons qu'un seul écrivain qui ait positivement cité, comme étant l'œuvre de Villon, *deux scènes comiques fort courtes* (1). Ce sont le monologue du franc archier et le dialogue de messieurs de Mallepaye et de Baillevent. Cet écrivain, je crois, vit encore, et loin d'avoir égaré M. Formey, il est à présumer, au contraire, qu'il a

─────────

»et quatre autres pièces suivent le Grand Testament, et en sont la » seconde partie ou le codicille.» Si l'auteur de cet article avoit ouvert le Grand Testament, il auroit vu que les pièces dont il parle en sont les épisodes, entrent essentiellement dans sa composition et ne le suivent pas.

(1) *Poëtes français, depuis le* 12e *siècle jusqu'à* Malherbes (anon.)

été lui-même induit en erreur par l'assertion gratuite de ce savant éditeur.

Reste le Rommant 'dn *Pet - au - Diable*, qui comme le présume M. Formey, n'a peut-être jamais existé (1). En supposant qu'il y ait eu une production portant ce titre, il ne seroit permis à personne de l'attribuer à Villon, puisqu'il dit lui-même qu'il a été grossoyé par *maistre Guy Tablerie, qu'est hom véritable. Grossoyer* signifie ici composer. Le sens en est clairement déterminé par les mots *hom véritable*, c'est-à-dire, auteur véridique.

IV. Allant au-delà de tout ce qu'on avoit supposé avant lui et faisant ce qu'aucun éditeur n'auroit eu la hardiesse de faire, l'auteur du manuscrit A (2), homme peu érudit et manquant absolument de critique, vouloit augmenter son édition de quarante-cinq ballades ou rondeaux, presque tous extraits du *Jardin de plaisance*, et cela parce qu'il pensoit que ces productions, dont quelques-unes sont ingénieuses, ne pouvoient avoir d'autre auteur que le poëte Villon.

V. Tout étant donc réduit à sa juste valeur, il demeure constant que les œuvres 'du poëte Villon comprennent et ne doivent comprendre que ses deux Testaments, trois épitaphes, onze ballades et le jargon. Elles furent un des premiers ouvrages littéraires que la presse mit au grand jour. Le texte de cette première

---

(1) Je crois avoir lu, ou entendu raconter, une espèce de conte, où un mauvais garnement, après avoir promis au diable, dont il réclamoit l'assistance, une portion de sa personne, lui donna un grand pet, quand sa besogne fut faite. (V. *Gr. Test.*, h.-8.)

(2) Voy. 3e part., § 1, n° 6.

édition est assez pur, mais il fut considérablement altéré dans celles qui la suivirent; ce qui porta le père des lettres, François Ier, à en demander une nouvelle à Clément Marot, son varlet-de-chambre (1).

VI. Dans une préface, que nous avons cru devoir conserver, le poëte éditeur nous apprend que, *pour l'amour de son gentil entendement et en récompense de ce qu'il peut avoir apprins de luy en lisant ses œuvres, il a fait disparoître les fautes de copiste sans toucher à l'antiquité de son parler, à sa façon de rimer, à ses meslées et longues parenthèses, à la quantité de ses syllabes, ne à ses couppes tant masculines que féminines, ès quelles choses, Villon n'a suffisamment observé les vrayes règles de la françoise poésie.* Ces derniers mots disent en d'autres termes que l'homme qui a rendu à la poésie de son siècle le même service que rendit plus tard à notre prose le célèbre et trop peu estimé Balzac, ne s'est point assujéti à quelques-unes des règles que ses vers ont, sans doute, donné lieu de créer.

Du reste Marot désire que les jeunes poëtes *de luy appreignent, à proprement descrire, et qu'ils contrefacent sa veine; mesmement celle dont il use en ses ballades, qui est vrayment belle et héroique; et ne fait doubte qu'il n'eust emporté le chapeau de laurier devant tous les poëtes de son temps, s'il eust été nourry en la court des roys et des princes, là où les jugemens*

---

(1) D'après Feller, *Dict. hist.*, et je ne sais qui encore, François Ier « s'est donné le tort de faire réimprimer Villon. » Je pense, au contraire, que sa conduite, dans cette circonstance, fait autant d'honneur à son goût que le blâme de Feller en fait peu à sa critique.

se amendent et les langaiges se polissent. Plus bas il ajoute : *Le reste des œuvres de nostre Villon, hors cela,* c'est-à-dire à l'exception des legs qui, selon lui, deviendront de jour en jour moins intelligibles, *est de tel artifice, tant plain de bonne doctrine, et tellement painct de mille belles couleurs, que le temps, qui tout efface, jusques icy ne l'a sceu effacer, et moins encore l'effacera ores, et d'icy en avant, que les bonnes escriptures françoyses sont et seront mieux congneues et recueillies que jamais.*

VII. L'auteur de l'article Villon, dans la *Biographie universelle*, prétend néanmoins que le temps a beaucoup effacé dans la gloire de notre poëte. Ce démenti donné aux prédictions de Marot, mérite d'être comparé à ce qu'a rêvé Pasquier dans ses *recherches sur la France*, où il dit *que le savoir de Villon ne gisoit qu'en apparence*, ou bien au jugement plus curieux encore d'Antoine du Verdier, dont nous citons les propres paroles : *Il a fait,* dit-il, *quelques rimes remises en leur entier par Clément Marot, et m'esmerveille comment il ose louer un si goffe ouvrier et ouvrage, et faire cas de ce qui ne vault rien; quant à moi, je n'y trouve chose qui vaille* (1). Quand on a le goût ainsi fait, on devroit prudemment ne pas le laisser connoître. Qu'on rapproche Villon de ses contemporains, et l'on verra s'il étoit *goffe ouvrier. Son goût*, ainsi que le dit Patru (2), *étoit aussi fin qu'on pouvoit l'avoir en son siècle.* Fauchet l'appelle *un des plus nobles*

---

(1) *Biblioth. française.*
(2) *Remarque sur Vaugelas.*

esprits dont Paris, dont la France puisse se vanter (1). Henry Étienne, et d'autres écrivains judicieux, pensoient avoir complété l'éloge d'un littérateur, lorsqu'ils avoient pu dire de lui : *C'est ainsi qu'écrivoit Villon* (2).

VIII. Au XVe siècle il suffisoit, pour être poëte, de faire des rimes, bonnes ou mauvaises. Villon fit des vers, et des vers pleins de sel et d'agréments. La langue poétique étoit hérissée de mots barbares, de constructions vicieuses, de rimes moins que suffisantes. Villon sut *entrer dans son génie* (3); il l'écrivit avec autant de pureté que d'élégance. Ses rimes, toujours d'accord avec le bon sens, ont encore le mérite d'être riches. Voilà, sans doute, ce qui a fait dire à Boileau :

> Villon sut le premier, dans ces siècles grossiers,
> Débrouiller l'art confus de nos vieux romanciers (4).

Marot avoit dit avant lui :

> Peu de Villon en bon scavoir :
> Trop de Villon pour decevoir.

Jouant sur le mot villon qui signifie filou, frippon. Si on se rappelle que, dans sa préface, il se glorifie de l'avoir étudié, et *mesmement d'avoir profité beaucoup avec lui*, on ne balancera pas à reconnoître Villon pour le père du style que nous appelons *marotique*, qui, au fond, n'est autre chose que la naïveté, la grâce et l'esprit, qui prêtent des charmes toujours nouveaux à notre vieille littérature.

---

(1) *Origine des Cheval.*, liv. 1er.
(2) *Prépar. à l'Apol.* pour *Hérodote*, et Bernier, *Véritable Rabelais*.
(3) Abbé Massieu, *Hist. poét.*
(4) *Art. poët.*, ch. 1er.

IX. Les deux Testaments de Villon sont deux satires des mœurs du temps, et surtout de celles des personnes avec lesquelles il étoit en rapport; personnes peu honorables, j'en conviens, ce qui excuse un peu la licence, il faut dire le mot, l'obscénité de quelques-uns de ses vers (1). Comme l'a très-judicieusement observé Marot, il faudroit connoître ces hommes là pour sentir tout ce qu'il y a de finesse dans les legs qui leur sont faits. La chose lui paroissoit impossible de son temps, je ne pense pas qu'elle soit plus facile aujourd'hui.

X. Quant aux ballades et rondeaux qui servent d'épisode au Grand Testament ou qui composent les œuvres diverses, nous n'ajouterons rien à l'éloge qu'en fait Marot; nous dirons seulement que Mervesin (2) et ceux qui l'ont copié ont eu tort de croire qu'il avoit ressuscité ce petit poëme. Villon le trouva en honneur; il le rendit plus régulier, plus gracieux, plus piquant, et le porta à un degré de perfection où Marot lui-même n'est pas parvenu, quoique Boileau, dans son *Art poétique*, mette au nombre de ses titres littéraires celui d'avoir fait fleurir les ballades.

On a vu, dans la première partie de notre Mémoire, à quelle occasion chacune des pièces qui forment les œuvres de Villon a été composée; nous croyons donc

---

(1) Une chose qui surprendra les personnes qui ne connoissent pas la littérature du moyen-âge, c'est la licence des expressions, dans la poésie surtout. Villon qui peut, à bon droit, effaroucher de temps en temps les oreilles pudiques, n'est cependant pas celui des écrivains où l'on trouve le plus de dévergondage.

(2) *Hist. de la poés.*

pouvoir, sans entrer dans de plus amples détails, passer à la notice que nous avons promise sur les différentes éditions qui en ont été faites et les manuscrits que nous avons consultés.

TROISIÈME PARTIE.

DES MANUSCRITS ET DES DIFFÉRENTES ÉDITIONS DES ŒUVRES DE VILLON.

§ Ier.

I. Le premier manuscrit que nous avons consulté contient les poésies de Charles d'Orléans, père de Louis XII, parmi lesquelles sont intercalées plusieurs ballades, rondeaux et complaintes dont lui avoient fait hommage, sans doute, les poëtes du temps les plus distingués (1).

Ce manuscrit est d'une beauté remarquable. Il provient, selon l'abbé Sallier (2), du comte de Seignelay, petit-fils de Colbert, qui l'avoit acquis de M. Ballesdeux. « Les monogrammes de Catherine de Médicis, » dont la couverture est toute semée, ne permettent

---

(1) Il seroit possible aussi que le prince Charles eût recueilli ces pièces en amateur, et les eût fait insérer dans le recueil de ses poésies pour les conserver.

(2) *Mém. de l'Acad. des Belles lettres*, t. 13, p. 580.

» pas de douter, ajoute M. Sallier, qu'il n'ait appar-
» tenu à cette reine, et les armes de Charles, duc d'Or-
» léans, qui sont empreintes sur la première feuille
» avec celles de Valentine de Milan sa mère, insinuent
» assez qu'il est sorti de la bibliothèque d'Henri II. »
Nous avons tiré de ce manuscrit la ballade :

Je meurs de soif auprès de la fontaine.

Elle porte le titre de *Ballade Villon*; ce qui, en style du temps, veut dire ballade faite par Villon (1).

II. Dans un manuscrit formant un recueil de vingt pièces, dont l'avant dernière est l'Hôpital d'amour, et la dernière le Petit Testament de Villon, nous avons pris les dix huitains, dont six forment le commencement de ce petit poëme et quatre la fin.

Ce manuscrit remonte jusqu'au temps de Villon, et s'il ne renferme pas le reste de ses œuvres c'est probablement parce qu'elles n'étoient pas encore connues. Il est bien écrit et bien conservé. Le texte en est pur et meilleur que celui des éditions gothiques; quoiqu'il ne soit cependant pas exempt de fautes (2).

III. Un manuscrit donné à la Bibliothèque du Roi par M. Langlet, le 25 avril 1744, contient un choix de lettres en prose, épîtres en vers, ballades et autres pièces. Les ballades de Villon y sont ainsi annoncées : *Ballades extraites du Testament et Codicille de mais-*

---

(1) Voy. Œuvres diverses.
(2) Voy. 2ᵉ part. nᵒ 2, et Petit Testament, la dernière Note.

tre François Villon(1). Suivent toutes les ballades du Grand Testament, celles qui forment les œuvres diverses du poëte, son épitaphe et une ballade contre les ennemis de la France (2), qu'on ne trouve pas ailleurs.

Ce manuscrit, que je crois avoir été fait vers la fin du XVe siècle, est terminé par un rondeau et une ballade de *Jehan Marot*. Ces deux dernières pièces m'ont paru écrites d'une autre main, quoique ce soit toujours le même genre d'écriture; d'où je conclus que le reste du manuscrit leur est antérieur.

IV. Un quatrième manuscrit, provenant de la bibliothèque de M. Coislin, renferme : 1° L'histoire de Mélusine, rimée par un sire de Parthenay; 2° L'épitaphe de Villon en ballade, le Petit et le Grand Testament.

Dans le Petit Testament nous avons trouvé le huitain où est renfermé le legs de trois gluyons de Feurre, mentionné dans le Grand Testament, *huit.* 67.

Dans le Grand Testament, outre deux huitains et un rondeau, nous avons trouvé trois ballades, dont deux paroissent avoir été faites par Villon; l'une tandis qu'il étoit en prison à Meun, et l'autre durant son exil. La troisième termine le G. T. (3).

---

(1) Voy. pour ce titre, Mém., 2e part., n° 4.
(2) Voy. 1re part., n° 19.
(3) Ces deux ballades commencent, la première par ce vers :
  Ayez pitié, ayez pitié de moi.
La seconde par celui-ci :
  Fortune fus, par Clercs, jadis nommée.
  (*V.* OEuv. divers.)

L'écriture de ce manuscrit n'est ni bonne ni correcte. Le Petit Testament en entier et quatre pages du Grand sont de la même main qui a copié le *Rommant de Parthenay et de Lusignen.*

V. La bibliothèque de l'Arsenal possède un manuscrit signé J. B. C'est le travail d'un littérateur qui se proposoit de donner une nouvelle édition des œuvres de Villon, conforme au manuscrit de la bibliothèque Coislin. Les notes de ce commentateur sont en petit nombre et assez mal rédigées. La notice sur Villon manque de critique, ainsi que le reste de son travail.

VI. Je dois dire ici que j'ai pris dans une espèce de poétique, composée du temps de Villon et imprimée sous le titre de *Jardin de plaisance*, un dixain qui est le troisième de la ballade du *débat du corps et du cœur de Villon*, plus une ballade sur les *povres housseurs*. L'auteur de ce recueil ne cite personne ; mais il paroît avoir pour principe de mettre à la suite les unes des autres toutes les pièces qui appartiennent au même poëte. Or cette ballade, qui d'ailleurs à un air de famille, se trouvant intercalée parmi celles que nous savons être de Villon, j'ai dû la prendre et en enrichir mon édition.

Comme on le voit, aucun manuscrit ne renferme dans leur entier les œuvres de Villon. J'ajouterai qu'il n'en est aucun qui puisse servir de guide, à cause des fautes évidentes dont ils sont tous plus ou moins chargés : comme on pourra s'en convaincre en consultant nos variantes et en les rapprochant du texte tel que nous l'avons rétabli. Je passe aux différentes étitions connues.

§ II.

I. La première et la plus ancienne ne porte ni date ni nom d'imprimeur. Je l'ai trouvée dans un volume ayant la forme d'un in-8°, avec le *recueil des hystoires des repeues franches, la farce de Pathelin et les poésies d'Alexis de Lyre*. Les *repeues franches* ont été imprimées par Jean Trepperel, sans date; la *farce de Pathelin* a été imprimée par la veuve de Jean Trepperel(1); et les *poésies d'Alexis de Lyre*, par P. le Caron. Cette édition de Villon est, sans contredit, la plus belle et la plus correcte des éditions gothiques. Le Grand Testament y est précédé de ce titre: *Cy commence le Grant Codicille et Testament maistre François Villon.*

II. La seconde gothique est celle de Nivers; Paris, sans date, avec des vignettes grossières, ayant pour titre: *Le Grand Testament maistre François Villon, et le Petit, son Codicille avec le jargon et ses ballades.* Le tout est suivi de *la Quenoille spirituelle*, et d'une épître du poëte lauréat, Fauste Audrelin de Forly, à Louis XII, après la défaite des Vénitiens; *translatée* par Guillaume Cretin (2).

Dans cette édition le style de la ballade *Et fussent ly*

---

(1) Une note manuscrite donne pour date d'impression, à Coquillart, l'année 1495.

(2) Il est parlé quelque part d'une édition gothique faite par Jean Niverd. Je n'ai pas pu vérifier si elle étoit différente de celle dont nous parlons ici, qui est de Guillaume Niverd.

sains apostoles a été modernisé : je veux dire qu'on en a fait disparoître tous les mots qui avoient dès-lors cessé d'être en usage. A l'exception de quelques vers qui manquent, elle est fidèle et même correcte ; car les fautes qu'on y rencontre doivent être attribuées au mauvais goût de l'éditeur plutôt qu'à la négligence de l'imprimeur.

III. La troisième, que nous n'avons trouvée nulle part, et que nous citons dans nos leçons diverses sur la foi de l'édition Coustellier, est celle de Vérard, sans date, gothique.

IV. La quatrième fait suite aux œuvres de Marot, imprimées à Paris par Jean Bignon en 1530 ; *vendue en la boutique de Jehan Longis* : ce qui me donne lieu de croire que M. Formey s'est mépris lorsqu'il a inséré dans son catalogue une édition de J. Longis et une de J. Bignon.

Cette édition est la première de celles de Marot (1) ; c'est aussi la moins correcte, ou, pour parler plus exactement, la seule qui soit incorrecte ; car les autres ont été faites avec beaucoup de soin. Elle porte en titre : *Les œuvres de François Villon, de Paris, reveues et remises en leur entier par Clément Marot, varlet-de-chambre du roy.* Elle ne renferme pas le jargon.

Les corrections de Marot se réduisent à fort peu de chose. Il a rétabli le texte, qu'une main maladroite avoit altéré en voulant le corriger. Quant aux vers qu'il

---

(1) Du moins, la première de celles que nous connoissons.

dit avoir refaits, on les trouve dans l'édition n° 1ᵉʳ et dans les manuscrits.

La cinquième a été faite en 1532 pour Galiod du Pré, avec ce titre : *Les œuvres de maistre François Villon, le monologue du franc archier de Baignolet, le dialogue des seigneurs de Malle-paye et de Baille-vent.* Le texte est horriblement défiguré dans cette édition, qui a été évidemment faite sur celle de Niverd, mais qui vaut beaucoup moins. Les fautes dont elle fourmille, ses vers allongés ou raccourcis, nous donnent une idée des ravages que doit avoir exercés sur la littérature du moyen âge, la manie de corriger le style des écrivains à mesure qu'il vieillissoit.

VI. La sixième est de 1532; Paris, Anthoine Bonnemère. Elle ne diffère de la précédente que par quelques fautes d'impression.

VII. La septième, qui se vendoit chez Galiod Dupré en 1533, est la seconde donnée par Marot, et peut-être la plus belle et la plus correcte. C'est d'après celle-là qu'ont été faites les éditions Coustellier et Formey, dont nous parlerons bientôt.

VIII. La huitième, sans date, chez les frères Angeliers, est la troisième de Marot ; ce qu'ignoroit M. le Duchat, puisqu'il la met au nombre des vieilles éditions.

IX. La neuvième chez Ambroise Gyrault, Paris, 1542, est la quatrième de Marot. Je soupçonne que cette édition est la même que celle qu'on dit avoir été faite par Alain Lotrian et qui porte la même date.

X. Nous n'avons pu découvrir l'édition sans date, avec figures et lettres rondes, faite à Paris par ou pour Denys Janot.

XI. Urbain Coustellier donna à Paris, en 1723, une édition des *œuvres de Villon, corrigées par Marot*, à laquelle il joignit des leçons diverses très-imparfaites et remplies d'erreurs; plus, quelques notes de M. Laurière, et un Mémoire en forme de lettre, composé par le père du Cerceau. Cette édition, de même que la suivante, qui lui est incontestablement préférable sous d'autres rapports, est d'une correction qui ne laisse rien à désirer.

XII. En 1742 M. Formey fit réimprimer, à La Haye, par Adrien Mœtjens, les œuvres de Villon, conformément encore à l'édition de Marot. Il joignit aux remarques de Laurière celles de M. le Duchat et les siennes. Outre la dissertation du père du Cerceau, il fit imprimer un Mémoire qui ne diffère en rien de l'article biographique qu'on lit dans le dictionnaire de Prosper Marchand, et une lettre critique fort peu intéressante qu'il auroit pu laisser dans le Mercure de France, où elle dormoit en paix.

Cette édition et la précédente sont suivies : 1° des *repeues franches*; 2° du *franc archier de Baignolet*; 3° du *dialogue de MM. de Malle-paye et de Baille-vent*; 4° de trois ballades fort jolies que Coustellier dit avoir mises dans son édition pour les conserver (1).

---

(1) M. Coustellier appréhendoit tellement que ces trois ballades ne s'égarassent, qu'il les fit mettre à la suite d'un autre ouvrage du moyen-âge, où je me rappelle de les avoir lues.

Elle est la seule où l'on trouve le fragment de la ballade contre les Taverniers, que M. Baluze donna à M. de la Monnoye pour être de Villon (1).

§ III.

DE CETTE NOUVELLE ÉDITION.

L'édition que nous offrons au public n'a rien de commun avec celles dont nous venons de parler : c'est un travail absolument neuf. Indépendamment des découvertes que nous avons faites, il nous a été possible, en rapprochant de l'édition donnée par Marot celles qui l'avoient précédée et les manuscrits que nous avons eus entre les mains, de rétablir en plusieurs endroits le véritable texte de Villon (2). Nous avons aussi rétabli la quantité de plusieurs vers défectueux qui avoient passé inaperçus sous les yeux de Marot (3). La ponctuation suivie par Coustellier et Moetjens ou Formey étoit tellement vicieuse qu'en certains endroits elle rendoit la pensée du poëte inintelligible, et qu'en plusieurs autres

---

(1) Voyez la note dont ce fragment est accompagné.

(2) Voyez *Pet. Test.*, huit. 1er, 10, 14, 15, 20, 29 et 35; et *Gr. Test.*, huit. 6, 11, 12, 14, 15, 27, 28, 33, 58, etc., etc., etc. La version de Marot dans tous ces endroits n'avoit pas, et ne pouvoit pas avoir de sens. Il est probable que ces huitains sont du nombre de ceux où il avoit plus *corrigé* qu'*entendu*, comme il le dit à François Ier dans sa Dédicace.

(3) Voyez huit. 63, v. 3; huit. 126, v. 7; huit. 137, v. 5; etc., etc. Il seroit trop long de les citer tous, et j'aurois de la peine à en faire le relevé.

elle la défiguroit sensiblement (1); nous l'avons entièrement refaite, et nous l'avons débarrassée en même temps de cette quantité prodigieuse de parenthèses, dans lesquelles Marot, selon l'usage de son temps, avoit enfermé toutes les phrases incidentes de Villon.

Les notes et les commentaires dont nous avons accompagné le texte en faciliteront l'intelligence à ceux qui n'ont pas l'habitude de notre vieille langue. Nous avons cru qu'il étoit plus utile d'expliquer les pensées du poëte que de donner l'étymologie ou l'historique des mots qu'il a employés. Ainsi nous ne nous sommes livré à aucune discussion grammaticale (2); elles trouveront naturellement leur place dans le *Glossaire étymologique, historique et critique de la langue française au moyen âge*, ouvrage que nous préparons avec beaucoup de soin.

Les leçons diverses que nous avons recueillies avec une exactitude scrupuleuse, surtout lorsqu'elles offroient des variations bien marquées, dispenseront le lecteur de recourir aux éditions et aux manuscrits que nous avons consultés (3).

---

(1) D'abord cela a lieu dans tous les endroits où nous avons eu besoin de corriger le texte de Marot, et ailleurs si fréquemment, qu'il nous paroît inutile d'en citer des exemples. Voyez cependant le débat du corps et du cœur de Villon (*OEuv. div.*)

(2) Nous dérogeons à l'usage pratiqué jusqu'à ce jour. Peut-être nous en saura-t-on gré. On ne lit point un poète pour apprendre l'étymologie des mots dont il s'est servi pour rendre ses pensées.

(3) Coustellier avoit senti l'utilité de ce travail, mais il le confia à une main inhabile ou paresseuse. On ne peut rien voir de plus incomplet, de plus insignifiant, et même de plus infidèle, que les

Il nous a paru inutile de motiver la préférence que nous avons souvent donnée à une version sur l'autre. Nous avons eu soin de choisir la plus correcte et celle qui nous paroissoit la plus raisonnable. Le lecteur pourra jeter un coup d'œil sur les variantes et nous juger.

Il y a tant de fautes dans les anciennes éditions et même dans les manuscrits, que nous avons été quelquefois dans la nécessité d'abandonner toutes ces versions incorrectes pour en former une qui nous a paru devoir être celle de Villon. Nous l'avons fait rarement, et chaque fois que nous avons été forcé de le faire nous en avons prévenu le lecteur, afin qu'il pût comparer notre version avec les variantes et apprécier les motifs qui nous avoient déterminé à prendre cette liberté.

On trouvera à la suite des œuvres de Villon *les repeues franches, le monologue du franc archier, le dialogue de messieurs de Malle-paye et de Baille-vent,* ainsi que les trois ballades que Coustellier jugea à propos de recueillir. Ce sera peut-être sauver de l'oubli quelques productions ingénieuses qui, même aujourd'hui, peuvent être lues avec intérêt (1).

Coustellier avoit inséré dans son édition une table des familles de Paris, mentionnées dans les œuvres

---

leçons diverses qui remplissent les marges de son édition. Formey les a littéralement reproduites. — On trouvera les nôtres à la suite de chaque partie des Œuvres de Villon.

(1) Nous avons revu et corrigé le texte de ces différentes pièces. Nous avons refait la ponctuation et accompagné de notes les vers qui nous ont paru en avoir besoin.

de Villon. L'éditeur de La Haye la reproduisit avec des corrections et des augmentations ; nous avons jugé à propos de l'abandonner : 1° parce qu'il n'est par certain que les personnes dont il est parlé dans les œuvres du poëte parisien fussent de Paris; 2° parce que leurs noms étant diversement ortographiés dans les manuscrits et dans les anciennes éditions, il n'est pas possible de connoître quelle est la véritable manière de les écrire; 3° parce que parmi ces légataires il en est un bon nombre qui ne sont désignés que par des sobriquets que leurs enfants ne furent peut-être pas très-empressés d'adopter (1).

Paris, décembre 1831.

J. H. R. PROMPSAULT.

---

(1) Ce Mémoire a été lu par M. Quatremère, à l'Académie des inscriptions et belles-lettres, le 23 décembre 1831.

LE
PETIT TESTAMENT

DE MAISTRE

FRANÇOIS VILLON.*

* A ce titre Marot ajoute, par forme de complément, « Ainsi inti-
» tulé sans le consentement de l'auteur, comme il le dit au second
» livre. » C'est dans le huit. 69 du *Gr. Test.* que Villon parle de
celui-ci. (Voy. en outre huit. 8, ci-après.)

LE
PETIT TESTAMENT.

HUIT. Ier.

1 Mil quatre cens cinquante-et-six,
  Je, François Villon, escolier,
  Considérant de sang rassis,
  Le frain aux dents, franc au collier,
5 Qu'on doit ses œuvres conseiller,
  Comme Vegèce le racompte ;

---

(1) M. Le Duchat reproche à Marot de ne pas avoir corrigé ce vers, de la manière suivante :

L'an quatre cens cinquante six.

L'usage a été d'énoncer l'année par la fraction du centième courant, on en trouve fréquemment des exemples dans les écrivains du moyen-âge ; mais je n'ai rien vu encore qui justifiât la version de M. Le Duchat.

Mil quatre cens cinquante six

n'est point, comme il le pense, une faute de copiste. Ce vers qu'il n'a pas compris, est une date mise en tête du Testament. Il offre à lui seul un sens complet.

Mil quatre cens cinquante neuf.
En avril, que l'on voit la fleur
Par les bois, plus blanche qu'un œuf, etc.

Ainsi commence un petit poëme intitulé : *L'Amant entrant en la forest de tristesse,* lequel fait partie du *Jardin de plaisance.*

(2) *Escollier.* Homme de lettres ; attaché à l'Université.
(4) *Le frain.* Prêt à travailler, et disposé à le faire de bonne volonté.
(5) *Conseiller.* Faire avec prudence.

Saige Romain, grand Conseiller,
Ou autrement, on se mescompte.

HUIT. II.

En ce temps que j'ay dit devant,
10 Sur le Noël, morte saison,
Lors que les loups vivent de vent,
Et qu'on se tient en sa maison,
Pour le frimas, prés du tison,
Me vint ung vouloir de briser
15 La tres amoureuse prison,
Qui souloit mon cueur desbriser.

HUIT. III.

Je le feis en telle façon,
Voyant celle devant mes yeulx,
Consentant à ma deffaçon,
20 Sans ce que jà luy en fut mieulx,

---

(7) *Grant conseiller.* Ecrivain dont les conseils sont pleins de sagesse.

(8) *Ou*, etc. Ou bien on se trompe dans le jugement qu'on porte de lui.

(10) *Sur le Noël.* Aux environs de la fête de Noël.

(11) *Vivent de vent.* Ne trouvent plus de quoi manger.

(13) *Pour le frimas.* A cause de la neige; du froid. — *Près du tison.* Près du feu.

(15) *Amoureuse prison.* Les liens amoureux.

(16) *Qui souloit*, etc. Qui pesoit habituellement sur mon cœur. — *Desbriser.* Tomber en pièces.

(17) *Je le feis*, etc. Je brisai mes liens de cette manière.

(18) *Voyant*, etc. J'avois devant moi celle qui consentoit, etc.

(19) *Deffaçon.* Dépérissement. La note de Marot porte : *Deffaicte;* mort. Le premier ne me paroit pas convenable, le second dit trop.

(20) *Sans ce que*, etc. Sans qu'il lui en revînt aucun avantage.

Dont j'ay deuil et me plaings aux cieulx,
En requérant d'elle vengence
A tous les dieux victorieux,
Et du dieu d'amours allégence.

HUIT. IV. *

25   Et se je prens à ma faveur,
Ces doulx regrets et beaulx semblans,
De très decepvante saveur ;
Me trespercent jusques aux flancs.

---

(21) *Dont j'ay deuil.* Dont je suis affligé. Le sens de ce vers se lie non au précédent, mais au troisième.

(22) *Vengence* ou *vengance*. C'est l'orthographe du temps de Villon, et non pas *vengeance*, comme porte l'édition de Marot.

(23) *Dieux victorieux, Dieux bienheureux, Dieux vénérieux.* Ces expressions sont synonymes ; la première signifie les Saints qui ont vaincu sur la terre ; la seconde, les Saints qui sont heureux dans le ciel ; la troisième, les Saints qui sont honorés ou dignes des respects des mortels. (V. *Gr. Test.*, huit. 70, et *leç. div.*)

(24) *Et du Dieu*, etc. Et je demande au Dieu d'amours, le soulagement de mes maux.

* Ce huitain et les cinq qui suivent sont tirés du *Mss. T.* Toutes les éditions anciennes, de même que le *Mss. C.*, font suivre le troisième huitain de celui,
    Item à celle que j'ay dit. (Huit 10°.)
La lacune est évidente. *Item*, annonce un premier legs ; *que j'ay dit*, fait assez comprendre que le premier legs doit être placé entre les huitains où il parle de sa maîtresse et celui-ci. (V. *Mém.*, 3º part.)

(25) *Et se je*, etc. Et si je pense que j'occasionne.

(26) *Ces doulx regrets.* Les regrets de mon amie.—*Et beaulx semblans.* Et ces belles apparences de douleur.

(27) *De très*, etc. Dont la saveur est si trompeuse.

(28) *Me trespercent.* Alors ils me percent ; j'en suis pénétré.

Bien ilz ont vers moy les piez blancs
30 Et me faillent au grant besoing.
Planter me fault autre complant;
Et frapper en un autre coing.

HUIT. V.

Le regard de celle ma prins,
Qui m'a esté félonne et dure.
35 Sans ce qu'en riens aye mesprins,
Veult et ordonne que j'endure
La mort, et que plus je ne dure.
Si n'y voy secours, que fouir.
Rompre veult la dure souldure,
40 Sans mes piteux regrets ouir.

HUIT. VI.

Pour obvier à ses dangiers,
Mon mieulx est, ce croy, de partir;

---

(29) *Bien ils*, etc. Ils sont toujours bien reçus chez moi.

(30) *Et me*, etc. Ce qui n'empêche pas qu'ils ne me manquent lorsqu'ils me seroient le plus nécessaires.

(31) *Planter*. Il faut que je plante d'un autre bois.

(32) *Et frapper*. Et que je frappe monnoie à un autre coin.

(33) *Le regard*. J'ai été séduit par les yeux d'une femme.

(34) *Qui m'a*. Qui n'a eu pour moi ni tendresse, ni fidélité.

(35) *Sans*. Quoique je ne me sois jamais rendu coupable envers elle.

(36) *Veult*. Elle veut.

(37) *Et que*. Et que je cesse de vivre.

(38) *Si n'y*. A cela je ne vois d'autre remède que de fuir.

(39) *Rompre veult*. Elle veut rompre l'union étroite et sincère qui attachoit mon cœur au sien.

(41) *Pour*. Pour me soustraire au pouvoir meurtrier qu'elle a sur moi.

Adieu. Je m'envois à Angiers.
Puisqu'el' ne me veult impartir
45 Sa grace, ne me départir.
Par elle meurs, les membres sains;
Au fort, je meurs amant martir,
Du nombre des amoureux sains.

HUIT. VII.

Combien que le départ soit dur,
50 Si fault il que je me esloingne.
Comme mon paouvre sens est dur !
Autre que moy est en quéloingne,
Dont, onc en foret de Bouloingne,
Ne fut plus altéré dumeur.

───────────────────────────

(44) *Impartir*. Accorder.

(45) *Sa grace*. Ses faveurs, ses bonnes grâces.—*Ne me départir*. Ni se séparer de moi.

(46) *Par elle*. A cause d'elle je meurs, quoique en pleine santé.

(47) *Au fort*. Après tout, je meurs martyr de l'amour.

(48) *Du nombre*. Je serai placé parmi ceux qui se sont sanctifiés au service de ce dieu.

(49) *Combien que*. Quoique la séparation me, etc.

(50) *Si fault il*. Il faut cependant, etc.

(51) *Comme*. Que mon esprit est peu intelligent. Dans le Mss. il y a *sens tant dur*. *Tant* m'a paru une faute de copiste. Je lui ai substitué *est*.

(52) *Autre*. Un autre que moi est en quenouille : les faveurs de ma belle sont à un autre.

(53) *Dont, onc*. Moi auprès de qui ne fut jamais de plus altéré chasseur dans la forêt de, etc., c'est-à-dire plus dévoré par l'amour que je lui porte, que ne l'est par la soif, etc. — Dans le Mss. *en* manque, en sorte que le vers est imparfait et le sens aussi. C'est une faute du copiste.

55 C'est pour moy piteuse besoingne :
Dieu en vueille ouir ma clameur.

HUIT. VIII.

Et puisque départir me fault,
Et du retour ne suis certain
Je ne suis homme sans deffault ;
60 Ne qu'autre d'assier ne d'estaing :
Vivre aux humains est incertain,
Et après mort n'y a relaiz :
Je m'envoys en pays loingtaing ;
Si establiz ce présent laiz.

HUIT. IX.

65   Premièrement, au nom du Père,
Du Filz et du Saint-Esperit,
Et de la glorieuse Mère
Par qui, grace, riens ne périt ;

---

(55) *C'est.* C'est affligeant pour moi de penser qu'un autre m'est substitué.

(56) *Dieu.* Que Dieu reçoive favorablement les plaintes que je lui adresse à ce sujet.

(57) *Et puisque.* Puisqu'il faut que je me sépare d'elle.

(60) *Ne qu'autre.* Ni plus qu'un autre. Il pressentoit ce qui lui arriva quelques années après. (V. *Gr. Test.* et *Mém.*)

(62) *N'y a relaiz.* Il n'y a plus d'espoir : il ne reste plus rien.

(64) *Si establiz.* Je fais le testament qui suit. Cette pièce devroit être appelée *le laiz maistre Françoys Villon.* Le poëte se plaint ailleurs qu'on l'ait nommée Testament. (V. *Gr. Test.*, huit. 65.)

* Ici commence le *Petit Testament*, dont ce qui précède n'est que le préambule. (V. huit. 4, et *Mém.* 3ᵉ part.)

(68) *Par qui.* Qui ne permet pas, ce dont nous devons la remercier, que le pécheur périsse. (V. *Gr. Test.*, ballade à sa mère.)

Je laisse, de par Dieu, mon bruit,
70 A maistre Guillaume Villon,
Qui en l'onneur de son nom bruit :
Mes tentes et mon pavillon.

HUIT. X.

Item à celle que j'ay dict,
Qui si durement m'a chassé,
75 Que j'en suys de joye interdict,
Et de tout plaisir déchassé,
Je laisse mon cœur enchassé,
Palle, piteux, mort et transy :
Elle m'a ce mal pourchassé,
80 Mais Dieu luy en face mercy.

---

(69) *Mon bruit.* Ma réputation. Sur Guillaume Villon. (Voy. *Mém.*, 1ʳᵉ part., n° 8.)

(71) *Qui.* Qui honore son nom par l'éclat de ses Œuvres.

(72) *Mes.* Plus les tentes et le pavillon que j'habite. On sait que le poëte n'avoit d'autres tentes et pavillon que le ciel. Ce vers se lie, par le sens, avec le cinquième.

(73) *Item.* C'est la version des *Mss.* et des *édit. anc.*, *Gd. Bo.* et *Ver.* Marot qui ne soupçonnoit pas l'existence des six huit. que nous avons découverts, l'avoit corrigé de cette manière.
A celle doncques que j'ay dit.
Il auroit fallu que *je dy*.

(74) *Chassé*, prononcez *Cassé*. Qui m'a traité si durement.
(75) *Interdict.* Privé. — (76) *Dechasse.* Eloigné.
(77) *Enchassé.* Encassé, brisé.
(79) *Elle.* C'est elle qui m'a mis en ce triste état.
(80) *Dieu.* Que Dieu le lui pardonne.

HUIT. XI.

Item, à maistre Ythier marchant,
Auquel je me sens très-tenu,
Laisse mon branc d'acier tranchant.
Et à maistre Jehan le Cornu,
85 Qui est en gaige détenu,
Pour ung escot six solz montant.
Je vueil, selon le contenu,
Qu'on luy livre, en le racheptant.

HUIT. XII. *

Item, je laisse à Sainct Amant,
90 Le cheval blanc avec la mulle;

---

(81) *Item*. Je donne en outre, etc. (V. *G. T.*, h. 84, un nouveau legs et celui-ci mentionné.) « Ythier Marchant licencié, Escumans latin » figure, dans la chronique scandaleuse sous le mois de septembre 1464, au nombre des députés des seigneurs de la ligue du bien public, à une conférence où l'on devoit traiter de la paix avec le roi. Il fut maître de la chambre aux deniers de Charles de France, duc de Normandie. (Hist. de Bret. par Lobineau, t. 2, p. 1374.) Après la mort de son maître, il se donna au duc de Bourgogne avec un nommé Jean Hardi, son valet, qui fut écartelé le 30 mars 1473, pour avoir voulu empoisonner le roi. (Chron. scandaleuse.) Ythier étoit son nom. Il étoit marchand de profession. (Voy. Hist. de Paris, t. 2, p. 867.)

(82) *Trestenu*. Très redevable.

(83) *Branc*. Epée ancienne, espèce de bracquemart.

(84) *Et à*. Et je laisse à. —En 1469 un nommé *Jehan-le-Cornu* étoit clerc de la prévosté de Paris. (Chron. scand.)

(85) *Qui*. Ce qui.   (86) *Selon*. Conformément à ce que j'ai réglé.

(88) *Qu'on*. Qu'on le lui délivre quand il l'aura dégagé, affranchi.

* Ce huit. dans le *Mss.* se trouve placé entre le 16 et le 17e.

(89) *Item*. Le legs est mentionné et reformé dans le *G. T.*, h 87.

(90) *Le cheval*. Vraisemblablement le *cheval blanc avec la mule* étoit une enseigne de cabaret.

Et à Blaru, mon dyamant
Et l'asne rayé qui reculle.
Et, le decret qui articulle,
1 *Omnis utriusque sexus*,
95 Contre la Carmeliste Bulle,
Laisse aux Curez pour mettre sus.

HUIT. XIII. *

Item, à Jehan Tronne bouchier,
Laisse le monton franc et tendre,
Et ung tachon pour esmoucher
100 Le beuf couronné qu'il veult vendre,

---

(91) *Et à.* Quant à Blaru je lui laisse mon dyamant, etc. Ce legs pourroit annoncer que Blaru étoit un libertin usé.

(93) *Et le.* Le décret *Omnis utriusque sexus* a été porté par le quatrième Concile de Latran, tenu en 1215. Il ordonne à tous les chrétiens de l'un et de l'autre sexe, de confesser leurs péchés à leur propre pasteur, au moins une fois l'an. En 1409, les religieux mendians obtinrent de Nicolas V une bulle datée de Pise, 2 oct., qui leur donnoit le pouvoir de confesser au préjudice des droits des curés établis par le canon que nous venons de citer. L'université se leva contre, tint plusieurs assemblées dans l'une desquelles les mendians furent exclus de son sein. Les évêques de France se joignirent à elle. Des députés furent envoyés à Rome et en rapportèrent une bulle de Calixte III, qui révoquoit celle de Nicolas V. Cette affaire étoit à peine terminée, ou même ne l'étoit pas encore, quand Villon composoit son Petit Testament. Témoin du zèle chaleureux des curés de Paris, il leur lègue le canon *Omnis*, etc., pour le remettre en vigueur. C'est une malice de sa part.

* Ce huitain dans le Mss. T. est placé entre le 21 et le 22°.

(97) *Jehan.* Ce mot est constamment employé comme monosyllabe.

(98) *Monton.* Mouton sans vice, de bonne qualité, et dont la chair soit tendre.

(99) *Et ung.* Je pense que *tachon, tacon* ou *tahon*, est le nom d'un instrument propre à chasser les mouches. — Voici la note de M. Formey : « *Tahon*, une grosse mouche, pour chasser les petites. Legs

Ou la vache qu'on ne peult prendre.
Le vilain qui la trousse au col,
S'il ne la rend, qu'on le puist pendre
Et estrangler d'un bon licol.

HUIT. XIV.

105   Et à maistre Robert Vallée,
Paouvre Clergeon au Parlement,
Qui ne tient ne mont, ne vallée;
J'ordonne principallement,
Qu'on luy baille légèrement,
110 Mes brayes, estans aux Trumellières,
Pour coeffer plus honestement
S'amye, Jehanneton de Millières.

» ridicule, ironique et satirique, comme le sont presque tous ceux
» de ces deux prétendus Testamens. » — Monsieur Formey a cru
que *tahon* étoit le même mot que *taon*. Il n'auroit pas commis cette
erreur s'il avoit consulté les *Mss.* et *édit. anc.* Quant au legs, il est
en effet satirique, mais voici dans quel sens : Tronne ou Trouve
étoit un marchand de mauvaise viande, dont l'étal étoit sale et couvert de mouches. Villon lui lègue un mouton de bonne qualité et
« un *tachon* pour esmoucher », c'est-à-dire, défendre des mouches
le bœuf de mardi-gras, qu'il lui suppose le dessein de vouloir
vendre, ainsi que la vache jeune et fringante qu'il promet de tuer.

(102) *Le vilain.* Si celui qui passera la corde au cou de cette vache
ne la lui ramène, qu'il soit pendu et étranglé.

(107) *Ne tient.* Ne possède.   (109) *Légèrement.* Sans difficulté.

(110) *Brayes* est un monosyllabe. — *Estans aux Trumellières.* Usées
de manière à ne pouvoir couvrir que les cuisses.

(111) *Pour.* Pour faire sa cour. (Voy. *Leç. div.*)

Au sujet de *Vallée*, dont il est question dans ce huitain et dans
les deux suivants, je dirai que je crois avoir vu son nom avec celui
de quelques autres des légataires de Villon, dans le Recueil des
lettres de grâce accordées par Louis XI. (Arch. du Roy.)

HUIT. XV.

Pour ce qu'il est de lieu honeste,
Fault qu'il soit myeulx recompensé,
115 Car le Saint Esprit l'admoneste,
Obstant que il est insensé,
Pour ce je me suis pourpensé,
Puys qu'il n'a sens ne qu'une aulmoyre,
Qu'on luy baille l'art de mémoire,
120 A recouvrer sur Mal-pensé.

HUIT. XVI.

Item plus, je assigne la vie
Du dessus dict maistre Robert.
Pour Dieu, n'y ayez point d'envie,
Mes parens, vendez mon Haubert,

---

(113) *Pour.* Comme il est de bonne maison, il doit être mieux traité que les autres légataires.

(115) *Car.* Le Saint-Esprit, c'est-à-dire l'Ecriture sainte l'enseigne.

(116) *Obstant.* D'autant plus qu'il est insensé. (V. *G. T.*, huit. 6.)

(117) *Pour ce.* J'ai donc, à cause de cela, pensé qu'on lui donneroit, puisqu'il n'y a pas plus de bon sens dans sa tête que dans un coffre, l'art de mémoire, lequel on iroit prendre, de ma part, sur ou chez Maupensé.—Ce Maupensé étoit vraisemblablement célèbre par son manque de mémoire. Son nom annonceroit qu'il pensoit de travers. (V. *Leç. div.*)

(121) *Item.* En outre. Je fais une existence au, etc.

(123) *Pour Dieu.* Au nom de Dieu. Mes parens n'en soyez pas jaloux.

(124) *Le haubert* étoit une chemise faite avec des anneaux en fer, que portoient les chevaliers pour leur défense. Le poëte plaisante lorsqu'il ordonne de vendre son haubert. « Haubert rimé contre part »monstre, que Villon estoit de Paris, et qu'il prononçoit haubart et »part. » Cette remarque de Marot, qu'on retrouve en plusieurs autres endroits, est ici mal placé. Haubert rime avec Robert; et part avec pluspart.

125 Et que l'argent, ou la pluspart,
　　Soit employé, dedans ces Pasques,
　　Pour achepter à ce poupart,
　　Une fenestre auprès saint Jaques.

HUIT. XVII.

　　Item je laisse, en beau pur don,
130 Mes gands et ma hucque de soye,
　　A mon amy Jacques Cardon ;
　　Le gland aussi d'une saulsoye ;
　　Et tous les jours une grosse oye ;
　　Ou ung chappon de haulte gresse ;
135 Dix muys de vin blanc comme croye ;
　　Et deux procès, que trop n'engresse.

---

(126) *Dedans.* Durant les pasques prochaines.

(127) *Poupart.* Enfant gâté.

(128) *Fenestre.* Boutique d'écrivain, près Saint-Jacques de la Boucherie. (Marot, *Notes.*) — Les boutiques étoient alors, comme il s'en rencontre encore quelques-unes dans les rues de Paris, où les maisons n'ont pas été renouvelées. A côté de la porte d'entrée se trouvoit une grande fenêtre qui servoit à étaler les marchandises.

(120) *En.* En don pur et simple, sans charge aucune.

(138) *Hucque.* Habit de luxe ainsi que les gands.

(131) *Jacques.* Il est parlé encore de ce Cardon qui avoit l'humeur galante, étoit avare, et vouloit, sans doute, faire l'élégant. (*Gr. Test.*, huit. 154.)

(132) *Le glang.* « Raillerie les Saules ne portent point de gland. » (*Mss. A.*) Je pense que la *saulsoye* étoit comme la *hucque* un habit ou une étoffe de luxe.

(133) *Et tous.* Je lui laisse en outre pour chaque jour.

(135) *Comme.* Tel qu'il vient de la vigne, non frélaté.

(136) *Que trop.* Ce qui n'enrichit pas.

HUIT. XVIII.

Item je laisse à ce noble homme,
René de Montigny, troys chiens;
Et à Jehan Raguyer la somme
140 De cent frans, prins sur tous mes biens.
Mais quoy ? Je n'y comprens en riens,
Ce que je pourray acquérir ;
On ne doit trop prendre des siens,
Ne ses amis trop surquérir.

HUIT. XIX.

145   Item au seigneur de Grigny,
Laisse la garde de Nygon,

---

(137) *A ce.* J'ai substitué le mot *noble*, qu'on trouve dans le *Mss. R.*, au mot *jeune*, qui ne dit rien. — Villon plaisante sur la noblesse de Régnier de Montigny. Il prétend qu'il ne lui manque que d'avoir des chiens pour être un grand seigneur, et c'est pour cette raison qu'il lui en donne. Il est parlé d'un Montigni dans le jargon ballade 2°.

(139) *Jehan Raguyer.* Ces deux mots ne forment que trois syllabes. Dans le tournoi qui fut donné devant l'hôtel des Tournelles en 1468, Jean Raguier, trésorier des guerres à Rouen, rompit cinq lances contre un des gentilhommes qui tenoient les lices. (*Hist. de Paris*, Lobineau, 2° vol., p. 859.)

(140) *Prins.* Levés.

(141) *Mais.* Expliquons-nous. C'est sur mes biens présens et non sur ceux que je pourrai acquérir. On sait que Villon ne possédoit rien.

(143) *On ne.* Quand on fait des libéralités il ne faut ni trop grever la succession qu'on laisse, ni trop enrichir ses amis.

(144) *Surquérir*, de *succurrere*. M. Formey, qui ne l'a pas compris, l'accompagne de cette note : « Nicod explique ce mot par inter‑
» roger ; Borel n'en parle point. »

(146) *Nigon.* Nigeon, maison royale que Anne de Bretagne, épouse de Louis XII, donna aux religieux minimes, autrement dits Bons‑Hommes. Elle étoit près de la barrière de ce nom. Il est vraisemblable qu'elle étoit abandonnée du temps de Villon, ou bien qu'elle n'étoit gardée que par un suisse.

Et six chiens plus qu'à Montigny ;
Vicestre, chastel et dongon.
Et, à ce malostru Changon,
150 Montonnier qui tient en procès,
Laisse troys coups d'ung escourgon;
Et coucher, paix et aise, en ceps.

HUIT. XX.

Item, à Jacques Raguyer,
Je laisse l'abreuvoyr Popin,
155 Por ses paouvres seurs grafignier.
Tousjours le choys d'ung bon lopin;

---

(148) *Vicestre*. C'est le château de Bicêtre, ainsi appelé, parce qu'il avoit appartenu, au commencement du 13ᵉ siècle, à Jean, évêque de Wincester. Démoli par le peuple de Paris durant les guerres civiles, il étoit en mauvais état et abandonné du temps de Villon. Les vagabonds en faisoient leur repaire.

(149) *Malostru*. Mal appris, mal élevé.

(150) *Montonnier*. Qui plaide contre Montonnier.

(151) *Escourgon*. Fouet. (Marot.)

(152) *Et coucher*. Et je lui laisse, en outre, la prison pour y dormir tranquille et à son aise. — *En ceps*. Dans les fers.
Dans ce huitain j'ai rétabli l'orthographe de Villon, que Marot auroit dû respecter. *Nigon, dongon, changon, escourgon*. C'est ainsi qu'on écrivoit avant François Iᵉʳ. C'est, au reste, l'orthographe des *Mss.* et des *anc. éd.* Nous nous ferons un devoir de la suivre toujours.

(153) *Item*, etc. J'ai suivi le *Mss.* C. Jean Raguyer a été nommé huit. 18ᵉ.

(154) *L'abreuvoir*. L'abreuvoir Popin étoit au bout du Pont-Neuf, vis-à-vis la rue Thibautaudez.

(155) *Por ses*. Afin que, lorsqu'il aura bu, il puisse maltraiter ses pauvres sœurs. — *Grafigner*. Déchirer avec les ongles.

(156) *Tousjours*. Je lui laisse, en outre, la liberté de toujours choisir le meilleur morceau.

Le trou de la pomme de pin ;
Le doz aux rains, au feu la plante ;
Emmailloté en Jacopin ;
160 Et qui pourra planter, se plante.

HUIT. XXI.*

Item à maistre Jehan Mautainct,
Et à Pierre le basannier,
Le gré du seigneur qui attainct
Troubles forfaictz, sans espargner.
165 Et à mon procureur Fournier,
Bonnetz courtz, chausses semellées,
Taillées chés mon cordouennier,
Pour porter durant ces gellées.

---

(157) *Le trou.* Il faudroit peut-être *au*, à la place de *le*. Pomme de pin, meilleur cabaret du temps. Il étoit situé vis-à-vis l'église de la Madelaine, dans la cité.

(158) *Le doz.* Je lui laisse la liberté de se tenir accroupi au coin du feu, les pieds dans le foyer.

(159) *Emmailloté en*, etc. Habillé comme un Jacobin, et non pas « empesché d'ung flegme », comme dit Marot, donnant au mot *Jacopin* la signification de *crachat*.

(160) *Et qui.* Et viendra prendre place à côté de lui, celui qui en trouvera. (Voyez Leçons diverses.)

* C'est après ce huitain qu'est placé, dans le *Mss. T.*, le legs fait à Jean Tronne, huit. 13.

(163) *Le gré.* Les faveurs de l'officier du Roi, qui punit, avec sévérité, les délits et les crimes.

(166) *Bonnetz.* Je lui laisse mes bonnets.— *Chausses semellées.* Brodequins selon Marot.

(167) *Taillées.* Coupés et non encore faits. Expression goguenarde, qui revient à celle-ci : Je lui laisse les brodequins qu'il commandera chez mon cordonnier. (168) *Ces gellées.* Cet hiver.

HUIT. XXII.*

Item au chevalier du guet,
170 Le heaulme luy establys.
Et aux piétons, qui vont daguet
Tastounant par cez establis,
Je leur laisse deux beaulx rubis ;
La lenterne à la pierre au laict.
175 Voire mes ! j'auray les troys lict,
S'ilz me meinent en chastellet.

HUIT. XXIII.**

Item à Perrenet marchant,
Qu'on dit le bastard de la barre,

---

* Ce huit., dans le *Mss. T.*, vient immédiatement après le 19°.

(169) *Chevalier.* Au capitaine du guet. On l'appeloit le Chevalier, parce qu'il étoit, peut-être, resté seul en possession de l'ordre de l'Etoile, créé par le roi Jean.

(170) *Le heaulme*, etc. Le haulme sur l'écusson étoit une marque de noblesse.

(171) *Et aux.* Et à ses soldats qui cherchent à surprendre les malfaiteurs.

(172) *Tastonnant.* Marchant à tâton, les rues n'étoient pas éclairées. —*Par ces establis.* Le long des étaux.

(173) *Deux.* « Rubis de Taverne qu'il avoit au visage, selon mon » jugement. » *(Not. de Marot.)* Je leur laisse, afin qu'ils puissent y voir clair durant leur ronde, deux rubis.

(174) *La lanterne.* Avec la lanterne de la place, ou du carrefour de la Pierre au Let. « Pierre au Let est, vraisemblablement, le même que »Pierre au Lard, petite place près Saint-Jacques de la Boucherie. » (Formey.)

(175) *Les troys.* Chambre du Chatellet un peu plus commode que les autres peut-être.

** Ne se trouve que dans le *Mss. C.* Il en est fait mention. *Gr. Test.*, huit. 67.

(177) *Item à.* Le *Mss.* porte *Item je lesse à*, etc. J'ai supprimé *laisse*, qui étoit de trop. (V. *Gr. Test.*, huit. 67 et 98.)

Pour ce qu'il est ung bon marchant ;
180 Luy laisse, trois gluyons de feurre,
Pour estendre dessus la terre,
A faire l'amoureux mestier,
Où il luy fauldra sa vie querre ;
Car il ne scet autre mestier.

HUIT. XXIV.

185 Item au Loup et à Chollet,
Pour une foys, laisse ung canart ;
Prins sous les murs, comme on souloit,
Envers les fossez sur le tard ;

---

(179) *Pour ce*, etc. Par la raison qu'il sait bien tirer parti de sa marchandise.

(180) *Troys.* Trois faisseaux de paille, de chaume.

(181) Ces deux vers font allusion à quelque aventure galante.

(183) *Sa vie.* Sa vie gagner : c'est-à-dire, état dont il sera obligé de vivre ; car il n'en sait pas d'autre.

(185) *Au.* Il est parlé encore de Jehan le Loup, *G. T.*, h. 100, et de Chollet., h. 99 et 100. Le portrait que fait Villon de ce dernier, me porteroit à croire que c'est ce Casin Chollet qui fut, selon la chronique scandaleuse, publiquement fustigé le 14 août 1465 pour avoir jeté l'épouvante dans Paris ; et au sujet duquel, le roi crioit au bourreau : « Battez fort, et n'espargnez pas ce paillart ; car il a bien » pis desservi, » c'est-à-dire mérité. *(Chr. sc.)*

(186) *Pour.* Je leur laisse un canard, une fois donné, c'est-à-dire, sans plus.

(187) *Prins.* Les Mss. et toutes les éd. mettent *sur*. J'ai cru qu'il falloit: « Sous les murs. » Il donne à ces deux bandits un canard, pris là où ils avoient l'habitude d'en prendre, sous les remparts, auprès des fossés.

Et à chascun ung grand tabart
190 De cordelier, jusques aux pieds ;
Busche, charbon, et poys au lart,
Et mes housaulx sans avantpiedz.

HUIT. XXV.

Item je laisse par pitié,
A troys petitz enfans tous nudz,
195 Nommez en ce présent traictié ;
Paouvres orphenins imporveuz ;
Tous deschaussez et déveśtuz ;
Et desnuez comme le ver ;
J'ordonne qu'il seront pourveuz,
200 Au moins pour passer cest yver.

HUIT. XXVI.

Premièrement Colin Laurens,
Girard Gossoyn, et Jehan Marceau,

---

(189) *Et à.* Je laisse de plus à chacun d'eux, un manteau long comme celui des cordeliers, pour cacher leur canard.

(191) *Busche.* Du bois et du charbon pour le cuire ; des pois au lard pour compléter le repas.

(191) *Et.* Et en outre mes houseaux (espèce de chaussure semblable à des bottes), pour aller les prendre sans se mouiller. Tout cela se rapporte à des aventures qui étoient connues, au moins de ces bandits.

(195) *Traictié.* Contrat, disposition testamentaire.

(196) *Imporveuz.* Qui n'ont hérité de personne.

(197) *Tous,* etc. Sans souliers et sans vêtements.

(198) *Et desnuez.* Et nuds comme le ver de terre.

(199) *J'ordonne.* J'ordonne qu'on les habille. (V. *Leç. div.*)

(201) *Premièrement.* Le premier est, etc.

(202) J'ai conservé le vers de Marot à cause de la rime, en y ajoutant le *Et* qu'on trouve dans celui du Mss., pour compléter la mesure.

Desprins de biens et de parens,
Qui n'ont vaillant l'anse d'ung ceau,
205 Chascun de mes biens ung faisseau :
Ou quatre blancs, s'ilz l'ayment myeulx.
Ilz mangeront maint bon morceau,
Les enfans, quand je seray vieulx.

HUIT. XXVII.

Item ma Nomination,
210 Que j'ay de l'Université,
Laisse par résignation,
Pour forclorre d'adversité
Paouvre clercs de ceste cité,
Soubz cest *intendit* contenuz ;
215 Charité m'y a incité,
Et nature, les voyant nudz.

HUIT. XXVIII.

C'est maistre Guillaume Cotin,
Et maistre Thibault de Vitry,

---

(203) *Desprins*. Desnuez de biens et privez, etc.
(204) *Vaillant*. En valeur. — *Ceau*, pour seau.
(205) *Chascun*. Je donne, à chacun d'eux, une portion de mes biens.
(206) *Ou quatre*. Ou bien un sou, si cela leur convient mieux.
(207) *Ilz*. Quand je serai vieux, ils trouveront de l'argent pour faire bonne chère, en engageant la portion d'héritage que je leur laisse.
(209) *Voyez*, au sujet de ce huitain. *Mém.*, p. 1re, n° 11.
(212) *Pour*. Pour donner une existence honnête.
(214) *Soubz*. Désignez, nommez dans ce Testament.

Deux paouvres clercs parlans latin,
220 Paisibles enfans, sans estry,
Humbles, bien chantans au lectry.
Je leur laisse, sans recevoir,
Sur la maison Guillot Gneuldry,
En attendant de mieulx avoir.

HUIT. XXIX.

225   Item et j'ordonne la crosse,
Celle de la rue Sainct Anthoine,
Et ung billart dequoy on crosse
Et tous les jours plain pot de seine,
Aux pigons qui sont en l'essoine,
230 Enserrez soubz trappe volliere,

---

(219) *Parlans.* Qui savent parler latin. (V. *Mém.* 1re part. n° 11.)

(220) *Paisibles.* N'aimant ni le bruit, ni le désordre. Tout ceci est ironiquement dit.

(221) *Humbles.* Modestes. — *Lectry.* Lutrin.

(222) *Je.* Je leur laisse le revenu de mon bénéfice, sans rien exiger d'eux.

(223) *Sur.* En rentes, sur la maison.

(224) *En.* Pour en jouir en attendant mieux.

(225) *Item et j'ordonne.* De plus je donne la crosse.

(226) *Celle.* J'entends celle de, etc. C'étoit vraisemblablement une potence servant d'enseigne, avec cette inscription : « A la crosse de la rue Saint-Antoine. »

(227) *Et.* Et un bâton dont on se sert pour *crosser*, pour corriger. On dit encore parmi le peuple *rosser*.

(228) *Et.* Et chaque jour, une cruche pleine d'eau de Seine.

(229) *Aux.* Aux prisonniers qui sont *en l'essoine*, en arrêt.

(230) *Enserrez.* Enfermez. — *Soubz trappe volliere.* Dans un cachot dont la fenêtre est grillée.

Et mon mirouer bel et ydoyne,
Et la grace de la Geolliere.

HUIT. XXX.

 Item je laisse aux hospitaux,
Mes chassis tissus d'araignée;
235 Et aux gisans sur les estaux,
Chascun sur l'œil une grongnée :
Trembler à chiere renffrongnée,
Maigres, velluz, et morfonduz ;
Chausses courtes, robbe rongnée :
240 Gelez, meurdriz, et enfonduz.

HUIT. XXXI.

 Item je laisse à mon barbier,
La rongneure de mes cheveulx

---

(231) *Et.* Plus ma conduite pour modèle.

(232) *Et.* Avec les bonnes grâces de la géolière. Ironie.

(235) *Et aux.* M. le Duchat pense qu'il s'agit du guet, « grand « ennemi de Villon, qui, las de roder, se reposoit sur les étaux » des boutiques, et de là, venoit fondre inopinément sur les voleurs.» En ce cas, il faudroit adopter la version du *Mss. C.*, qui me paroîtroit plus convenable. — Je ne partage point ce sentiment. Villon veut parler, et le reste du huitain l'annonce assez clairement, de ces vagabonds qui, n'ayant ni feu, ni lieu, passoient la nuit sous, ou sur les étaux. Il leur donne ce qu'ils ont droit d'attendre ou ce qu'ils ont déjà.

(236) *Grongnée.* Marot s'est servi du mot *groignée*, sur lequel M. Formey fait cette remarque : « Mot inconnu à tous nos Dictionnaires » d'anciens termes. » — *Une grongnée.* Un emplâtre, ou une cicatrice sur l'œil.

(237) *Trembler.* Grelotter en faisant vilaine grimace.

(240) *Enfonduz.* Creux et descharnez. (Note de Marot.)—*Enfonduz* signifie plutôt, ne pouvant se soutenir.

(242) *La.* Les cheveux qu'il m'a coupés.

Plainement, et sans destourbier ;
Au savetier mes souliers vieulx ;
245 Et au freppier, mes habitz tieulz
Que quant du tout je les délaisse,
Pour moins qu'ilz ne coustèrent neufz,
Charitablement je leur laisse.

HUIT. XXXII.

Item aux quatre Mendians,
250 Aux Filles Dieu, et aux Beguynes,
Savoureulx morceaulx et frians ;
Chappons, pigons, grasses gelines,
Et abatre pain à deux mains ;
Et puis prescher les quinze signes.

---

(243) *Plainement.* Sans rien en retenir et sans qu'on puisse lui en contester la jouissance.

(245) *Tieulz.* Tels qu'ils sont.

(246) *Que.* Quand je les abandonne pour toujours.

(249) *Aux.* Aux quatre ordres mendiants : Carmes, Jacobins, Cordeliers et Augustins.

(250) *Aux Filles.* Religieuses fort connues du temps de Villon. Leur couvent étoit près la porte Saint-Denis. — *Beguynes.* Filles vivant en communauté. Cet Ordre avoit pris son origine en Flandres, où il existe encore beaucoup de Béguinages. (V. *G. T.*, b. 106.)

(253) *Et abatre.* Je leur laisse le souci de couper de fortes tranches de pain, c'est-à-dire de manger beaucoup.

(254) *Et puis.* Et d'aller ensuite prêcher les terreurs du jugement dernier. « Les religieux mendiants, dit M. Le Duchat, ont inventé
» quinze signes, ou prodiges, qui, selon eux, doivent devancer et an-
» noncer le jugement dernier. »

255 Carmes chevaulchent nos voysines,
Mais cela ne m'est que du meins.

HUIT. XXXIII.

Item laisse le mortier d'or
A Jehan l'Epicier, de la Garde,
Et une potence sainct Mor,
260 Pour faire ung broyer à moustarde.
Et celluy qui feit l'avant-garde,
Pour faire sur moy griefz exploitz,
De par moy, sainct Anthoine l'arde:
Je ne luy lairray autre laiz.

---

(255) *Chevaulchent.* En attendant, les carmes font l'amour avec, etc.

(256) *Mais.* Mais cela m'inquiète fort peu.

(257) *Le.* C'étoit probablement une enseigne.

(258) *A Jehan.* A Jean, surnommé l'Epicier, natif de la Garde. Villon, dans ce legs, joue sur le mot épicier. Quelqu'un a cru que « de la Garde » signifioit qui appartient au guet, à la garde de sûreté.

(259) *Et une potence.* Une des potences qui sont à Saint-Maur. Soit que l'on donne à potence le sens de gibet ; soit qu'on lui donne celui de béquille. En ce dernier cas, le legs consisteroit en un des *ex voto* laissé par les malades dans l'église de Saint-Maur. — M. le Duchat fait sur ce mot la remarque suivante : « Pot à anse, à sonner » le tocsin, comme avec un mortier. »

(261) *Et celluy.* Quant à celui qui, etc.

(262) *Pour.* Pour s'emparer de ma personne.

(263) *De part.* Je désire qu'il soit atteint de la maladie nommée : Feu Saint-Antoine. (V. *G. T.*, h. 51, notes.)

(264) *Lairray.* Laisserai.

HUIT. XXXIV.

265   Item je laisse à Mairebeuf
         Et à Nicolas de Louvieulx ;
         A chascun, l'escaille d'un œuf
         Plaine de frans et d'escus vieulx.
         Quant au concierge de Gouvieulx,
270   Pierre Ronseville, je ordonne,
         Pour leur donner entremy eulx,
         Escus telz que Prince les donne.

HUIT. XXXV.

         Finalement en escrivant
         Ce soir seullet, estant en bonne,
275   Dictant ces laitz, et descripvant,
         Je ouyz la cloche de Sorbonne,

---

(265) Il est encore parlé de Mairebeuf et de Nicolas de Louviers. (V. *Gr. Test.*, huit. 92.)

(266) *Nicolas.* L'édition de Galiod-du-Pré porte : *Nicolas de Louviers.* Sous Charles VII, on trouve parmi les bourgeois de Paris qui travaillèrent, au péril de leur vie, à remettre la ville entre les mains de leur Souverain, un Nicolas de Louviers, qui pourroit fort bien être celui dont Villon veut récompenser le dévouement. —Ce Nicolas de Louviers fut fait conseiller a la Cour des comptes, par Louis XI, lors de son avènement au trône.

(270) *Pierre.* Je délègue Pierre de Ronseville.

(271) *Pour.* Pour leur distribuer.

(272) *Les.* Les donne aux prisonniers.

(274) *En bonne.* De bonne humeur, gai.

(275) *Dictant.* Dictant ces legs à mesure que je les composois,

Qui tousjours à neuf heures sonne,
Le salut que l'Ange prédit :
Sy suspendy et mis en bonne,
280 Pour pryer que le curé dit.

HUIT. XXXVI.*

Cela fait je me entre-oublié ;
Non pas par force de vin boire,
Mon esperit comme lié ;
Lors je senty dame Mémoire
285 Rescondre, et mectre en son aulmoire,
Ses espèces collatéralles :

---

(278) *Le salut.* La salutation angélique, composée des paroles que l'Ange dit le premier à Marie.

(279) *Sy.* Alors je suspendis mon travail. — *Et mis en bonne.* Et le mis en arrêt. — *Bonne.* Pour borne.

(280) *Pour.* Pour prier, comme le curé nous le recommande, nous l'enseigne.

* Ce huitain, et les trois qui suivent immédiatement, de même que les six qu'on a vus au commencement de cette pièce, paroissent au jour pour la première fois. Nous les avons tirés du *Mss. T.*

(281) *Cela.* Cette prière étant faite, je m'oubliai.

(282) *Non pas.* Quoique je ne me fusse pas mis à boire du vin en trop grande quantité.

(283) *Mon esperit.* Mon esprit se trouvant comme enchaîné, je m'assoupis. Le *Mss.* porte : *Mon esprit.* Le vers n'y étoit pas.

(285) *Rescondre.* Renfermer, cacher.

(286) *Ses.* Termes d'école. Les facultés dépendantes d'elle, telles que, etc.

Faulce oppinative, et boisvie,
Et autres interlectualles.

HUIT. XXXVII.

Et mesmement l'extimative,
290 Par coy prospérité nous vient :
Similative, formative,
Desquelz souvent il advient
Que par l'art trouvé, hom devient
Fol et lunaticque par moys.
295 Je l'ay veu, et bien m'en souvient,
En Aristote aucunesfois.

---

(287) *Mss. Oppinative, faulce et en boisvie.* J'ai été obligé de refaire ce vers qui étoit évidemment défiguré. — *Faulce oppinative.* La faculté qui produit les opinions fausses. — *Et boisvie.* Ce mot n'est pas celui qu'il faudroit ; on s'en aperçoit à la rime. Du reste, c'est le même que *boisdie* et *boise.* Tromperie ou brouillerie.

(288) *Et.* Et les autres facultés intellectuelles.

(289) *Et mesmement.* Et entre autres facultés, l'art de connoître et de juger.

(290) *Par.* Par qui nous, écrivains, sommes mis en honneur.

(291) *Similative.* L'art d'imiter. — *Formative.* L'art d'inventer.

(292) *Desquelz,* etc. Lesquelles facultés nous rendent par fois radoteurs, en agrandissant le cercle de nos connoissances.

(293) *Mss. Homme.* Le vers étoit trop long.

(295) *Je l'ay.* J'en ai vu la preuve.

(296) *En.* Dans Aristote, assez souvent. — Critique aussi sensée d'Aristote que l'est celle d'Homère, *G. T.*, huit. 129 ; ce qui prouve que Villon étoit un homme plus judicieux que son siècle ne le comportoit.

HUIT. XXXVIII.

Doncques le sensif s'esveilla,
Et esvertua fantasie
Qui tous argeutis resveilla,
300 Et tint souveraine partie,
En souppirant, comme amortie,
Par oppression d'oubliance,
Qui en moy s'estoit espartie
Pour montrer des sens l'aliance.

HUIT. XXXIX.

305 Puis mon sens qui fut à repos
Et l'entendement desveillé,
Je cuide finer mon propos ;
Mais mon encre estoit gelé

---

(297) Ce jargon scholastique est, je crois, une satire du langage barbare dont on se servoit dans les cours philosophiques de la Sorbonne. — *Mss. Donc le.* Le sens n'y étoit pas. — *Le sensif.* La partie sensible.

(298) *Et esvertua.* Et mit l'imagination en mouvement.

(299) *Qui.* Laquelle éveilla à son tour tous les genres d'argumentation.

(300) *Et tint.* Et tint l'entendement.

(301) *En.* qui soupiroit.

(302) *Par.* L'opprimant à l'aide de l'oubli.

(303) *Qui en.* Qui s'étoit introduit chez moi.

(304) *Pour.* Pour me prouver que mon âme étoit unie à un corps, ou bien pour montrer que toutes les facultés de l'âme sont unies entre elles.

(305) *Puis.* Lorsque mes sens furent revenus de cet assoupissement.

(306) *Et l'entendement.* Et lorsque mon entendement fut, etc.

(307) *Je cuide.* Je crois pouvoir terminer ce que j'avois commencé.

Et mon cierge estoit souflé.
310 De feu je neusse peu finer.
Si m'endormy tout-en mouflé,
Et ne peuz autrement finer.

HUIT. XL.

Faict au temps de la dicte date,
Par le bien renommé Villon,
315 Qui ne mange figue ne date :
Sec et noir comme escouvillon ;
Il n'a tente, ne pavillon,
Qu'il n'ayt laissé à ses amys ;
Et n'a plus qu'ung peu de billon
320 Qui sera tantost a fin mys.

CY FINE LE TESTAMENT VILLON.*

---

(310) *De feu.* Il m'eût été impossible de me procurer du feu.

(311) *Si.* Je m'endormis donc sans ôter mes moufles.

(312) *Et.* Sans qu'il me fût possible de terminer autrement ; d'aller plus loin.

(315) *Qui.* Qui ne vit pas délicatement.

(316) *Escouvillon.* Balais servant aux boulangers, pour nettoyer leur four. — Ce mot peut bien avoir la même origine que celui *escoubo*, de l'idiome provençal ; mais M. Formey est dans l'erreur quand il dit qu'il en a été formé.

(317) *Il n'a.* Il ne possède rien.

(319) *Et n'a.* Il ne lui reste qu'un peu de grosse monnoie.

(320) *Qui.* Qu'il aura bientôt dépensé.

* C'est ainsi que le *Mss. T.* termine cette pièce.

LE
PETIT TESTAMENT.

LEÇONS DIVERSES.

HUIT. Ier.

1. *Ver. Gd.* et *Bo.* L'an mil, etc. *Mss. C.* En l'an mil, etc. — 3. *Niv.* De sang rassis. *Mss. T., Mar.,* et *anc. éd.* Sens rassis. — 5. *Mss. T.* et *Mss. C.* Ses œuvres conseiller. *Mar.* et *anc. éd.* Ses œuvres employer. — 6. *Mss. T.* Végesse. *Gd.* Valère. *Niv.* Vegièce. — 8. *Mss. T.* et *Mss. C.* On se mesconte. *Mar.* et *anc. éd.* Il se mescompte.

HUIT. II.

2. *Mss. C.* Vivent du vent. *Mss. T.* Que les loups, etc. — 6. *Mss. T.* Me vint ung vouloir. *Mar.* et *anc. éd.* Me vint voulenté. — 7. *Gd. Niv.* et *Bo.* Très-douloureuse. *Mss. Mar.* et *anc. éd.* Très-amoureuse. — 8. *Mss. T.* Qui souloit. *Mar.* et *anc. éd.* Qui faisoit.

HUIT. III.

1. *Gd.* et *Bo.* Je me veis en, etc. *Niv.* Je le veis. *Mss. T.* Je le fiz. — 4. *Mss. T.* Sans ce qu'il y en eust

mieulx.— 5. *Gd.* et *Bo.* Dont me dueil et plaintz, etc. *Mss. C.* Dont je me dueil et plaings. — 6 et 8. *Mar.* Vengeance (et) *allegeance. Mss. T.* Vengence allegence. — 7. *Mss. T.* A tous les dieux bienheureux. *Mss. C.* Dieux victorieux. *Mar.* et *aut.* Dieux vénérieux. — 8. *Mss. T.* Et du dieu d'amours allegence. *Mar.* et *aut.* Et du grief d'amours.

HUIT. X.

1. *Mar.* A celle doncques que, etc. — 3. *Mss. T.* Que je soye de joye déchassé. — 4. *Mss. T.* De tout plaisir interdict.— *Gd.* et *Bo.* Et à ce m'a pourchassé. *Niv.* Et à ce mal pourchassé.

HUIT. XI.

1. *Mss. C.* Et à maistre Ytier.—4. Et à maistre, etc. C'est ainsi qu'on trouve ce vers dans le *Mss. C.*, *Gd. Bo. Niv.* et *an.* Marot a changé *et* en *ou*, *ou à maistre*, etc. Dans le 8ᵉ vers, il a substitué *leur* à *lui*, d'où il résulte un sens tout différent. Car d'après cette version, Marchant et Cornu sont tous les deux désignés pour recevoir, à défaut l'un de l'autre, le *branc d'assier.* (V. *G. T.*, h. 84.) —6. *Mss. T.* « Cinq solz. *Mar.* d'accord avec les *Mss. C.* et les *anc. éd.* Six solz. — 8. *Mss. T.* et *Mss. C.* Qu'on luy livre. *Mar.* et *aut. éd.* Qu'on leur livre. (V. 4, cy-dessus.)

HUIT. XII.

2. *Mss. T.* Le cheval blanc ou la mule. *Mar.* Et la mulle. *Gd. Niv.* et *Bo.* Le chevalier, etc.—4. *Mss. T.* Ou l'asne, etc. *Mar.* Et l'asne, *Gd. Niv.* et *Bo.* Et à l'asne qui reculle.

HUIT. XIII.

1. *Gd. Niv. An.* et *Bo.* Jehan trouve.— 2. *Mss. T.* Mouton qui est tendre. —3. *An.* et *Mss. C.* Et un tacon. *Mss. T.* Et un tachon. *Mar.* et *aut.* Et un tahon. — 4. *Mss. C.* et *Mss. T.* Qu'on veult vendre. — 5. *Mss. C.* Et la vache qu'on ne peult prendre. *Ver. Gd.* et *Bo.* Et la vache qu'on pourra prendre. *Mar.* Qui pourra prendre.

HUIT. XIV.

1. *Mss. T. Gd.* et *Bo.* Item à maistre, etc. — 2. *Mss. T.* Paouvre clergeault. *Mar. éd. de* 1530. Pour clergeon. — 3. *Gd.* et *Bo.* Qui ne tient. *Niv.* et *An.* Ne tend. *Mss. T.* et *Mar.* N'entend. *Mss. C.* Qui n'entend mont ne vallée. — 6. *Mss. T.* Mes brais estans aux tramillières ou cramaillières. *Gd. Niv.* et *Bo.* Estant en tumelières. —.7. *Gd. Niv. Bo.* et *Mss. C.* Pour coiffer. *Mss. T.* Coeffer. *Mar. éd.* 1530. Coyffer, et non pas Coisser, comme l'a cru M. Formey. Les *aut. éd. de Mar.* Coister. *An.* Greffer. (Tous ces verbes me paroissent employés dans le même sens.)—8. *Gd. Niv.* et *Bo.* Jehanne de Mellieres. *Mss. T.* Jehanneton de Millières.

HUIT. XV.

1. *Gd. Niv.* et *Bo.* De luy honneste. — *Gd. Bo. Niv.* et *anc. Mss. C.* Obstant qu'il est. *Mar.* Nonobstant. —6, 7 et 8, j'ai suivi le *Mss. T.*

Mss. C. Puisqu'il n'a sens nez qu'une aulmoire,
  De recouvrer sur Maupensé
  Qu'on luy baille l'art de mémoire.

Une main étrangère a mis *grammoire* au lieu de *mémoire*. Cette correction remonte presque au temps du Mss., à en juger par l'écriture. L'auteur du Mss. A. a lu dans le premier de ces vers, *mais*, pour *nez*. De pareilles méprises se trouvent fréquemment chez lui. *Niv. Gd.* et *Bo. Puisqu'il n'a riens* n'est qu'une aumoyre, *De recouvrer sur Mau-pensé*, etc.

An.   Puisqu'il n'a riens ne qu'une aumoyre,
De recouvrer ceulx, etc.

Mar.   Puisqu'il n'a riens qu'en une aumoyre,
On recouvre chés Maupensé,
Qu'on, etc.

Toutes ces versions, sans excepter celle de Marot, sont inintelligibles, ou du moins m'ont paru l'être. J'ai rétabli ce huitain.

HUIT. XVI.

1. *Mss. T.* Item pour recouvrer sa vie. *Gd. Niv.* et *Bo.* Item je assigne la vie. — 2. *Niv.* Au dessusdit. — 3 et 4. *Gd. Niv.* et *Bo.* Mes parens n'y ayez envie. Pour Dieu qu'on vende mon haulbert. *Mss. T.* Pour Dieu n'y ayez envie, — Mes, etc. *Mar.* et *aut.* Pour Dieu n'y ayez point d'envie, etc. — 8. *Mss. T.* Emprès Saint-Jacques. *An.* Après Saint-Jaques.

HUIT. XVII.

1. *Mss. C.* De rechief je laisse, etc. *Gd. Niv. Bo.* et *An.* Item je laisse au pardon. — 2. *Gd.* et *Bo.* Malhucque de soye. — 5. *Gd.* et *Bo.* Grosse oye. *Mar.* et *aut.* Grasse oye. — 6. *Mss.* Ou d'ung chappon que

trop négresse. — 8. *Gd. Niv.* et *Bo.* Et deux pourceaulx.

HUIT. XVIII.

1. *Mss. T.* Item je laisse à noble homme. *Gd. Niv. Bo.* et *Mar.* A ce jeune homme. — 2. *Mar.* René de Montigny troys chiens. *Mss. T.* Deux chiens. *Gd. Niv.* et *Bo.* Raguier de Montigny. (Le vers finit là ; il n'y est pas question de chiens.) — 3. *Gd.* et *Bo.* Et à Jehan, etc. *Mar.* 1530 porte : *Ragnier*, pour *Raguier*. (C'est une faute d'impression.) — 5. *Gd. Niv.* et *Bo.* Mais moy je, etc. — 7. *Mss. T.* On ne doit fors prendre des siens. — 8. *Mss. T.* Ne son amy trop surquérir. *Gd. Niv.* et *Bo.* Trop requerir.

HUIT. XIX.

1. *Gd. Niv.* et *Bo.* De Rigny. — 3. *Mar.* 1530. Qu'à Nontigny. — 4. *Mss. T.* Vixestre chastel et dangon. — 6. *Mss. T.* Mautonnier qui le tient en procès. *Gd.* et *Bo.* Moutonnier qui le tient en propos. *Niv.* Moutonnier qui se tient en procès. *Mar.* 1530. Montonnier qu'il tient en procès. *Mar., éd. post.* Montonnier qui tient en procès. — 8. *Mss. T.* Et coucher paix et aise en beaulx sez. *Gd.* et *Bo.* Et coucher en paix et à son aise en repos. *Niv.* Et coucher paix et à son aise en repos. *An.* Et crucher paix et aise ceps.

HUIT. XX.

1. *Mss. T. Niv. Ver. Gd.* et *Bo.* Item à maistre Jacques Raguyer. *Mar.* et *An.* Item à maistre Jean Raguyer. *Mss. C.* Et à maistre Jacques Raguyer. — 2.

Gd. et *Bo.* Paupin. *Niv.* Poupin. *Mss. T.* Poupin. — 3 et suiv. — C'est la version du *Mss. T.*, où je n'ai fait que mettre *por* au lieu de *par*, qui est évidemment une faute de copiste. Je n'ai rien compris à la version de Marot, qui est celle des édit. anciennes :

> Perches poussins au blanc manger,
> Tousjours le choix d'un bon lopin,
> Le trou de la pomme de pin ;
> Clos et couvert, au feu la plante,
> Emmailloté d'ung jacopin,
> Et qui vouldra planter si plante.

HUIT. XXI.

1. *Gd, Niv.* et *Bo.* Jehan Mautant. — 2. *Gd.* et *Bo.* Et à Pierre le Balancier. *Mss. T.* Et à maistre Pierre le Basannier. *Niv.* Pierre Basancier. *Mss. C.* Et à maistre Pierre Basannier. — 3. *Gd. Niv.* et *Bo.* De celui qui attent. — 5. *Niv. Gd.* et *Bo.* Et à mon procureur Jehan Fournier. — 6. *Mss. T.* Chausses sommelées. — 7. *Gd.* et *Bo.* Taillées sur.

HUIT. XXII.

1. *Gd.* Item du, etc. — 5. *Gd.* et *Bo.* Je laisse deux, etc. — 6. *Mss. T.* La lanterne de la pierre au let, *Mar.* et *Mss. C.* La lanterne à la Pierre au let. *Ed. Formey.* La lanterne et la, etc. — 7. *Mss. T.* Voire mes je aure trois lis. *Mss. C.* Voire mes jarai les trois lictz. *Niv.* Pourveu que tanray les trois lictz. *Mar.* et *aut.* Pourveu que j'auray les troys lictz.

HUIT. XXIV.

2. *Mss. T.* Laisse à la fois un canart. *Niv.* Pour la

fois laisse ung canart. *Mss. C.* A la fois laisse un canart. *Mar.* Pour à la fois, etc. *Gd.* et *Bo.* Pour une fois, etc. — *Mss. T.* Ou vers les fossez, etc. — 7. *Mss. T.* Poix au lart.

HUIT. XXV.

1. *Mss. C.* Derechief je laisse en pitié. *Niv.* Item je laisse à pitié. *Mss. T. Gd.* et *Bo.* En pitié. — 4. *Gd. Niv.* et *Bo.* Orphelins impourveus. *Mss.* et *Mar.* Orphenins. — 5. *Mss. T.* et *Mss. C.* Tous deschaussez, tous despourveus. (Ce vers ne se trouve dans aucune des éditions anc., où le huitain n'a que 7 vers.)

Marot, pour le régulariser, avoit mis après le troisième vers, celui-ci :

Affin qu'ilz en soient mieulx cogneuz.

Nous avons cru devoir le supprimer et suivre les Mss.

HUIT. XXVI.

2. *Mar.* Girard, Gossoyn, Jehan Marceau. *Mss. T.* Girard Gossain et Jehan Moreau. — 3. *Mar.* 1530. Deptins. *En note lisez* : Desprins. — 5. *Mss. T.* A chacun, etc. — 6. *Mar.* 1530. Ou quarre. — 7. *Mss. T.* Les bons morceaux. — 8. *Niv.* Mes enfans.

HUIT. XXVII.

4. *Mss. T.* Pour esclandre d'adversité. — 6. *Mar.* 1530. C'est interdit.

HUIT. XXVIII.

1. *Gd.* et *Bo.* Colin. — 4. *Mss. T.* Et bien servans sans estry. *Mar.* Paisibles enfans sans escry. *Ver. Niv.*

Gd. et *Bo.* Paisibles enfans sans estry. — 5. *Mss. C.*
Chantans au letrin. — 7. *Mss. C.* Guillot Gneutry.
Gd. et *Bo.* Guillot Guillory.

HUIT. XXIX.

1. *Mss. C.* Item et je adjoint à la crosse. *Mss. T.*
Item et j'ordonne la crosse. *Mar.* Item plus j'adjoinctz
à la crosse. *Gd.* et *Bo.* Item je adjoint. *Niv.* Item je
adjoint à la grosse. — 3. *Mss. C.* Ou un billart. *Mss. T.*
Et ung billart. *Mar.* et *aut. éd.* En ung billart. — 5.
Mss. C. et *Mss. T.* En l'essoine. *Mar.* et *aut.* Par
essoine. — 7. *Mss. T.* Et mon mirouer. *Mar.* et *aut.*
Mon mirouer. — *Gd.* et *Bo.* De la géolerie.

HUIT. XXX.

2. *Niv.* D'irannée. *Mss. T.* Darignie. *An.* Dirangnie.
Mar. Diraignée. *Gd.* et *Bo.* Daraignée. — 3. *Mss. C.*
Soubz les estaulz. *Mss. T.* Sur les estaux. *Mar.* et
aut. Sur ces estaux. — 4. *Mss. T.* Grongnée. *Mar.*
Groignée. — 5. *Mss. T.* Reffrougnée. *Mar.* Reffregnée.
— 8. *Gd. Bo.* et *Mss. T.* Morfonduz. *Mar.* Enfonduz.

HUIT. XXXII.

1. *Mss. T.* Mendiens. *Gd. Niv.* et *Bo.* Item aux
quatre mendians. *Mar.* et *anc. éd.* Item je laisse aux
mendians. — 2. *Mss. T.* Beguignes. — 4. *Mss. C.*
Chappons, flaons, etc. *Mss. T.* Flacons, chappons, etc.
5 et 6. Dans Marot, *le vers*, Et puis prescher, *précède
celui*, Et abatre. — 8. *Mss. T.* Mais cela ne mest, etc.
Mar. et *aut.* Mais cela ce n'est, etc.

HUIT. XXXIII.

1. Item laisse, etc. *Mar. éd.* 1530. *Les autres édit. portent* : Item je laisse, etc. — 3. *Mss. T.* Et une potence de Saint-Mor. — 5. *Niv.* Et à celuy qui fut, etc. *Mar.* Et à celluy qui feit, etc. *Mss. T.* Et celluy qui fist, etc. — 8. *Mss. T.* Je ne luy feray autre laiz.

HUIT. XXXIV.

1. *Mss. T.* et *Ver.* Malebœuf. *Niv. Gd.* et *Bo.* Marbeuf. *Mss. C.* Mirebeuf. *Mar.* Mairebeuf. —2. *Gd. Bo.* Nicolas de Louviers. — 3. *Mss. T.* Lescale d'un œuf.— 4. *Mss. T.* Escus vielz.—5. *Mss. T.* Tant au concierge de goigneux. — 6. *Mss. T.* Pierre de Rousseville ordonne. —7. *Mss. T.* Pour le donner entendre mieulx. *Gd.* et *Bo.* Pour leur donner ung don entre eulx. — *Mss. C.* Pour luy donner encores mieulx. — 8. *Mss. T.* Escus tieulx que le prince donne.

HUIT. XXXV.

1. *Mss. T. Gd. Niv.* et *Bo.* Finablement. *Mar.* Finalement. — 2. *Gd. Niv.* et *Bo.* Ce soir seulement. *Mss. T.* Soulet. — 3. *Mss. T.* Dictant ses laiz. — 4. *Mss. T.* De Serbonne. *Niv.* Cerbonne. —6. *Gd.* et *Bo.* Ce salut, etc. —7. *Mss. C.* Et mis en bourne. *Mss. T.* Et mis en bonne. *Gd.* et *Bo.* Et mis sur borne. *Ver.* Et mis en somme. *Mar.* Et mis cy bourne. —8. *Mss. T.* Pour prier que le curé dit. *Gd.* et *Bo.* Pour prière comme le cueur dit. *Mar.* Pour prier comme le cueur dit.

HUIT. XL.

2. *Mss. T.* Bien renommé. *Mar.* Bon renommé. —

4. *Mss. T.* Escovillon. *Gd. Niv.* et *Bo.* Escoullon. *Mss. C.* Comme ung escouvillon. *Mar.* Escouvillon. — 7. *Mss. T.* Et n'a plus. *Mar.* et *aut..* Et n'a mis. — 8. *Mss. C.* Tantost en la fin mis.

CY COMMENCE

LE

GRANT TESTAMENT

DE

FRANÇOIS VILLON.*

HUIT. Ier.

1 En l'an de mon trentiesme eage,
Que toutes mes hontes j'eu beues ;
Ne du tout fol, encor ne sage,
Nonobstant maintes peines eues ;
5 Lesquelles j'ay toutes receues,
Soubz la main Thibault d'Aussigny,
S'evesque il est seignant les rues,
Qu'il soit le mien je le regny.

---

* Cy commence le Grant Codicille et Testament maistre François Villon. (*An.*)

(2) *Que*, etc. Après avoir subi toutes les condamnations qui devoient peser sur moi, durant le cours de ma vie.

(3) *Ne*, etc. N'étant ni entièrement fou ni sage encore.

(4) *Maintes peines.* Plusieurs souffrances endurées.

(6) *Soulz.* Sous l'autorité, la juridiction. Thibault d'Aussigny, évêque d'Orléans, siégea de 1452 à 1473. (V. Gal. christ., et Hist. d'Orl.) C'est le même qui, huit. 62, est nommé Jaques Thibault.

(7) *S'evesque.* S'il est évêque, faisant des signes de croix dans les rues, c'est-à-dire donnant sa bénédiction au peuple.

(8) *Qu'il.* Je déclare qu'il n'est pas le mien.

HUIT. II.

<blockquote>

Mon seigneur n'est, ne mon Evesque;
10 Soubz luy ne tiens, s'il n'est en friche.
Foy ne luy doy, ne hommage avecque;
Je ne suis son serf, ne sa biche.
Peû m'a, d'une petite miche
Et de froide eau, tout ung esté.
15 Large ou estroit, moult me fut chiche,
Tel luy soit dieu qu'il m'a esté.

</blockquote>

HUIT. III.

<blockquote>

Et s'aucun me vouloit reprendre
Et dire que je le mauldys,
Non fais, si bien le scet entendre,
20 Et rien de luy je ne mesdys :
Voycy tout le mal que j'en dys;
S'il m'a esté miséricors,
Jésus, le Roi de Paradis,
Tel luy soit à l'ame et au corps.

</blockquote>

---

(9) *Mon.* Je ne relève de lui ni pour le spirituel, ni pour le temporel.

(10) *Soubz.* Je ne possède rien de productif sous sa juridiction, par conséquent je, etc.

(12) *Son serf.* Jeu de mot. Je ne suis ni son homme (son vassal), ni son ouaille chérie, sa bonne amie, peut-être.

(13) *Peu*, etc. Cependant il m'a nourri, etc. Ménage a cité ce vers d'après *Niv.* M. Formey, qui ne connoissoit pas cette édition, accuse Ménage d'avoir corrigé maladroitement le texte de Villon. (V.*L.div.*)

(15) *Large.* Que de son naturel il soit généreux ou avare, je l'ignore ; mais je sais qu'il a été chiche pour moi.

(17) *Et.* Et si quelqu'un, etc.

(22) *S'il m'a.* S'il a usé d'indulgence envers moi.

(23) *Je sus.* Manière de parler qui s'est conservée parmi le peuple.

HUIT. IV.

25   S'il m'a esté dur et cruel,
Trop plus que cy ne le racompte,
Je vueil que le Dieu éternel,
Luy soit doncq' semblable à ce compte ;
Mais l'Eglise nous dit et compte
30 Que prions pour noz ennemys ;
Je vous diray, j'ay tort et honte,
Tous ses faictz soient à Dieu remis.

HUIT. V.

Si prieray pour luy de bon cueur,
Par l'ame du bon feu Cotard.
35 Mais quoy ? ce sera doncq' par cueur,
Car de lire je suys faitard.
Priere en feray de Picard,
S'il ne le sçait, voise l'apprandre,

---

(26) *Trop.* Bien au-delà de ce que je puis en dire ici.

(29) *Mais.* Cependant l'Eglise nous dit et enseigne.

(32) *Tous.* Que tout ce qu'il a fait contre moi, soit remis au jugement de Dieu.

(34) *Par.* Je le jure par l'ame. Cotard. (V. huit. 115 et Ball. suiv.)

(35) *Mais quoy ?* Mais comment le ferai-je ?

(36) *Car.* Je n'aime pas à lire. Ainsi je ne pourrai faire ma prière sur un livre.

(37) *Prière,* etc. Mon parti est pris, je ferai pour lui une prière de picard. « Des lèvres et sans intention, dit M. le Duchat. » Dans le pays Walon on appeloit picards les hérétiques c nous ailleurs sous le nom de Vaudois.

(38) *S'il ne.* S'il ne sait ce que c'est qu'il aille l'apprendre.

S'il m'en croyt, ains qu'il soit plus tard?
40 A Douay, ou à Lysle en Flandre.

HUIT. VI.

Combien que, s'il veut que je prie
Pour luy, foy que doy mon baptesme,
Obstant qu'à chascun ne le crye,
Il ne fauldra pas à son esme.
45 Au psaultier prens, quand suys à mesme,
Qui n'est de beuf, ne cordoen,
Le verset escript le septiesme,
Du psaulme de : *Deus laudem.*

HUIT. VII.

Sy pry'au benoist filz de Dieu,
50 Qu'à tous mes besoings je reclame,

---

(39) *Ains.* Avant.
(41) *Combien que.* Ce (combien que) tombe sur le 4ᵉ vers.
(42) *Foi.* J'en jure par la foi que j'ai reçue à mon baptême.
(43) *Obstant.* Quoique je ne dise pas ces choses-là à tout le monde.
(44) *Il.* Il sera satisfait.
(45) *Au*, etc. Je prends dans le Psautier lorsque j'en ai la facilité.
(46) *Qui n'est*, etc. Psautier qui n'est pas de bœuf et qui ne vient pas de Cordoue. C'est à Cordoue que se fesoient alors les meilleurs apprêts de peau.
(48) *Du.* C'est le psaume 108 : *Deus laudem meam*, etc. Le verset septième, qui servoit de prière à Villon, quand il faisoit des vœux pour l'évêque d'Orléans, est ainsi conçu : *Fiant dies ejus pauci et episcopatum ejus accipiat alter.* Que les jours de sa vie soient réduits au plus petit nombre, et que son évêché passe à un autre. C'est le sens que le poëte donne au mot *episcopatum.*
(49) *Sy.* Je prie donc le fils bénit, glorieux.
(50) *Qu'à*, etc. Que j'invoque dans tous mes besoins.

Que ma pauvre prière ayt lieu
Vers luy, de qui tiens corps et ame ;
Qui m'a preservé de maint blasme
Et franchy de vile puissance :
55 Loué soit-il, et nostre Dame,
Et Loys, le bon roy de France.

HUIT. VIII.

Au quel doint Dieu l'heur de Jacob,
De Salomon l'honneur et gloire,
Quand de prouesse il en a trop ;
60 De force aussi, par m'ame voire.
En ce monde cy transitoire ;
Tant qu'il a de long et de lé,
Affin que de luy soyt memoire,
Vive autant que Mathusalé.

HUIT. IX.

65   Et douze beaulx enfans, tous masles,

---

(51) *Que.* Que mes vœux soient favorablement reçus.

(52) *Vers.* Auprès de lui.

(53) *Qui m'a.* Qui m'a preservé de plusieurs condamnations judiciaires ignominieuses.

(54) *Et franchy.* Et délivré.

(55) *Et Nostre Dame.* Et la Vierge Marie.

(56) *Et Loys.* C'est Louis XI, par qui il venoit d'être grâcié. (V. *Mém.*, 1re partie.)

(57) *Doint l'heur.* Accorde la prospérité.

(59) *Il en a trop.* Il en a de reste.

(61) *En ce.* Que dans ce monde, où tout passe.

(62) *Tant.* Dans toute son étendue. *Long et lé.* Longueur et largeur.

(64) *Mathusala* ou *Mathusalem*, l'un des hommes antidiluviens, descendant d'Adam, par Seth, vécut 969 ans. (Gen. ch. 25, v. 27.)

Veoir de son très cher sang Royal,
Aussi preux que fut le grand Charles ;
Conceuz en ventre nuptial ;
Bons, comme fut sainct Martial :
70 Ainsi en preigne au bon Daulphin,
Je ne luy souhaicte autre mal,
Et puys Paradis à la fin.

HUIT. X.

Pource que foible je me sens,
Trop plus de biens que de santé ;
75 Tant que je suis en mon plain sens,
Si peu que Dieu m'en a presté,
Car d'autre ne l'ay emprunté,
J'ay ce testament, très estable,
Faict de dernière voulenté,
80 Seul pour tout, et irrévocable.

HUIT XI.

Escript lay, l'an soyxante et ung.
Que le bon Roy me délivra

---

(67) *Le grand Charles.* Charlemagne.

(68) *Conceuz*, etc. Puisse son épouse lui donner douze garçons.

(69) *Bons.* Tous aussi bons guerriers que le fut Saint-Martial. Saint Martial, à cause de son nom, passoit aux yeux du peuple pour le Dieu des combats.

(70) *Ainsi*, etc. Que pareille chose arrive au bon Dauphin.

(73) *Pour.* Par la raison que je me sens plus dénué d'argent que de santé.

(75) *Tant.* Tandis que.

(76) *Si peu.* Du peu que Dieu m'en a accordé.

(78) *J'ay.* Ces derniers vers sont en style de pratique.

De la dure prison de Mehun,
Et que vie me recouvra ;
85 Dont suys, tant que mon cueur vivra,
Tenu vers luy me humilier,
Ce que feray jusqu'il mourra :
Bien faict ne se doibt oublier.

Icy commence Villon à entrer en matière pleine d'érudition et de bon sçavoir.

HUIT. XII.

Or est vray qu'après plaingtz et pleurs,
90 Et angoisseux gémissemens ;
Après tristesses et douleurs,
Labeurs et griefz cheminemens ;
Travail, mes lubres sentemens
Aguisez rondz comme pelote,

---

(83) *Prison de Mehun.* C'est Mehung sur Loire, et non pas Melun, comme l'a cru le P. du Cerceau. (V. not. *Mém.*, 1re part.) *Mehan.* Monosyllabe.

(84) *Vie.* Me rendit la vie que j'avois été condamné à perdre.

(85) *Dont.* A cause de quoi. — *Me humilier.* Etre reconnoissant et dévoué.

(87) *Jusqu'il.* Jusqu'à ce qu'il.

(89) Ce vers, que Marot dit avoir refait, se trouve dans le *Mss. C.* et dans les *anc. éd.*

(92) *Labeurs.* Souffrances et courses qui m'ont été dures.

(93) *Travail,* etc. L'adversité par laquelle j'étois travaillé. *M'ouvrist.* Ouvrit, éclaira. *Mes lubres sentemens.* Mes pensées sombres et tristes. *Aguisez,* etc. Qui auparavant n'étoient pas plus affilées qu'une pelotte. *Plus,* etc. Elle les ouvrit mieux que n'auroient fait les commentaires. *Et Averroys,* etc. Et Averroez sur Aristote. — Averroez, médecin arabe, mort en 1206, est le premier qui ait traduit et commenté Aristote. Ce travail lui valut le surnom de Commentateur.

95 M'ouvrist plus que tous les commens,
Et Averroys sur Aristote.

HUIT. XIII.

Combien, au plus fort de mes maulx,
En chevauchant sans croix ne pille,
Dieu, qui les Pellerins d'Esmaux
100 Conforta, ce dit l'Evangile,
Me monstra une bonne ville
Et pourveut du don d'espérance.
Combien que le pécheur soit vile,
Riens ne chet que persévérance.

HUIT. XIV.

105 Je suys pécheur, je le sçay bien,
Pourtant ne veult pas Dieu ma mort ;
Mais convertisse, et vive en bien
Et tout autre que péché mord.

---

(97) *Combien.* Marot explique *combien* par toutesfois. — *En*, etc. Et tandis que j'errois, sans argent.

(99) *Dieu.* Dieu qui consola les disciples d'Emmaus. (V. Evang. Saint-Luc, chap. 24.)

(101) *Me,* etc. Me fit rencontrer une ville, dont les habitans furent sensibles à mes maux.

(102) *Et pourveut.* Et me permit d'espérer quelque soulagement.

(103) *Combien.* Quelque méprisable que soit le pécheur.

(104) *Riens,* etc. Il n'y a que celui qui persévère, qui périsse.

(107) *Mais convertisse.* Il veut que je me convertisse et que je vive dans le bien.

(108) *Et tout autre.* Tout différent de celui qui est tourmenté par les remords du péché.

Soye vraye voulenté, ou ennort ;
110 Dieu voit, et sa miséricorde,
Se conscience me remord,
Par sa grace, pardon m'accorde.

HUIT. XV.

Et comme le noble Romant
De la Rose, dit et confesse,
115 En son premier commencement,
Qu'on doit jeune cueur, en jeunesse,
Quant on le voit vieil en vieillesse,
Excuser : helas ! il dit veoir.
Ceulx donc qui me font telle oppresse,
120 En meurté ne me vouldroient veoir.

---

(109) *Soye.* Que j'aie seulement une bonne volonté, ou un bon mouvement.

(110) *Dieu voit.* Dieu le voit.

(111) *Se.* Si le remord est dans mon ame.

(113) On lit au commencement du Codicille de Jehan de Meheung, ces deux vers :

« Bien doit estre excusé jeune cueur en jeunesse,
» Quant Dieu luy doint grace, d'estre meur en vieillesse. »

Qui sont bien certainement ceux qu'a voulu citer le poëte. Marot, dans sa version, fait un contre-sens : car, ainsi qu'on le voit par la citation de Jean de Meun, et comme le portent les *anc. éd.* et le *Mss. C.* Villon a voulu dire, non pas qu'il falloit tout passer à la jeunesse, mais qu'il falloit pardonner à un homme les égaremens de son jeune âge, quand il se conduisoit bien durant sa vieillesse.

(118) *Il dit veoir.* Il dit vrai.

(119) *Ceulx donc,* etc. Ceux donc qui me traitent si durement.

(120) *En meurté.* Dans l'âge mur.

HUIT. XVI.

Se pour ma mort, le bien publique
D'aucune chose vaulsist myeulx,
A mourir, comme ung homme inique,
Je me jugasse, ainsi m'aid'Dieux.
125 Grief ne faiz à jeune, ne vieulx,
Soye sur pied, ou soye en biere.
Les montz ne bougent de leurs lieux
Pour ung paouvre, n'avant, n'arriere.

HUIT. XVII.

Au temps que Alexandre régna,
130 Ung hom, nommé Diomèdes
Devant luy on luy amena
Engrillonné, poulces et detz,
Comme ung larron ; car il fut des
Escumeurs, que voyons courir.
135 Si fut mys devant ce cadés,
Pour estre jugé à mourir.

---

(121) *Sc.* Si la société devoit gagner quelque chose à ma mort.

(124) *Ainsi m'aid'Dieu.* Aussi vrai, comme je desire que Dieu me soit en aide.

(125) *Grief*, etc. Je ne faiz du mal à personne : soit jeune, soit vieux ; soit vivant, soit mort.

(127) *Les montz*, etc. Pour un malheureux comme moi, rien ne se dérange dans la nature.

(129) Ce fait est rapporté par Cicéron dans un fragment *De Republica*, liv. 5e, que nous a conservé Nonius Marcellus. Le nom du pirate n'y est pas (*Not.* Formey.)

(132) *Engrillonné.* Ayant les doigts et les pouces liés.

(135) *Devant ce cades.* Devant ce juge. C'est Alexandre.

HUIT. XVIII.

L'empereur si l'arraisonna :
Pourquoy es tu larron de mer ?
L'autre responce luy donna ;
140 Pourquoy larron me faiz nommer ?
Pour ce qu'on me voit, escumer
En une petiote fuste ?
Se comme toy me peusse armer,
Comme toy Empereur je fusse.

HUIT. XIX.

145   Mais que veux tu ? de ma fortune,
Contre qui ne puis bonnement,
Qui si durement m'infortune,
Me vient tout ce gouvernement.
Excuse moy aucunement ;
150 Et sçaches qu'en grand' pauvreté,
Ce mot dit on communement,
Ne gist pas trop grand' loyaulté.

---

(137) *L'empereur.* L'empereur lui parla donc ainsi.

(141) *Pour ce*, etc. Par la raison, sans doute, qu'on me voit exercer la piraterie avec un petit vaisseau.

(143) Je pense qu'il faudroit lire : *Je fuste.* La rime le demande, et l'orthographe du temps l'autorise au moins comme licence poétique.

(145) *Mais.* Mais que veux-tu que j'y fasse ? Je dois à la fortune, que je ne puis empêcher de me traiter avec autant de dureté, l'impossibilité où je suis de déployer plus de force.

(149) *Excuse.* Excuse-moi cependant.

HUIT. XX.

Quand l'empereur eut remiré,
De Diomèdes, tout le dict,
155 Ta fortune je te mueray,
Mauvaise en bonne, ce luy dit,
Si fist il : onc puis ne mesprit
Vers personne, mais fut vray homme;
Valere, pour vray nous l'escript,
160 Qui fut nommé le grand à Romme.

HUIT. XXI.

Se Dieu m'eust donné rencontrer
Ung autre piteux Alexandre,
Qui m'eust faict en bon cueur entrer :
Et lors, qui m'eust veu condescendre
165 A mal, estre ards et mys en cendre,
Jugé me fusse de ma voix.

---

153) *Remiré*, etc. Admiré la réponse de, etc.

155) *Je te mueray.* Je changerai.

157) *Oncq*, etc. Depuis lors, il ne fit tort à personne ; il fut honnête homme.

(159) Valère Maxime n'en parle pas. L'anecdote est, comme nous l'avons dit, dans Nonius Marcellus. (Voy. plus haut; voy. aussi St. Augustin. Cit. de Dieu, ch. 4; Quint-Curce, liv. 7, ch. 8.)

(161) *Se Dieu*, etc. Si Dieu eût permis que je rencontrasse.

(162) *Ung*. Une personne qui eut tenu, à mon égard, la conduite d'Alexandre vis-à-vis du corsaire. *Piteux*. Sensible.

(163) *En bon cueur entrer*. Fourni le moyen de vivre en honnête homme.

(164) *Et lors*. Alors si quelqu'un m'eût vu faire une bassesse.

(165) *Estre*. Je me fusse moi-même condamné à être brûlé et mis en cendres.

Nécessité faict gens mesprendre;
Et fain saillir le loup des boys.

HUIT. XXII.

Je plaings le temps de ma jeunesse
170 Au quel j'ay, plus qu'autre, gallé,
Jusque à l'entrée de vieillesse;
Car son partement m'a celé.
Il ne s'en est à pied allé,
N'à cheval, las et comment don?
175 Soudainement s'en est vollé,
Et ne m'a laissé quelque don.

HUIT. XXIII.

Allé s'en est, et je demeure
Pauvre de sens et de sçavoir,
Triste, failly, plus noir que Meure.
180 Je n'ay ne cens, rente, navoir;

---

(167) *Nécessité.* La nécessité porte les hommes à faire le mal.
(168) *Saillir.* Sortir.
(169) *Je plains.* Je regrette.
(170) *Gallé.* Fait le libertin, le débauché.
(172) *Car*, etc. Car ce temps m'a quitté, sans que je m'en aperçusse.
(173) *Il ne.* Ce temps ne s'est en allé ni à pied, ni, etc.
(174) *Las et*, etc. Hélas! et comment donc s'en est-il allé?
(176) *Et ne.* Et il ne m'a rien laissé dont je puise profiter.
(178) *Pauvre.* Ayant peu d'expérience et peu de savoir.
(179) *Triste*, etc. accablé de chagrin, découragé et plus noir qu'un Maure.
(180) *Je n'ai.* Je ne possède ni redevances, ni rentes, ni biens fonds.

Des miens le moindre, je dy voir,
De me desadvouer s'avance,
Oublyans naturel devoir,
Par faulte d'ung peu de chevance.

HUIT. XXIV.

185   Si ne crains je avoir despendu,
Par friander et par leschier;
Par trop aimer n'ay riens vendu,
Que nuls me puissent reprouchier,
Au moins leur a esté moult chier :
190 Je le dys, et ne croys mesdire.
De ce ne me puis revencher;
Qui n'a meffait ne le doit dire.

HUIT. XXV.

Bien est il vray que j'ay aymé
Et que aymeroye voulentiers;

---

(181) *Des*, etc. Le dernier de ma famille, ne craint pas de me désavouer. — *Je dy voir*. Je dis en cela la vérité.

(183) *Oublians*, etc. Ils oublient envers moi ce que la nature prescrit, parce qu'il me manque un peu de fortune.

(186) *Par friander*. En recherchant les morceaux friands et délicats.

(189) *Au moins*. Du moins comme lui ayant coûté beaucoup. — *Mesdire*. Mal dire.

(191) *De ce*. M. Formey veut qu'on lise : *De ce me puis-je revencher*. C'est un contre sens. Villon, après avoir dit que ses débauches n'ont fait tort à personne et qu'elles ne lui ont rien coûté, ajoute que cela ne peut les excuser, et que personne n'est obligé de parler du mal qu'il n'a pas fait. (V. *Leç. div*.)

(194) *Voulentiers*. Par inclination.

195 Mais triste cueur, ventre affamé
Qui n'est rassasié au tiers,
Me oste des amoureux sentiers,
Au fort quelqu'un s'en recompense,
Qui est remply sur les chantiers ;
200 Car de la panse vient la danse.

HUIT. XXVI.

He Dieu! se j'eusse estudié,
Au temps de ma jeunesse folle,
Et à bonnes meurs dedié!
J'eusse maison, et couche molle :
205 Mais quoy? je fuyoye l'escole,
Comme faict le mauvays enfant ;
En escrivant ceste parolle
A peu que le cueur ne me fend.

HUIT. XXVII.

Le dict du saige, trop le feiz
210 Favorable, et bien en puys mais,

---

(198) *Au fort.* Au reste quelqu'un s'en dédommage.

(199) *Qui est,* etc. C'est celui qui prend au magasin, qui n'est pas obligé de chercher sa vie.

(200) *Car de la.* Car c'est lorsque la panse est pleine, qu'il vient fantaisie de danser.

(203) *Et à bonnes,* etc. Et si je m'étois occupé à régler ma conduite.

(207) *Ceste parolle.* Ces mots.

(208) *A peu.* Peu s'en faut que mon cœur ne se fende.

(209) Dans ce huitain, Villon paraphrase les 9e et 10e vers. du ch. 11, de l'Ecclésiaste: *Lætare ergò, juvenis, in adolescentiâ tuâ..... Adolescentia enim et voluptas vana sunt.* En voici le sens: « J'ai donné trop d'extension, et c'est ma faute, aux paroles du Sage, qui dit :

Qui dit; esjouys toy, mon filz,
A ton adolescence ; mes
Ailleurs, sers bien d'ung autre mectz :
Car jeunesse et adolescence,
215 C'est son parler, ne moins ne mais,
Ne sont qu'abbus et ignorance.

HUIT. XXVIII.

Mes jours s'en sont allez errant
Comme, dit Job, d'une touaille
Sont les filetz ; quant tisserant
220 Tient en son poing ardente paille ;
Car s'il y a un bout qui saille
Soudainement il est ravis,
Si ne crains plus que rien m'assaille
Car à la mort tout assouvys.

HUIT. XXIX.

225   Où sont les gratieux gallans

Réjouis-toi durant le temps de ta jeunesse ; mais plus tard change de conduite : car jeunesse et adolescence. » (Ce sont ses paroles sans plus et sans moins), ne, etc. (V. Leç. div.)

(217) Ici Villon paraphrase le verset 6 du ch. 7 de Job. « *Dies mei velocius transierunt quàm à texente tela succiditur et consumpti sunt ullâ spe.* »

Il en a été de mes jours, selon l'expression de Job, comme des fils d'une toile, lorsque le tisserand passe de la paille enflammée par-dessous. Alors s'il se trouve quelque bout qui sorte, il est sur le champ consumé. Il n'y a aucune calamité dont j'appréhende le retour : car au moment de la mort toutes les misères sont épuisées. (V. Leç. d.)

(225) *Où sont*. Que sont devenus les joyeux libertins.

Que je suyvoye au temps jadis,
Si bien chantans, si bien parlans,
Si plaisans en faictz et en dictz ?
Les aucuns sont mortz et roydiz,
230 D'eulx n'est-il plus rien maintenant ?
Respit-ils ayent en paradis,
Et Dieu saulve le remenant.

HUIT. XXX.

Et les aucuns sont devenuz,
Dieu mercy, grans seigneurs et maistres ;
235 Les autres mendient tous nudz
Et pain ne voyent qu'aux fenestres ;
Les autres sont entrez en cloistres
De Célestins, et de Chartreux,
Bottez, housez, com pescheurs d'oystres ;
240 Voyla l'estat divers d'entre eulx.

---

(226) *Que*, etc. Du nombre desquels j'étois.

(228) *Si plaisans.* Qui fesoient et disoient des choses si agréables.

(229) *Les aucuns.* Plusieurs, etc.

(231) *Respit,* etc. Puissent-ils avoir beau jeu en paradis. — *Aient,* monosyllabe.

(232) *Et,* etc. Et que Dieu sauve ceux de leurs amis qui vivent encore.   (233) *Et les aucuns.* Plusieurs.

(234) *Dieu,* etc. Grâce à Dieu, hommes à fiefs et à vassaux.

(236) *Et pain.* Et ne voyent d'autre pain que celui qui est étalé chez les boulangers. — *Aux fenestres.* Aux boutiques.

(237) *Et suiv. Les autres,* etc. Les autres, au contraire, sont entrés chez les Chartreux et les Célestins, où ils sont bien chaussés et bien vêtus. Voilà ce qu'ils sont devenus.

(239) Les pêcheurs d'huîtres ne portoient que des houseaux en bon état.

HUIT. XXXI.

    Aux grans maistres Dieu doint bien faire,
Vivans en paix et en recoy.
En eulx il n'y a que refaire ;
Si s'en fait bon taire tout coy ;
245 Mais aux pauvres qui n'ont dequoy,
Comme moy, Dieu doint patience ;
Aux autres ne fault qui, ne quoy :
Car assez ont pain et pitance.

HUIT. XXXII.

    Bon vins ont souvent embrochez ;
250 Saulces, brouetz, et gros poissons ;
Tartres, flans, œufz fritz et pochez,
Perduz, et en toutes façons.
Pas ne ressemblent les maçons
Que servir fault à si grand' peine ;

---

(241) *Aux grans*, etc. A ceux qui sont seigneurs et maîtres, que Dieu leur accorde la grâce de, etc.

(242) *Vivans*, etc. Ils vivent en paix et loin du tracas.

(243) *En eulx*, etc. Je n'ai rien à leur souhaiter.

(244) *Si s'en*. Il faut donc ne plus en parler.

(245) *Mais*, etc. Quant aux malheureux qui, comme moi, n'ont rien à leur service, que Dieu leur accorde la patience.

(247) *Aux autres*, etc. A ceux qui sont entrés en religion, il ne leur faut souhaiter ni une chose ni une autre ; car ils ont assez largement du pain et de quoi le manger.

(249) *Embrochez*, etc. En perce.

(250) *Saulces*, etc. Ils ont des sauces, des ragoûts, etc.

(254) *A si grand peine*. Avec tant de fatigue.

255 Ilz ne veulent nulz eschançons,
　　Car de verser chascun se peine.

HUIT. XXXIII.

　　En cest incident me suys mys,
　　Qui de rien ne sert à mon faict.
　　Je ne suys juge, ne commis
260 Pour punyr n'absouldre meffaict.
　　De tous suys le plus imparfaict.
　　Loué soit le doulx Jésus-Christ,
　　Que par moy leur soit satisfaict,
　　Ce que j'ay escript en escript.

HUIT. XXXIV.

265 　　Laissons le monstier ou il est :
　　Parlons de chose plus plaisante.
　　Ceste matiere à tous ne plaist :
　　Ennuyeuse est, et desplaisante.
　　Pauvreté, chagrine et dolente,

---

(255) *Ilz*, etc. Ils ne veulent pas que personne les serve.

(256) *Car*, etc. Chacun d'eux se réserve le soin de se verser à boire. De cette manière, personne ne réglant leur nourriture, ils ont tout à souhait.

(257) *En cest incident.* J'ai fait cette digression. *Cest* pour *cet*.

(258) *Qui*, etc. Qui est absolument étrangère au sujet que je traite.

(259) *Ne commis.* Ni lieutenant du juge délégué pour rendre des arrêts.

(261) *De tous.* De tous les hommes je, etc.

(263) *Que par moy.* Je veux leur faire des excuses.

(264) *Ce que.* Au sujet de ce que je viens de mettre dans cet écrit.

(266) *Plus plaisante.* Qui soit plus agréable au lecteur.

(269) *Dolente.* Faisant des plaintes.

270 Tousjours despiteuse et rebelle,
Dit quelque parolle cuysante,
S'elle n'ose, si le pense elle.

HUIT. XXXV.

Pauvre je suys, de ma jeunesse ;
De pauvre et de petite extrace.
275 Mon pere n'eut onq' grand' richesse,
Ne son ayeul nommé Erace.
Pauvreté tous nous suyt et trace.
Sur les tumbeaulx de mes ancestres,
Les ames desquelz Dieu embrasse,
280 On n'y voyt couronnes, ne sceptres.

HUIT. XXXVI.

De pouvreté me guermentant,
Souventesfoys me dit le cueur,

---

(270) *Despiteuse et rebelle.* De mauvaise humeur et disposée à quereller tout le monde.

(271) *Dit.* Dit toujours quelques mots piquans.

(272) *S'elle*, etc. Si elle n'ose pas les dire, elle n'en pense pas moins.

(273) *Pauvre*, etc. Ma pauvreté date de mon enfance.

(274) *De pauvre.* Etant né de parens pauvres et obscurs.

(275) *N'eust oncq'.* N'eut jamais.

(276) *Erace.* Sans doute pour Hierax. Ce saint fut martyrisé avec St. Justin. (V. dom Ruinart. Act. M.)

(277) *Pauvreté.* La misère suit pas à pas mes ancêtres et moi ; elle ne nous a pas encore quitté.

(279) *Dieu embrasse.* Dieu reçoive et traite favorablement.

(280) *On*, etc. On ne voit aucune espèce d'armoiries.

(281) *De pouvreté*, etc. Souvent lorsque je me plains de ma pauvreté, une voix intérieure me dit,

Homme, ne te doulouse tant
Et ne demaine tel douleur,
285 Se tu n'as tant que Jacques Cueur :
Myeux vault vivre soubz gros bureaux,
Pauvre, qu'avoir esté Seigneur,
Et pourrir soubz riches tumbeaux.

HUIT. XXXVII.

Qu'avoir esté Seigneur : Que dys ?
290 Seigneur : helas ! ne l'est il mais.
Selon les auctentiques dictz,
Son lieu ne congnoistra jamais.
Quant du surplus je m'en desmectz,

---

(283) *Ne te doulouse.* Ne t'afflige pas autant.

(284) *Et ne*, etc. Et ne manifeste pas une douleur si profonde.

(285) *Se tu*, etc. Parce que tu n'es pas aussi riche que le fut Jacques Cœur. — Jacques Cœur étoit argentier du roi Charles VII, comme on disoit alors. Sa fortune lui fit des envieux ; accusé d'avoir mal administré les finances du roi son maître, il fut condamné à faire amende honorable et à payer 300 liv. On ne sait rien de positif sur le reste de sa vie.

(286) *Soubz gros bureau.* Revêtu d'étoffe grossière, comme les pauvres.

(289) *Que dys?* Que dis-je.

(290) *Lasse*, etc. Hélas il ne l'est plus.

(291) *Selon*, etc. Conformément à ce que disent les Livres Saints. Il fait à Jaques Cœur l'application du verset *vidi impium*, etc...... *Quæsivi eum et non est inventus locus ejus*. (Ps. 36.) C'est le verset que Racine a paraphrasé dans ces vers si connus :

« J'ai vu l'impie élevé sur la terre,
» Semblable au cèdre, etc. »

(292) *Son lieu.* Tu ne sauras jamais où sont ses dépouilles mortelles.

(293) *Quant du*, etc. Quant au reste, savoir si son âme est dans le ciel ou dans l'enfer, je m'abstiens d'en parler.

Il n'appartient à moy pecheur ;
295 Aux Theologiens le remectz ;
Car c'est office de prescheur.

HUIT. XXXVIII.

Si ne suys, bien le considere,
Filz d'ange, portant dyademe
De telle, ne d'autre sydere.
300 Mon pere est mort, Dieu en ayt l'ame,
Quant est du corps, il gyst soubz lame.
J'entends que ma mere mourra ;
Et le sçait bien la pauvre femme ;
Et le filz pas ne demourra.

HUIT. XXXIX.*

305   Je congnoys que pauvres et riches,
Sages et folz prebstres et laiz,
Noble et vilain, larges et chiches,

---

(294) *Il*, etc. Cela ne me regarde pas.

(296) *Car*, etc. Car cette question est du ressort de ceux qui prêchent la foi.

(297) *Bien le considere.* Je ne l'ignore pas.

(298) *Filz*, etc. Fils de prince couronné. Les rois sont les anges de Dieu sur la terre.

(299) *De telle.* Ni fils d'un astre pareil ou de tout autre. Marot ne comprenant pas le sens de ce vers avoit mis dans sa version. *De estoille*, etc. *Telle sydere* se rapporte à ange.

(300) Ame rime avec dyademe, qu'il faut, dit Marot, « prononcer à l'antique ou à la parisienne, c'est-à-dire, dyadame. »

(301) *Gyst soubz lame.* Il est dans la tombe, sous la lame de cuivre.

(302) *J'entends*, etc. Je comprends que, etc.

* Ce huitain n'est pas dans le Manuscrit.

(307) *Larges et chiches.* Prodigues et avares.

Petiz et grans, et beaulx et laidz,
Dames à rebrassez colletz,
310 De quelconque condicion,
Portant attours et bourreletz,
Mort saisit sans exception.

HUIT. XL.

Et meure Paris ou Hélène,
Quiconques meurt, meurt à douleur.
315 Celluy qui perd vent, et alaine,
Son fiel se crève sur son cueur;
Puys sent, dieu sçait quel sueur,
Et n'est qui de ses maulx l'allège;
Car enfans n'a, frère, ne sœur,
320 Qui lors voulsist estre son pleige.

HUIT. XLI.

La mort le faict frémir, pallir,
Le nez courber, les veines tendre,
Le col enfler, la chair mollir,
Joinctes et nerfz croistre et estendre.

---

(309) *Dames à rebrassez.* Les dames de la cour portoient alors des collets fort hauts et bien plissés.

(311) *Bourreletz.* Coiffure fort élegante en ce temps là.

(314) *A douleur.* Avec douleur.

(315) *Celluy.* Celui qui perd sa respiration.

(316) *Son fiel.* L'amertume se répand sur toutes ses affections.

(317) *Puis sent.* Il éprouve ensuite.

(320) *Qui lors.* Qui en ce moment voulût répondre pour lui.

(321) *Frémir.* Frissonner.

(324) *Joinctes.* Elle fait enfler et allonger les jointures et les nerfs.

325 Corps féminin qui tant es tendre,
Polly, souef, si précieulx.
Te fauldra il ces maulx actendre?
Ouy; ou tout vif aller es cieulx.

BALLADE I.

DES DAMES DU TEMPS JADIS.

Ier.

Dictes moy, ou, n'en quel pays,
330 Est Flora la belle Romaine?
Archipiada, ne Thaïs
Qui fut sa cousine germaine?
Echo parlant quand bruyt on maine
Dessus rivière, ou sus estan;
335 Qui beaulté eut trop plus qu'humaine?
Mais où sont les neiges d'antan?

---

(325) *Corps féminin.* Le corps de la femme qui est si délicat, si joli, si agréable, si bien soigné.

(327) *Te fauldra il*, etc. Faudra-t-il que tu passes par ces épreuves.

(330) *Flora.* Courtisane célèbre qui fut aimée de Pompée.

(331) *Archipiada* et *Thaïs.* Deux courtisanes également célèbres. Thaïs vint à Athènes, vers le milieu du quatrième siècle. *Archipiada* est vraisemblablement Archippa, l'amante de Sophocle.

(332) *Qui*, etc. Qui fut sa parente en beauté.

(333) *Echo*, La nymphe Echo qui continue à parler quand on fait du bruit sur, etc.

(335) *Trop plus*, etc. Bien au-dessus de ce qu'une créature peut en avoir.

(336) *Les neiges*, etc. Les neiges de l'année qui a précédé celle-ci.

II.

Ou est la très-sage Héloïs ?
Pour qui fut chastré, et puys Moyne,
Pierre Esbaillart, à sainct Denys.
340 Pour son amour eut cest essoyne.
Semblablement où est la Royne,
Qui commanda que Buridan
Fut jetté, en ung sac, en Seine ?
Mais où sont les neiges d'antan ?

III.

345   La Royne blanche comme ung lys,
Qui chantoit à voix de Sereine ;

---

(337) *Héloïse*, nièce du chanoine Fulbert, l'amante d'Abailard. — *Tressage.* Très-sage.

(339) *Esbaillard.* Abailard, fameux docteur du douzième siècle, mort l'an 1142, âgé de 63 ans. Ses aventures et celles d'Héloïse sont connues.

(340) *Pour*, etc. Il fut ainsi mutilé et maltraité à cause de son amour.

(341) *La Royne.* On croit que c'est Marguerite de Bourgogne, 1re femme de Louis Hutin. Elle débauchait les écoliers et les faisait jeter dans la Seine, lorsqu'ils étaient épuisés. Buridan, l'un d'eux, fut assez heureux pour échapper à la mort. Il se retira à Vienne, en Autriche, où il fonda une université. La reine, convaincue d'adultère, malgré ses horribles précautions, fut étranglée, en 1314, par ordre de son époux. (Not. extr. du *Mss. A.*)

(345) Blanche de Bourbon, mariée à Pierre-le-Cruel, en 1352, princesse aussi belle que spirituelle. — *Blanche comme ung lys.* La reine Blanche, qui étoit blanche comme, etc. Le mot blanche a deux applications.

(346) *A voix*, etc. Avec une voix aussi mélodieuse qu'une syrène.

Berthe au grand pied, Biétris, Allys ;
Harembouges qui tint le Mayne ;
Et Jehanne la bonne Lorraine,
350 Qu'Angloys bruslerent à Rouen ;
Où sont ilz, vierge souveraine?
Mais où sont les neiges d'antan ?

ENVOI.

Prince n'enquerez de sepmaine,
Où elles sont, ne de cest an,
355 Que ce refrain ne vous remaine :
Mais où sont les neiges d'antan ?

---

(347) *Berthe* ou Bertrade, fille de Caribert, comte de Laon, épouse de Pepin-le-Bref, et mère de Charlemagne, remarquable par sa taille : elle avoit 6 pieds.

« *Biétrix*. » Béatrix de Provence, mariée en 1245, à Charles-de-France, fils de Louis VIII.

« *Allys*. » Alix de Champagne, mariée l'an 1160, à Louis-le-Jeune, roi de France, et morte en 1206.

(348) *Harembouges*. Eremburges, fille et unique héritière de Elie de La Flèche, comte du Maine, mort en 1110.

(349) La Pucelle d'Orléans, née à Dam-Remi, duché de Bar, que l'on a toujours considéré comme faisant partie de la Lorraine.

(351) *Vierge souveraine*. Vierge notre souveraine, Marie, mère de Dieu.

(353) *N'enquerez de sepmaine*. Quel que soit le jour de la semaine, ou de cette année, que vous me demandiez où elles sont, je vous répondrai en répétant mon refrain, mais où sont, etc.

BALLADE II.

DES SEIGNEURS DU TEMPS JADIS, SUYVANT LE PROPOS PRÉCÉDENT.

Ier.

Qui plus? ou est le tiers Calixte,
Dernier décédé de ce nom,
Qui quatre ans tint le Papaliste?
360 Alphonse le Roy d'Arragon?
Le gratieux Duc de Bourbon
Et Artus le Duc de Bretaigne?
Et Charles septiesme le bon?
Mais où est le preux Charlemaigne?

II.

365   Semblablement le Roi Scotiste,

---

(557) Calixte III, homme d'un grand mérite, et prince guerrier, fut élu pape le 8 avril 1455, et siégea 3 ans, 4 mois.

(559) *Le papaliste.* La papauté.

(360) Alphonse V, dit le Sage, prince guerrier, monta sur le trône en 1416.

(361) Jean Ier, duc de Bourbon, fait prisonnier à la bataille d'Azincourt en 1415.

(362) Artus III, duc de Bretagne, surnommé le Justicier, prince valeureux.

(363) Charles VII, roi de France, dit le Victorieux. *Le bon* signifie guerrier plein de mérite et de bravoure.

(365) Jacques II, roi d'Ecosse, prince guerrier, mourut en 1460. Le Mss. de l'Ars. a cru que Villon parloit ici de Jaques III ; c'est une erreur, Jacques III ne mourut qu'en 1488.

Qui demy face eut, ce dit-on,
Vermeille comme une Amathiste,
Depuys le front jusqu'au menton ?
Le Roi de Chipre de renom ;
370 Hélas, et le bon Roy d'Espaigne,
Du quel je ne sçay pas le nom ?
Mais ou est le preux Charlemaigne ?

III.

D'en plus parler je me desiste,
Ce n'es tque toute abusion :
375 Il n'est, qui contre mort resiste :
Ne qui treuve provision
Encor fais une question :
Lancelot le Roi de Behaigne,
Ou est il, ou est son Tayon ?
380 Mais où est le preux Charlemaigne ?

---

(366) *Qui*, etc. Qui eut la moitié de la figure.

(367) *Emathiste*. Amathiste, ou mieux Améthiste, pierre précieuse.

(369) M. le Duchat pense que le roi de Chypre est Pierre de Lusignan, qui vivoit dans le 14ᵉ siècle. Il est possible aussi, et j'aime mieux le croire, que Villon eut en vue Guy de Lusignan, prince guerrier, comme tous ceux dont il est parlé dans cette Ballade, mort en 1194.

(370) Il seroit difficile de dire quel est ce valeureux roi d'Espagne, dont le poëte ne savoit pas le nom.

(373) *D'en plus*, etc. Je veux cesser de m'entretenir de ces choses là.

(374) *Ce n'est*, etc. C'est perdre son temps que d'en parler davantage.

(376) *Ne qui*, etc. Ni qui puisse appeler de ses arrêts.

(378) *Lancelot*. Ladislas, prince d'une rare bravoure, tué à la bataille de Varnes, le 11 nov. 1444, à la fleur de son âge. Il régnoit sur la Pologne, la Bohême et la Hongrie. En Hongrie il est le quatrième du nom, en Bohême le cinquième, et en Pologne le septième.

(379) *Son tayon*. Son père grand, son aïeul.

ENVOI.

Ou est Guesclin le bon Breton?
Ou le Comte Daulphin d'Auvergne?
Et le bon feu Duc d'Alençon?
Mais ou est le preux Charlemaigne?.

BALLADE III.

MESME PROPOS, EN VIEIL LANGAGE FRANÇOIS.

I.

385   Car ou soit Ly Sainctz Apostoles,
D'aulbes vestuz, d'amys coeffez;
Qui ne ceinct fors sainctes Estolles,
Dont par le col prent ly mauffez

---

(381) Du Guesclin, connétable de France, sous les rois Jean et Charles V, chevalier d'une rare vaillance. *Le bon breton.* Le vaillant breton.

(382) Ce comte, dauphin d'Auvergne, est, probablement, un de ceux qui ont porté le nom de Béraud, et qui ont joui de ce comté depuis 1351 jusqu'en 1400 environ.

(383) Jean Ier du nom, duc d'Alençon, tué à la bataille d'Azincourt en 1415.

(385) *Car ou*, etc. Que ce soit, si l'on veut, le Saint-Père; le pape.

(386) *D'aulbes.* Le corps vêtu d'une aube, et la tête couverte d'un amict.

(387) *Qui*, etc. Qui n'est jamais ceint que de saintes étolles.

(388) *Dont par*, etc. Dont il se sert pour conjurer le démon. — Les auteurs du Diction. de Trévoux, art. Amict, attribuent à Clopinel quatre vers qui me paroissent être une corruption de ceux-ci.

De mal talent tout eschauffez :
390 Aussi bien meurt filz, que servans.
De ceste vie cy brassez,
Autant en emporte ly vens.

II.

Voire ou soit de Constantinobles
L'emperier, aux poings dorez ;
395 Ou de France ly Roy tresnobles,
Sur tous autres Roys décorez,
Qui pour ly grand Dieux adorez,
Bastist Eglises et Couvens ;
S'en son temps il fut honnorez,
400 Autant en emporte ly vens.

III.

Ou sont de Vienne et de Grenobles,

---

(389) *De mal.* Tout brûlant de mal faire.

(390) *Aussi bien*, etc. La mort frappe l'homme libre comme l'esclave, le maître comme le valet.

(391) *De ceste.* Et une fois enlevé de cette vie.

(393) *Voire ou*, etc. Ou bien que ce soit, etc.

(394) *L'emperier.* L'empereur qui répand l'or à pleines mains. — Voy. ce que le moine Glaber raconte de l'empereur Basile. (An 1024, liv. 4, ch. 1.)

(395) *Ly roy.* Le roi.

(396) *Sur tous*, etc. Le plus honoré des souverains. Il parle, je crois, de Saint-Louis.

(397) *Qui*, etc. Qui fit bâtir des églises et des couvents pour honorer son Dieu.

(401) Le dauphin du Viennois résidoit à Grenoble.

Ly Daulphin, ly preux, ly Senez?
Ou de Dijon, Sallins, et Dolles
Ly Sires, et ly filz aisnez?
405 Ou autant de leurs gens privez:
Héraulx, Trompettes, poursuyvans?
Ont ilz bien bouté soubz le nez?
Autant en emporte ly vens.

ENVOI.

Princes à mort sont destinez,
410 Comme les plus pauvres vivans;
S'il en sont coursez, ou tennez,
Autant en emporte ly vens.

HUIT. XLII.

Puys que Papes, Roys, filz de Roys,
Et conceuz en ventres de Roynes,
415 Sont enseveliz mortz et froidz;

---

(402) *Ly preux.* Les chevaliers, les vaillans capitaines que cette contrée a fournis. — *Ly senez.* Les vieillards, les conseillers.

(403) *Ou,* etc. Où sont les sires, etc.

(405) *Ou autant.* Où est cette quantité de personnes attachées à leur service; comme, etc.

(407) *Ont ilz,* etc. Ont-ils fait bonne chère, mis beaucoup de choses dans leur bouche qui est sous le nez.

(411) *Coursez ou tennez.* Si cela les afflige, ou les tracasse, ou leur cause des ennuis.

(413) Ce vers, un de ceux que Marot dit avoir refait, est dans le Mss. C. et dans toutes les éditions.

(414) *Et conceuz,* etc. Et légitimes héritiers de la couronne.

En aultruy mains passent les Regnes ;
Moy, pauvre mercerot de Renes,
Mourray je pas ? Ouy se Dieu plaist;
Mais que j'aye faict mes estrenes,
420 Honneste mort ne me desplaist.

HUIT. XLIII.

Ce monde n'est perpétuel,
Quoy que pense riche pillart :
Tous sommes soubz coutel mortel.
Ce confort prens pauvre vieillart;
425 Lequel d'estre plaisant raillart
Eut le bruyt, lorsque jeune estoit;

---

(416) *En aultruy.* Et que l'autorité passe en d'autres mains.

(417) *Moy,* etc. Aussi pauvre et misérable qu'un de ces petits marchands venus de la ville de Rennes. C'étoient des colporteurs. M. le Duchat met dans une note : « Il étoit de ces petits mercerots dont la » ville de Rennes abonde. » Conçoit-on une erreur pareille ?

(418) *Ouy se,* etc. Oui je mourrai, s'il plaît à Dieu.

(419) *Mais que.* Au reste, pourvu que je jouisse encore quelques momens de la vie, qu'on vient de me sauver.—M. Formey explique *faict mes estrennes* par *fais mes legs.* C'est un contre-sens. Un marchand dit qu'il a fait ses étrennes, quand il a vendu la première pièce de ses marchandises.

(420) *Honeste mort.* Je ne me refuse pas à mourir de mort naturelle.

(421) *Ce monde.* Ce monde ne durera pas toujours.

(423) *Coutel mortel.* La faux de la mort.

(424) *Ce confort.* Prends cette consolation, pauvre vieillard. Il s'adresse à lui-même ce que n'a pas compris Marot, dont voici la note : « Icy, dit Villon que l'homme vieil et pauvre se conforte en sa fin. »

(425) *Plaisant raillart.* Ricaneur, agréable.

(426) *Eut le bruyt.* Eut la réputation.

Con tiendroit à fol et paillart
Vieil, se à railler se mettoit.

HUIT. XLIV.

Or luy convient il mendier :
430 Car à ce, force le contrainct;
Requiert huy sa mort, et hyer :
Tristesse son cueur si estrainct,
Souvent, si n'estoit Dieu qu'il crainct,
Il feroit ung horrible faict.
435 Si advient qu'en ce Dieu enfrainct
Et que luy mesmes se deffaict.

HUIT. XLV.

Car s'en jeunesse il fut plaisant,
Orez plus rien ne dit qui plaise.
Tousjours vieil Synge est desplaisant.

---

(427) *Con tiendroit*. Et que l'on prendroit, à présent, pour un fou et un libertin.

(428) *Vieil se*, etc. Si dans sa vieillesse prématurée, il continuoit à folatrer.

(429) *Or*, etc. Il est forcé de mendier, Villon, ce pauvre viellard.

(430) *Car à ce*, etc. Car le besoin le contraint à cela.

(431) *Requiert*. Il demande journellement à mourir, aujourd'hui comme hier.

(432) *Tristesse*. La tristesse oppresse tellement son cœur.

(433) *Souvent*. Que souvent si la crainte de Dieu ne le retenoit.

(434) *Il feroit*. Il feroit un acte de désespoir.

(435) *Or*, etc. Il mépriseroit les ordres de Dieu et se donneroit la mort à lui-même.

(437) *Plaisant*. Jovial, aimable dans ses discours.

(438) *Orez*, etc. A présent.

440 Moue ne faict qui ne desplaise,
S'il se taist, affin qu'il complaise,
Il est tenu pour fol recreu,
S'il parle, on luy dit qu'il se taise
Et qu'en son prunier n'a pas creu.

HUIT. XLVI.

445   Aussi ces pauvres femmelettes
Qui vieilles sont, et n'ont de quoy,
Quand ils voyent ces pucelletes
En admenez et en requoy,
Ils demandent à Dieu, pour quoy
450 Si tost nasquirent, n'à quel droit.
Nostre Seigneur s'en taist tout coy :
Car au tanser, il le perdroit.

---

(440) *Moue ne*, etc. Il ne fait aucune grimace qui ne déplaise. — Bernier avoit lu ce vers tel que nous l'avons pris dans le *Mss. C.*; car il prétend que ces paroles de Rabelais : (Pant. liv. 3ᵉ prol.) « Oncques vieil singe ne fist belle moue », sont empruntées à Villon.

(441) *S'il se*, etc. Si pour plaire il garde le silence.

(442) *Il est*. Il passe pour un fou refusé, c'est-à-dire fou sans esprit. Il falloit être heureux d'esprit pour amuser les grands à titre de fou.

(445) *Aussi*. Il en est de même de, etc. Elles subissent le même sort que moi.

(446) *Et n'ont de quoy*. Et n'ont plus de quoi plaire.

(447) *Quant ils*. Lorsqu'elles voient.

(448) *En admenez*, etc. Prenant leur plaisir à l'écart avec des jeunes garçons.

(449) *Ilz*. Elles.

(450) *N'à quel*, etc. Pour quelle raison et à quel titre elles sont venues au monde plutôt que ces jeunes filles.

(451) *Nostre*, etc. Dieu garde un silence absolu, et il fait bien.

(452) *Car au*, etc. Car, s'il vouloit entrer en discussion avec elles,

LES REGRETS.

DE LA BELLE HEAULMYÈRE, JA PARVENUE A VIEILLESSE.

Ier.

Advis m'est que, j'oy regretter
La belle qui fut Heaulmyère ;
455 Soy jeune fille souhaitter,
Et parler en ceste manière ;
Ha! vieillesse félonne et fière,
Pour quoy m'as si tost abatue ?
Qui me tient ? qu i?que ne me fière
460 Et qu'à ce coup, je ne me tue ?

II.

Tollu m'as la haulte franchise
Que beaulté m'avait ordonné,

---

il lui seroit impossible d'avoir raison.— *Au tanser*. Dans la discussion mêlée d'altercations et non : « En la censure ou repréhension, » comme l'expliquent MM. Le Duchat et Formey.

(453) On trouve des plaintes semblables à celles-ci dans le Roman de la Rose, vers 13,526 et suiv.—*Advis m'est*, etc. Je crois entendre.

(454) *Heaulmière*. Ou faiseuses de heaumes, armure de tête dont se servoient les chevaliers. Sous ce nom, Villon parle d'une prostituée, devenue vieille.

(457) *Félonne et fière*. Traitreuse et cruelle.

(458) *Pourquoy*. Pourquoi as-tu détruit si promptement ma beauté.

(459) *Qui*, etc. A quoi tient-il ? à quoi? Que je ne me frappe, que je ne me blesse.

(460) *Et qu'à*, etc. Et qu'à l'instant, etc.

(461) *Tollu*. Tu m'as enlevé les droits et privilèges. — M. Formey dit : « Le haut pouvoir, la haute domination. »

Sur clercz, marchans, et gens d'Eglise ;
Car alors n'estoit homme né
465 Qui tout le sien ne m'eust donné,
Quoy qu'il en fust des repentailles,
Mais que luy eusse abandonné,
Ce que reffusent truandailles.

III.

A maint homme l'ay reffusé,
470 Qui n'estoit à moy grand' saigesse,
Pour l'amour d'ung garson rusé,
Au quel j'en feiz grande largesse ;
A qui que je feisse finesse,
Par m'ame je l' amoye bien.
475 Or ne me faisoit que rudesse,
Et ne m'amoit que pour le myen.

---

(462) *M'avoit ordonné.* Avoit établi à mon avantage.

(463) *Clercz.* Etudians, suivant les cours de l'Université.

(466) *Quoy qu'il*, etc. Quel que dût être son repentir.

(468) *Truandailles.* M. Le Duchat : « Filles et femmes qui ne font plaisir à personne. » Truand signifie homme sans aveu, vagabond, homme de rien. La belle heaulmière dit qu'il n'y a que les filles et les femmes de cette qualité qui refusent aux hommes leurs faveurs, censurant ainsi les mœurs de la bourgeoisie et de la noblesse.

(469) Ce huitain et le suivant ne font que reproduire avec plus de concision, les idées qu'on trouve répandues dans 30 ou 35 vers du Roman de la Rose. (V. vers 15,258 et suiv.)

L'ay refusé. J'ai refusé mes faveurs.

(473) *A qui*, etc. Le sens de ce vers dépend du précédent. Je lui prodiguais mes faveurs, quelles que fussent les personnes à qui il falloit pour cela faire finesse, c'est-à-dire qu'il falloit tromper.

(474) *Par m'ame.* J'en jure sur mon ame.

(476) *Et ne m'amoit.* Il ne m'aimoit lui, que pour avoir mes faveurs. (Voy. Leç. div.)

IV.

Jà ne me sceut tant detrayner,
Fouller aulx piedz, que ne l'aymasse,
Et m'eust il faict les rains trayner,
480 Si me disoit que le baisasse
Et que tous mes maulx oubliasse.
Le glouton de mal entaché
M'embrassoit, j'en suys bien plus grasse,
Que m'en reste il? honte et péché.

V.

485 Or il est mort, passé trente ans ;
Et je remains vieille et chenue.
Quand je pense, las! au bon temps!
Quelle fus, quelle devenue!
Quand me regarde toute nue,
490 Et je me voy si très-changée ;
Pauvre, seiche, maigre, menue,
Je suys presque toute enragée.

---

(477) *Jà ne me sceut.* Il ne me maltraita, il ne me méprisa jamais assez pour m'empêcher de l'aimer.

(479) *Et m'eust.* M'avoit-il maltraité jusqu'à me traîner par terre.

(480) *Si me,* etc. Or, après cela il me disoit de le baiser et d'oublier tous ses mauvais traitements.

(482) *Le glouton.* Ce volupteux, ce libertin qui ne savoit que faire le mal.

(483) *J'en suys,* etc. Cela m'a beaucoup profité.

(485) *Passé trente ans.* Il y a plus de trente ans.

(486) *Et je remains.* Et je demeure.

(487) *Bon temps.* Au temps de ma jeunesse.

(490) *Si très-changée.* Tellement défigurée.

(491) *Pauvre.* Ayant peu d'apparence, dépourvue d'agréments.— *Menue.* Mince, défaite.

VI.

Qu'est devenu ce front poly,
Ces cheveulx blonds, sourcilz voultyz,
495 Grand entr'œil, le regard joly
Dont prenoye les plus subtilz ;
Ce beau nez droit, grand ne petiz ;
Ces petites joinctes oreilles ;
Menton fourchu, cler vis, traictis ;
500 Et ces belles levres vermeilles.

VII.

Ces gentes espaules menues,
Ces bras longs, et ces mains traictises ;
Petiz tetins, hanches charnues,
Eslevées, propres, faictisses
505 A tenir amoureuse lysses ;
Ces larges reins, ce sadinet

---

(493) *Poly*. Joli.
(494) *Sourcilz voultiz*. Sourcils agréablement arqués.
(495) *Grant entr'œil*. Les yeux grands, bien ouverts, et le regard séduisant.
(496) *Les plus subtilz*. Les plus fins, les plus rusés.
(497) *Ce beau*. Ce nez beau, bien fait ni, etc.
(498) *Joinctes oreilles*. Oreilles bien relevées, bien droites.
(499) *Cler vis, traictis*. Ce visage dont le teint étoit clair et les traits bien réguliers.
(501) *Ces gentes*. Ces épaules petites et bien tournées.
(502) *Mains traictisses*. Mains bien dessinées, bien régulières.
(504) Les mots de ce vers trouvent leur explication dans le suivant.
(506) *Ce sadinet*. Littéralement, ce petit plaisir. Nom honnête pour désigner une chose que la pudeur défend d'appeler par son nom. — Le poëte a mis ces détails et les suivants, dans la bouche d'une prostituée. Il auroit mieux fait, sans doute, de nous les épargner ; mais

(141)

Assis sur grosses fermes cuysses,
Dedans son joly jardinet.

VIII.

Le front ridé, les cheveulx gris,
510 Les sourcilz cheuz, les yeulx estainctz
Qui faisoient regars et ris,
Dont maintz marchans furent attaincts.
Nez courbé, de beaulté loingtains;
Oreilles pendens et moussues;
515 Le vis pally, mort et destaincts
Menton foncé, levres peaussues.

IX.

C'est d'humaine beaulté l'yssues.
Les bras courts, et les mains contraictes;
Les espaulles toutes bossues;
520 Mammelles, quoy? toutes retraictes.

---

puisqu'il a payé son tribut à la licence du moyen-âge, on doit lui savoir gré de l'avoir fait avec plus d'adresse, et même avec plus de délicatesse que ses devanciers et que ses contemporains.

(509) *Le front.* Avoir le front, etc.
(511) *Qui.* Ces yeux qui.
(513) *De beaulté.* Bien loin d'être beau, difforme.
(514) *Oreilles.* Les oreilles abattues et couvertes d'un duvet, ou bien couvertes de taches qui ressemblent à la mousse.
(515) *Le vis.* Le visage pâle, mort et décoloré.
(516) *Menton,* etc. Le menton enfoncé, retiré, et les lèvres « Qui ne sont plus que peaulx. »(*Not.* de Marot.)
(517) *C'est d'humaine.* Lorsqu'on est dans cet état, il n'y a plus de beauté.
(518) *Mains contraictes.* Ridées, déformées.
(520) *Toutes retraictes.* Entièrement disparues.

Telles les hanches que les tettes.
Du sadinet, fy! quand des cuysses;
Cuisses nesont plus, mais cuissettes
Grivelées comme saulcisses.

X.

525   Ainsi le bon temps regretons
Entre nous, pauvres vieilles sottes,
Assises bas, à croppetons,
Tout en ung tas comme pelottes;
A petit feu de chenevottes
530 Tost allumées, tost estainctes;
Et jadis fusmes si mignottes;
Ainsi en prend à maintz et maintes.

---

(521) *Telles*, etc. Il en est des hanches comme des mamelles.

(522) *Du sadinet*. Pour ce qui est du petit plaisir; ha! fi donc!

(524) *Grivelées*. Ridées; marquées d'inégalités produites par l'amaigrissement.

(525) *Le bon temps*. Le temps de notre jeunesse.

(527) *Assises*, etc. Accroupies.

(528) *Tout*, etc. Toutes ramassées comme des pelottes.

(529) *A petit*. A côté d'un petit feu de, etc. —Ce vers et les suivans ont un sens allégorique.

(530) *Tost*. Qui soit aussitôt éteintes qu'allumées, en sorte qu'elles ne chauffent pas beaucoup.

(531) *Et jadis*. Nous qui étions autrefois si délicates.

(532) *Ainsi en*. Ainsi en arrive-t-il à plusieurs, tant hommes que femmes.

BALLADE IV.

DOCTRINE DE LA BELLE HEAULMIÈRE AUX FILLES DE JOIE.

I.

Or y pensez belle Gantière,
Qui m'escolière souliez estre ;
535 Et vous blanche la Savatière,
Or est-il temps de vous congnoistre ;
Prenez à dextre et à senestre ;
N'espargnez homme, je vous prie ;
Car vieilles n'ont ne cours, n'y estre,
540 Ne que monnoye qu'on descrie.

II.

Et vous la gente saulcissière
Qui de dancer estes a dextre ;
Guillemette la Tapissière,

---

(533) *Gantière.* Faiseuse ou marchande de gants.
(534) *M'escolière.* Mon écolière.
(535) *Savatière.* Marchande de souliers, ou ouvrière dans cette partie.
(536) *Or est-il.* Il est temps que vous fassiez usage de vos charmes.
(537) *Dextre et à senestre.* A droite et à gauche.
(538) *N'espargnez*, etc. Ne refusez aucun homme.
(539) *Car.* Car les vieilles femmes n'ont plus de valeur et on ne les recherche plus.
(540) *Ne que.* C'est une monnoye dont on ne fait plus aucun cas.
(541) *Saulcissière.* Faiseuse ou marchande de saucisses.
(542) *Qui de.* Qui dansez avec beaucoup de grâce.
(543) *Tapissière.* Faiseuse ou marchande de tapis.

Ne mesprenez vers vostre maistre ;
545 Tous vous fauldra clorre fenestre,
Quand deviendrez vieille, flestrie ;
Plus ne servirez qu'ung viel prebstre,
Ne que monnoye qu'on descrie.

III.

Jehanneton la chaperonnière,
550 Gardez qu'amy ne vous empestre ;
Katherine d'Esperonnière,
N'envoyez plus les hommes paistre :
Car qui belle n'est, ne perpetre
Leur bonne grace, mais leur rie.
555 Laidde vieillesse amour n'impetre,
Ne que monnoye qu'on descrie.

---

(544) *Ne m'esprenez.* Ne vous rendez pas coupables envers l'amour qui est votre maître ; profitez de votre jeunesse.

(545) *Tous vous*, etc. Vous serez obligées toutes de fermer votre magasin.

(548) *Ne que.* Et vous n'aurez à votre service qu'une monnoie de rebut.

(549) *Chapperonnière.* Marchande ou faiseuse de chaperons.

(550) *Gardez*, etc. Ne vous laissez pas captiver par un amant.

(551) *L'esperonnière.* Marchande d'éperons.

(552) *N'envoyez plus*, etc. Ne continuez pas à refuser les hommages des hommes.

(553) *Ne perpetre.* N'obtient.

(554) *Leur bonne grâce.* J'ai trouvé *male grace* dans le Mss., dans Marot et aill. J'ai cru que c'étoit une faute de copiste. Voici le sens : leur bonne grâce ; mais leur mépris, leur moquerie.

(555) *Amour n'impétre.* Ne se fait pas aimer.

(556) *Ne que.* Elle n'obtient plus qu'une monnoie de rebut.

ENVOI.

Filles, veuillés vous entremettre
D'escouter pour quoy pleure et crie,
Pour ce que je ne me puys mettre ;
560 Ne que monnoye qu'on descrie.

HUIT. XLVII.

Ceste leçon icy leur baille,
La belle et bonne de jadis,
Bien dit, ou mal, vaille que vaille
Enregistrer j'ay faict ces dictz,
565 Par mon cler Fremin l'estourdys;
Aussi rassis comme puys estre,
S'il me desment, je le mauldys;
Selon le clerc est deu le maistre.

HUIT. XLVIII.

Si aperçoy le grand danger,
570 Là ou l'homme amoureux se boute ;
Et qui me vouldroit lédanger

---

(557) *Entremettre.* Vous occuper, savoir.
(560) *Ne que.* Et que je n'ai plus qu'une monnoie décriée.
(561) *Ceste,* etc. Telle est la leçon que donne aux jeunes filles.
(562) *La belle*, etc. Celle qui fut belle et sut profiter de sa beauté.
(563) *Bien*, etc. Sans examiner si elle dit bien ou mal, etc.
(564) *Ces dictz.* Ses paroles.
(566) *Aussi rassis.* Aussi sensé comme je puis l'être moi-même.
(567) *S'il me desment.* S'il cesse de me ressembler je n'en veux plus.
(569) *Si appercoy.* Je reconnois bien le grand embarras.
(571) *Lédanger.* « Blâmer ou injurier. »(Formey.) Molester.

De ce mot, en disant, escoute;
Se d'aymer t'estrange et reboute
Le barat de celles nommées,
575 Tu fais une bien folle doubte,
Car se sont femmes diffamées.

HUIT. XLIX.

S'elles n'ayment que pour argent,
On ne les ayme que pour l'heure.
Rondement ayment toute gent,
580 Et rient lorsque bourse pleure.
De celles-cy on en recœuvre,
Mais en femmes d'honneur et non
Franc homme, se Dieu me sequeure,
Se doit employer, ailleurs non.

HUIT. L.

585   Je prens qu'aucun dye cecy,

---

(572) *De ce mot.* En me tenant le discours suivant.
(573) *T'estrange et reboute.* T'éloigne et te dégoûte.
(574) *Le barat,* etc. L'histoire scandaleuse, la vie libertine.
(575) *Tu fais,* etc. Tu montres une délicatesse bien peu sensée.
(576) *Car ce sont.* Car ces femmes là sont sans honneur et on les traite comme telles.
(577) *S'elles,* etc. Si ces filles là n'aiment, etc.
(579) *Rondement,* etc. «Pour argent la monnoie est ronde.» (M. le Duchat.) Elles aiment sans difficulté tout homme qui les approche.
(581) *De celles-cy.* De ces femmes là on en trouve facilement.
(582) *Mais,* etc. Mais un honnête homme; ce que je dis est vrai, comme je veux que Dieu me soit en aide, doit s'attacher à des femmes honorables et bien nées.
(585) *Je prens,* etc. Je suppose que quelqu'un me dise.

Si ne me contente il en rien ;
En effect je concludz ainsi,
Et sy le cuyde entendre bien,
Qu'on doit aymer en lieu de bien.
590 Assavoir mon, se ces fillettes,
Qu'en parolles toute jour tien,
Ne furent pas femmes honnestes,

HUIT. LI.

Honnestes? si furent vrayement,
Sans avoir reproches, ne blasmes.
595 Si est vray que, au commencement
Une chascune de ces femmes
Lors prindrent, ains qu'eussent diffames,
L'une ung clerc, ung lay, l'autre ung moine,
Pour estaindre d'amours les flammes,
600 Plus chauldes que feu sainct Antoine.

---

(586) *Si ne me.* Ce langage ne me satisfait aucunement.

(588) *Et si le,* etc. Et je pense avoir raison, lorsque je dis qu'il faut aimer.

(590) *Assavoir.* On me répondra sans doute reste à savoir positivement si ces jeunes filles.

(591) *Que en.* Dont tu ne cesses de parler.

(593) *Honnestes!* Femmes honnêtes! mais je pense qu'elles le furent réellement.

(594) *Sans avoir.* Et que leur conduite étoit exempte de blâme.

(595) *Si est vray.* Il est vrai que dans le principe.

(597) *Ains.* S'attacha avant d'être deshonorée.

(598) *L'une.* L'une un clerc, l'autre un laïque, etc.

(599) *Pour estaindre.* Pour éteindre le feu de l'amour qui les dévoroit.

(600) *Feu sainct Anthoine.* Maladie erysipéleuse qui devint épidémique dans le 13ᵉ siècle, et fit beaucoup de ravage. La partie du

HUIT. LII.

Or firent selon le décret
Leurs amys, et bien y appert,
Elles aymoient en lieu secret ;
Car autre qu'eulx n'y avoit part.
605 Toutesfoys ceste amour se part ;
Car celle qui n'en avoit qu'un,
D'icelluy s'eslongne et despart,
Et ayme myeulx aymer chascun.

HUIT. LIII.

Qui les meut à ce ? j'imagine,
610 Sans l'honneur des dames blasmer,
Que c'est nature féminine,
Qui tout vivement veult amer.

---

corps qui en étoit atteinte devenoit noire et sèche, comme si on l'avoit brûlée. L'Ordre de saint Antoine, en Dauphiné, ayant été institué pour donner des soins à ces sortes de malades, ce mal prit, dès-lors, le nom de feu saint Antoine. Il est aussi connu sous le nom de feu sacré, feu d'enfer, mal des ardens, etc.

(601) *Or firent.* Elles se donnèrent donc des amans, ainsi que l'amour l'exige.

(602) *Bien y appert.* « Prononcez appart à la parisienne. » (Not. de Marot.) Leur conduite le prouve suffisamment.

(604) *Car,* etc. Personne autre que leur amant ne recevoit leurs faveurs.

(605) *Toutesfois.* Cependant cette liaison amoureuse fut rompue.

(606) *Car celle.* Parce que celle qui n'avoit qu'un amant.

(607) *Et despart.* Et se sépare.

(608) *Et ayme.* Et aime mieux se donner à tous les hommes.

(609) *Qui les,* etc. Qui les porte à tenir une conduite pareille.

(610) *Sans l'honneur.* Sans vouloir manquer au respect qui est dû aux dames, je pense que c'est.

Autre chose n'y fault rymer;
Fors qu'on dit à Reins, et à Troys,
615 Voire à l'Isle, et sainct Omer,
Que six ouvriers font plus que troys.

HUIT. LIV.

Or ont les folz amans le bond,
Et les dames prins la vollée,
C'est le droit loyer qu'amours ont;
620 Toute foy y est violée,
Quelqu'est doulx baiser, n'acollée.
De chiens, d'oyseaulx, d'armes, d'amours,
Chascun le dit à la vollée,
Pour ung plaisir mille doulours.

---

(613) *Autre chose.* Il ne faut pas en chercher d'autre motif.

(614) *Fors.* Si ce n'est cependant qu'on dit à Reims et à Troye.

(615) *Voire.* Même, de même.

(617) *Or ont*, etc. Il arrive de là que les amans trop crédules ont le bond de la bâle, c'est-à-dire, le pire de l'amour. Tandis que les dames ont la volée, c'est-à-dire le plus agréable.

(619) *C'est.* C'est là ce qu'il faut attendre au service de l'amour.

(620) *Toute foy*, etc. Quelque doux que soient les baisers et les embrassemens, c'est-à-dire, quelque tendres qu'en soient les liens, cela n'empêche pas que la fidélité soit peu durable. Au lieu, de *quelque doux* qu'on trouve dans les *Mss.* et les *anc. éd.*, j'ai mis « quelqu'est doulx », *quelque* est évidemment une faute de copiste.

(622) *De chiens*, etc. Chacun le dit assez légèrement en fait de chiens, d'armes et d'amours pour un plaisir qu'on goûte, il faut s'attendre à mille douleurs.

DOUBLE BALLADE* V

CONTINUANT LE PREMIER PROPOS.

Ier.

625   Pour ce aymez tant que vous vouldrez,
       Suyvez assemblée et festes,
       En la fin jà mieulx n'en vauldrez,
       Et si n'y romprez que vos testes :
       Folles amours font les gens bestes :
630 Salmon, en Idolatrya ;
       Samson en perdit ses lunettes ;
       Bien heureux est qui rien n'y a.

II.

       Orpheus, le doux menestrier,
       Jouant de flustes et musettes,
635 En fut en dangier du meurtrier,
       Le chien Cerberus à troys testes ;

---

* Triple ballade. *Niv. Bo. Gd. et Ver.*
(625) *Pour ce*, etc. Aimez donc tant, etc.
(627) *En la fin.* Et après cela vous n'en voudrez pas davantage.
(628) *Et sy.* Et vous n'y perdrez que la raison.
(631) *Ses lunettes.* Ses yeux.
(632) *Qui rien n'y a.* Celui qui est entièrement libre d'amour.
(633) *Le doulx menestrier*, etc. Musicien habile. C'est la première fois que j'entends parler de la flûte et de la musette d'Orphée. La mythologie comme l'histoire sont assez maltraitées dans les poésies de Villon.
(635) *En danger.* Signifie au pouvoir, à la disposition.

Et Narcissus le bel honnestes,
En ung profond puys se noya
Pour l'amour de ses amourettes;
640 Bien heureux est qui rien n'y a.

III.

Sardana le preux Chevalier,
Qui conquist le regne de Crètes,
En voult devenir moulier
Et filer entre pucelletes;
645 David ly Roy, saige Prophètes,
Craincte de Dieu en oublya,
Voyant laver cuisses bien faictes :
Bien heureux est qui rien n'y a.

IV.

Ammon en voulst deshonnorer,

---

(637) *Bel honnestes.* Beau de figure et de bonne naissance. L'histoire de Narcisse est connue.

(639) *Pour l'amour,* etc. Etant amoureux de sa propre personne.

(641) *Sardana.* M. le Duchat pense que c'est Sardanapale, à qui Villon attribue faussement la conquête du royaume de Crète. C'est aussi l'avis de Ménage (Not. *Mss.* sur une éd. de Galiot-Dupré.) J'aimerois autant croire qu'il a voulu parler du fameux Saladin dont il défigure le nom, et à qui il attribue la conquête de Crète et la mollesse efféminée de Sardanapale.

(642) *Le règne.* Le royaume.

(643) *En voult.* Epris d'amour pour les femmes, il voulut s'assimiler à elles. J'ai mis *en* au lieu de *et*, qui est une faute.

(645) David devint amoureux de la femme d'Urie, en la voyant prendre un bain.

(649) Amnon, fils de David, épris d'amour pour sa sœur Thamar, feignit d'être malade, et demanda à son père que sa sœur vînt lui préparer elle-même de petites patisseries : ce qui lui fut accordé. Lorsqu'il se trouva seul avec elle, il la déshonora.

650 Feignant de manger tartelettes,
Sa sœur Thamar, et déflorer :
Qui fut incestes deshonnestes ;
Herodes, pas ne sont sornettes,
Sainct Jehan Baptiste en decolla ;
655 Pour dances, saultz et chansonnettes ;
Bien heureux est qui rien n'y a.

v.

De moy pauvre je veuil parler,
J'en fuz batu comme à ru telles ;
Tout nud, jà ne le quiers celer.
660 Qui me feit mascher ces groiselles,
Fors Katherine de Vauselles ?
Noë le tiers est qui fut là.
Mitaines à ces nopces telles :
Bien heureux est qui rien n'y a.

VI.

665   Mais que ce jeune Bachelier

---

(653) Hérodes fit décoller saint Jean-Baptiste sur la demande d'Hérodiade, dont la danse lui avoit plu.

(658) *J'en fuz*, etc. A cause de mes amours je fus battu comme la toile au ruisseau.

(659) *Jà ne*. Je ne cherche plus à le cacher.

(660) *Qui*, etc. A qui ai-je dû ce mauvais traitement.

(661) *Fors*. Si ce n'est à.

(662) *Noë le tiers est*. Noë, qui étoit là troisième, en fut témoin.

(663) *Mitaines*, etc. Retirons-nous de ces noces-là. Quand une noce bourgeoise se séparoit, les conviés mettoient leurs mitaines et se frappoient en disant « des noces vous souviengne. » (Le Duchat, note prise de Rabelais.)

(665) *Ce jeune bachelier*. Ce jeune homme.

Laissast ces jeunes Bachelettes ;
Non, et le deust on vif brusler
Comme ung chevaucheur déscovettes.
Plus doulces luy sont que civettes ;
670 Mais toutesfoys fol s'y fia ;
Soient blanches, soient brunettes,
Bien heureux est qui rien n'y a.

HUIT. LV.

Si celle que jadis servoye
De si bon cueur et loyaument,
675 Dont tant de maulx et griefz j'avoye,
Et souffroye tant de torment,
Se dit m'eust au commencement
Sa voulenté, mais nenny, las !
J'eusse mys peine, seurement,
680 De moy retraire de ses las.

---

(666) *Laissast*. Cessa de fréquenter ces jeunes filles.

(667) *Non*. Il n'en fera rien ; dût-on, etc.

(668) *Comme*. Le peuple croyoit que les sorciers se rendoient au sabbat sur un manche à balai.

(669) *Plus doulces*, etc. Elles sont pour lui plus agréables que les parfums les plus délicats.

(670) *Mais,* etc. Cependant bien fou est celui qui, etc.

(673) Vers que Marot dit avoir refait, et qu'on trouve dans le *Mss.* C. et les *anc. édit.*

(675) *Dont tant*, etc. Et qui me faisoit endurer.

(678) *Mais m'enny las* ! Mais elle ne me le disoit pas.

(679) *J'eusse,* etc. Je me serois occupé certainement à me tirer de ses filets.

HUIT. LVI.

Quoy que je luy voulsisse dire
Elle estoit preste d'escouter,
Sans m'accorder ne contredire.
Qui plus est, souffroit m'acouter,
685 Joignant elle, près s'accouter ;
Et ainsi m'alloit amusant,
Et me souffroit tout racompter,
Mais ce n'estoit qu'en m'abusant.

HUIT. LVII.

Abusé m'a, et faict entendre,
690 Tousjours d'ung que ce fust ung aultre ;
De farine, que ce fust cendre ;
D'ung mortier, ung chapeau de feautre ;
De viel machefer, que fust peaultre ;
D'ambesas, que ce fussent ternes.
695 Tousjours trompeur aultruy engeaultre,
Et rend vessies pour lanternes.

---

(684) *Qui plus*, etc. Bien plus elle me permettoit de m'asseoir à côté d'elle, disposée de son côté à s'asseoir auprès de moi.

(687) *Et me souffroit*. Elle me permettoit de tout dire.

(688) *Mais*, etc. Mais ce n'étoit que pour mieux me tromper ?

(689) *Abusé m'a*. Elle m'a trompé.

(692) *Mortier*. Bonnet, chapeau en drap.

(693) *Peaultre*. Etain fin. C'étoit aussi une espèce de fard (Le Duchat, Note). M. Lorrière avoit cru que *peaultre* étoit là pour *poultre* ou *poutre*, jeune jument. Ce qui, avec *Machefer*, ne présente aucun sens.

(695) *Engeaultre*. Trompe, séduit par ses discours.

(696) *Et rend*. Et fait passer des vessies pour des lanternes.

HUIT. LVIII.

Du ciel, une poille d'arain;
Des nues, une peau de veau;
Du matin, qu'estoit le serain;
700 D'un trongnon de chou, ung naveau:
D'orde cervoise, vin nouveau;
D'une tour, ung molin à vent;
Et d'une hart, ung escheveau;
D'un gras Abbé, ung poursuyvant.

HUIT. LIX.

705 Ainsi m'ont amours abusé,
Et pourmené de l'uys au pesle.
Je croy qu'homme n'est si rusé,
Fust fin comme argent de crepelle,
Qui n'y laissast linge et drapelle;
710 Mais qu'il fust ainsi manyé

---

(697) *Une poille.* Une tenture, un poële.

(698) *Des nues.* Que les nuages étoient des outres pleines d'eau.

(699) *Du matin.* Que le matin étoit le soir.

(701) *Orde cervoise.* Mauvaise, dégoûtante cervoise.

(703) *Et d'une hart.* Qu'une corde étoit un écheveau de fil.

(704) *Poursuivant* est ici un coureur de bénéfices, métier « qui n'engraisse pas. » (Not. de Formey.) —M. Formey est dans l'erreur, le poursuivant étoit un homme d'armes, un aspirant à la chevalerie. C'est en quoi consiste l'opposition dans ce vers.

(706) *De l'uys au pesle.* « De la porte au poile, et du poile à la porte, » sans souffrir que je me gèle, ni que je me réchauffe. »

(*Not.* de Le Duchat.)

(708) *Fust fin.* Fut-il aussi fin qu'argent de coupelle, argent épuré.

(709) *Qui n'y.* Qu'il ne laissât dans ses amours son linge et le dernier de ses habits.

(710) *Mais qu'il.* Pourvu qu'il fût travaillé comme, etc.

Comme moy, qui par tout m'appelle
L'amant remys et renyé.

HUIT. LX.

Je renye Amours et despite,
Je deffie à feu et à sang.
715 Mort par elles me précipite,
Et ne leur en chault pas d'ung blanc.
Ma vielle ay mys soubz le banc;
Amans je ne suyvray jamais;
Se jadis je fuz de leur ranc,
720 Je déclare que n'en suys mais.

HUIT. LXI.

Car j'ay mys le plumail au vent,
Or le suyve qui a attente;
De ce me tays dorénavant;

---

(712) *Remys et renyé.* Congédié et délaissé.

(713) *Je renye,* etc. Je renonce à l'amour, je le provoque et je veux le combattre à outrance.

(715) *Mort par.* Il est cause que la mort abrège mes jours.

(716) *Et ne leur,* etc. Et il ne s'en inquiète pas. Le blanc étoit une monnoie de peu de valeur.

(717) *Ma vielle.* J'ai déposé ma vielle sous le banc, parce que je ne veux plus en jouer.

(718) *Ne suyvray.* Je ne veux plus être de la confrérie des amans.

(720) *N'en suys mais.* Je n'en suis plus.

(721) *Car j'ay.* J'ai dépouillé l'uniforme, jeté le panache amoureux.

(722) *Qui a attente.* Qui en attend quelque satisfaction.

(723) *De ce.* Désormais je ne parlerai plus de ces choses là.

Car poursuyvre vueil mon entente.
725 Et s'aucun m'interrogue ou tente
Comment d'amours j'ose mesdire,
Ceste parolle les contente,
Qui meurt, à ses loix de tout dire.

HUIT. LXII.

Je cognoys approcher ma soef,
730 Je crache, blanc comme colton,
Jacobins aussi gros qu'ung œf.
Qu'est ce à dire? quoy? Jehanneton
Plus ne me tiens pour valeton;
Mais pour ung vieil usé roquart.
735 De vieil, porte voix et le ton,
Et ne suys q'ung jeune coquart.

HUIT. LXIII.

Dieu mercy et Jaques Thibault,

---

(724) *Car*, etc. Car je veux poursuivre mon dessein. J'ai corrigé *attente*, qui est évidemment une faute du copiste.

(725) *Et s'aucun*, etc. Et si quelqu'un désire savoir.

(728) *Qui meurt*. Celui qui va mourir a le droit de tout dire.

(729) *Je cognoys*. Je sens que le moment où j'aurai besoin de boire arrive.

(731) *Jacobins*. Flocons de glaire.

(733) *Plus ne*, etc. Ne me considère plus comme un jeune homme vigoureux.

(734) *Mais*, etc. Mais comme un vieillard usé.

(735) *De viel*. Et de fait j'ai la voix et le ton faible d'un vieillard.

(736) *Et ne suys*. Et cependant je ne suis qu'un jeune galant.

(737) « Jacques Thibault. » (V. *Mém.*, 1re part., n° 14.)

Qui tant d'eau froide m'a faict boyre :
En ung bas lieu, non pas en hault,
740 Manger d'angoisse mainte poire,
Enferré : qu'en j'en ay memoire,
Je pry pour luy... et reliqua :
Que Dieu luy doint... et voire, voire,
Ce que je pense... et cetera.

HUIT. LXIV.

745 Toutesfoys je n'y pense mal,
Pour luy et pour son lieutenant ;
Aussi pour son official,
Qui est plaisant et advenant,
Que faire n'ay du remenant ;
750 Mais du petit maistre Robert ?
Je les ayme tout d'ung tenant ;
Ainsi que faict Dieu le Lombart.

---

(739) *En ung bas lieu.* Dans une basse fosse. Les cachots où l'on mettoit les grands criminels étoient creusés en terre comme les caves.

(741) *Enferré.* Chargé de fers.

(743) *Voire, voire.* Oui, oui ; c'est le vœu de mon cœur.

(748) *Qui est plaisant.* Qui est si aimable et si gracieux.

(749) *Que faire,* etc. Qu'il est inutile de dire ses autres qualités. Ironie.

(750) *Mais,* etc. Mais du petit maître Robert, qu'en pensez-vous ?

(751) *Tout d'ung tenant.* Je les aime tous, sans exception, aussi tendrement que Dieu aime les usuriers. — Plusieurs banquiers juifs d'origine, lombards de nation, vinrent s'établir à Paris, dans la rue qui porte leur nom. Comme ils prêtoient à gros intérêts, le peuple donna le nom de lombards aux usuriers et prêteurs sur gages. (V. Brice, Descr. de Paris, t. 1, p. 513.)

HUIT. LXV.

Si me souvient bién, Dieu mercys,
Que je feis, à mon partement,
755 Certains lays, l'an cinquante six,
Qu'aucuns, sans mon consentement,
Voulurent nommer testament;
Leur plaisir fut, et non le myen :
Mais quoy? on dit communement,
760 Qu'un chascun n'est maistre du sien.

HUIT. LXVI.

Et s'ainsi estoit, qu'on n'eust pas
Receu les lays que je commande,
J'ordonne que, après mon trespas,
A mes hoirs on face demande.
765 Et qui sont ilz? si le demande :
Moreau, Provins, Robin, Turgis

---

(754) *A mon partement.* A mon départ de Paris.

(755) *Certains lays.* Quelques legs. (V. P. T., h. 1 et 8.)

(759) *Mais quoy?* Mais qu'y a-t-il de surprenant.

(762) *Les lays,* etc. Les legs que je fais.

(764) *A mes hoirs.* Qu'on les réclame de mes héritiers.

(765) *Si le demande.* Puisque vous désirez les connoitre. — J'ai ajouté *et* à ce vers tiré du *Mss. C.*(V. Leç. div.)

(766) *Moreau, Provins,* etc. Je vous dirai que Moreau, etc., par disposition testamentaire, que je leur communique, ont eu jusqu'au lit où je couche. Il couchoit par terre.

MM. Le Duchat et Formey ont pris ces quatre légataires pour des cabaretiers. C'est inadvertance de leur part. (V. h. 88 et 93.)

De moy, dictez que je leur mande,
Ont eu jusqu'au lict ou je gys.

HUIT. LXVII.

Pour le revoquer ne le dy,
770 Et y courust toute ma terre,
De pitié ne suys refroidy,
Envers le bastard de la Barre ;
Parmy ses troys gluyons de farre,
Je luy donne mes vieilles nattes,
775 Bonnes seront pour tenir serre,
Et soy soustenir sur ses pattes.

HUIT. LXVIII.

Somme, plus ne diray q'ung mot ;
Car commencer vueil à tester.
Devant mon clerc Fremin, qui m'ot,
780 S'il ne dort, je vueil protester,
Que n'entends homme détester,
En ceste presente ordonnance ;

---

(769) *Pour*, etc. Ce n'est pas pour révoquer les legs que je lui ai déjà faits que je nomme ici le bastard de la Barre.

(773) *Parmy*. Avec les trois poignées de paille qu'il a déjà reçues, je lui donne, etc. — Autrefois on fesoit des pantoufles en paille tressée : on les appeloit nattes.

(775) *Tenir serre*. A couvrir ses ongles, ses pieds.

(776) *Et soy*. Et l'aider à se tenir debout.

(777) *Somme*. Bref je ne dirai plus.

(779) *Qui m'ot*. Qui m'entend.

(780) *Je vueil protester*. Je veux déclarer.

(781) *Que n'entends*. Que mon dessein est de ne, etc.

(782) *En*. Dans le présent testament.

Et ne la vueil manifester,
Si non au Royaulme de France.

HUIT. LXIX.

785 Je sens mon cueur qui s'affoiblist
Et plus je ne puys papier :
Fremin, siez toy près de mon lict ;
Que l'on ne me viegne espier.
Prens tost encre, plume et papier ;
790 Ce que nomme, escryz vistement,
Puys fais le par tout copier,
Et vecy le commancement.

ICY COMMANCE

VILLON A TESTER.

HUIT. LXX.

Au nom de Dieu père éternel,
Et du filz que vierge parit,

---

(783) *Et ne.* Et je veux qu'il ne soit connu que, etc.
(786) *Papier.* Parler.
(788) *Que l'on.* Empêche qu'on ne vienne écouter.
(789) *Prens tost.* Hâte-toi de prendre.
(790) *Ce que.* Écris promptement ce que je dicte.
(794) *Que Vierge parit.* Que la Vierge Marie enfanta.

795 Dieu au père coéternel,
　　Ensemble et du sainct Espérit,
　　Qui saulva ce qu'Adam périt;
　　Et du péry pare les Cieulx.
　　Qui bien ce croyt, peu ne mérit;
800 Gens mortz furent faictz petiz Dieux.

HUIT. LXXI.

　　Mortz estoient, et corps et ames
　　En damnée perdition;
　　Corps pourriz, et ames en flammes
　　De quelconque condition;
805 Toutesfoys fais exception
　　Des patriarches et prophètes;
　　Car, selon ma conception,
　　Oncques n'eurent grand chault aux fesses.

---

(797) *Perit.* Perdit.

(798) *Et du péry.* Et des hommes damnés par le péché d'Adam, orne, décore les cieux.

(799) *Qui bien.* Celui qui croit fermement ces choses, mérite beaucoup.

(800) *Gens mortz.* Oui, des hommes qui étoient morts, furent, par Jésus-Christ, placés au nombre des saints.

(801) *Estoient.* De trois syllabes.

(802) *En damnée.* Et ils étoient damnés.

(804) *De quelconque.* Quel que fût leur rang.

(805) *Toutes fois.* Je dois cependant faire une exception en faveur des, etc.

(807) *Car, selon,* etc. Car, selon ma manière de voir, ils ne furent jamais brûlés par le feu de l'enfer.

Dans ces vers et dans les suivans, Villon se moque de ces théolo-

HUIT. LXXII.

  Qui me diroit, qui te faict mectre
810 Si très-avant ceste parolle,
  Qui n'es en Théologie maistre ;
  A toy est présumption folle :
  C'est de JÉSUS la parabolle,
  Touchan tdu riche ensevely
815 En feu, non pas en couche molle,
  Et du Ladre de dessus ly.

HUIT. LXXIII.

  Si du Ladre eust veu le doy ardre
  Jà n'en eust requis refrigère,
  N'aubout d'icelluy doiz aherdre
820 Pour refreschir sa maschouëre.

---

giens ignorans, qui croyoient, qu'avant la mort de Jésus-Christ, tous les hommes, sans exception, étoient condamnés au feu de l'enfer; et que c'est de là qu'il délivra les âmes des justes avant sa résurrection.

(809) *Qui.* Si quelqu'un me disoit quel est le motif qui te porte à avancer cette opinion, toi qui n'est pas docteur en théologie.

(8 2) *A toy.* De ta part, c'est folle présomption.

(813) *C'est*, etc. Je répondrois : c'est la parabole du riche et du Lazare, racontée par Jésus-Christ lui-même.

(816) *De dessus ly.* Qui étoit au-dessus et non pas au-dessous, comme portent l'édition Marot et les autres. Le ciel est toujours figuré en haut dans l'ecriture, et l'enfer en bas.

(817) *Se du.* Si le mauvais riche avoit vu brûler le doigt du Lazare.—Ce que dit ici Villon est très-sensé.

(818) *Jà n'en.* Il ne se seroit pas adressé à lui pour être soulagé.

(819) *N'aubout.* Il n'auroit pas demandé qu'il apportât au bout de son doigt une goutte d'eau.

(820) *Pour.* Pour lui rafraîchir la bouche.

Pions y feront mate chère
Qui boyvent pourpoinct et chemise,
Puys que boyture y est si chère.
Dieu nous garde de la main mise.

HUIT. LXXIV.*

825 Ou nom de Dieu, comme j'ay dit,
Et de sa glorieuse mère,
Sans peché soit parfaict ce dict
Par moy, plus maigre que chimère,
Si je n'ay eu fièvre effimère
830 Ce m'a faict divine clémence ;
Mais d'autre dueil, et perte amère,
Je m'en tays et ainsi commence :

HUIT. LXXV.

Premier donne de ma pauvre ame
La glorieuse Trinité ;

---

(821) *Pyons.* Buveurs feront là bien pauvre mine.
(822) *Qui.* Eux qui vendent pour boire.
(823) *Puysque.* Puisque la boisson y est si chère.
(824) *Dieu.* Dieu nous garde d'y être pris.
* Cy commence le testament. (*Gd. niv. et Bo.*)
(827) *Soit parfaict.* Soit commencé et terminé ce testament.
(829) *Se je n'ay eu,* etc. Si je n'ai jamais été malade, je dois cela à la bonté de Dieu.
(831) *Mais,* etc. Pour ce qui est des autres misères.
(832) *Je.* Je n'en dis mot. J'ai eu ma bonne part.
(833) *Premier.* Premièrement je gratifie de mon âme.

835 Et la commande à Nostre Dáme,
　　Chambre de la divinité;
　　Priant toute la charité,
　　Des dignes neuf ordres des cieulx,
　　Que par eulx soit ce don porté,
840 Devant le trosne précieux.

HUIT. LXXVI.

　　Item mon corps j'ordonne et laisse
　　A notre grand' mere la terre,
　　Les vers n'y trouveront grand' gresse,
　　Trop luy a faict fain dure guerre,
845 Or luy soit délivré grand erre :
　　De terre vint, en terre tourne.
　　Toute chose, se par trop n'erre,
　　Voulontiers en son lieu retourne.

HUIT. LXXVII.

　　Item et à mon plusque père
850 Maistre Guillaume de Villon,

---

(835) *Et la.* Et je la recommande à Marie.
(836) *Chambre.* Qui a porté dans son sein la Divinité.
(837) *Priant.* Priant toute la hiérarchie angélique.
(839) *Que par.* Que mon âme soit présentée par eux.
(845) *Or luy*, etc. Qu'on lui laisse le chemin libre.
(847) *Toute.* Chaque chose, si je ne me trompe.

(849) *Item.* Item et à celui qui a plus fait pour moi que mon propre père. M. le Duchat a eu tort de penser qu'il s'agissoit ici du père de Villon.

Qui m'a esté plus doulx que mère :
D'enfant eslevé de maillon.
Qui m'a mys hors de maint boillon,
Et de cestuy pas ne sésjoye ;
855 Si luy requiers à genoillon,
Qu'il m'en laisse toute la joye.

HUIT. LXXVIII.

Je luy donne ma librairie,
Et le Rommant du Pet au Diable ;
Le quel maistre Guy Tablerie
860 Grossoya, qu'est hom veritable,
Par cayers est soubz une table.

―――――

(851) *Qui.* Qui a été pour moi plus soigneux que ne l'est pour son enfant la mère qui le nourrit.

(853) *Qui m'a.* Qui m'a tiré de plusieurs affaires dangereuses. *Le boullon ou bouillon* est l'endroit de la rivière où l'eau forme un tournant.

(854) *Et de.* Et qui est affligé de mon exil.

(855) *Si luy.* Je le prie à deux genoux.

(857) *Ma librairie.* Ma bibliothèque.

(858) Je n'ai pu savoir ce que c'étoit que ce roman. (V. *Mém.*, 1re p.) Mais il est certain qu'il n'a pas été composé par Villon, comme l'ont cru M. le Duchat et autres.

Il existoit sur les remparts de Paris, faits sous Philippe-Auguste, une tour qui étoit appelée « la tour du Pet-au-Diable. » Elle étoit près du cloître Saint-Jean. Le « romau du Pet-au-Diable » pourroit fort bien n'être autre chose que l'histoire de cette tour à laquelle le peuple assignoit, sans doute, une origine qui avoit quelques rapports avec son nom.

(860) *Grossoya.* Composa. — *Hom véritable.* Ecrivain véridique.

Combien qu'il soit rudement faict,
La matiere est si très notable
Qu'elle amende tout le meffaict.

HUIT. LXXIX.

865   Item, donne à ma bonne mère
Pour saluer nostre maistresse,
Qui pour moy eut douleur amère,
Dieu le sçait, et mainte tristesse;
Autre chastel, ou forteresse
870 N'ay ou retraire corps et ame,
Quand sur moy court male destresse :
Ne ma mère la poure femme.

---

(862) *Rudement faict.* Pesamment écrit.

(863) *La matiére.* Le sujet est si intéressant qu'on passe sur ses vices de forme.

(865) *Item donne.* Je donne la ballade suivante à, etc.

(866) *Pour saluer.* Pour honorer Marie, notre souveraine, que j'ai souvent attristée.

(869) *Autre chastel.* Je n'ai pas d'autre refuge que Marie, dans les dangers les plus pressans.

BALLADE VI.

QUE VILLON FEIT A LA REQUESTE DE SA MÈRE,
POUR PRIER NOSTRE-DAME.

I.

Dame des Cieulx, régente terrienne,
Empérière des infernaulx palux,
875 Recevez moy, vostre humble Chrestienne,
Que comprinse soye entre voz Esleuz,
Ce non obstant qu'onques rien ne valuz.
Les biens de vous, ma dame et ma maistresse,
Sont trop plus grans que ne suis pécheresse;
880 Sans lesquelz biens ame ne peult mérir,
N'entrer es cieulx, je n'en suis menterresse,
En ceste foy je vueil vivre et mourir.

---

(873) *Dame*, etc. Reine des cieux, vous qui gouvernez sur la terre, et donnez des ordres aux enfers.

(876) *Que comprinse.* Mettez-moi au nombre de ceux dont vous assurez le salut.

(878) *Les biens*, etc. Les faveurs que vous pouvez accorder sont infiniment au-dessus de mes iniquités.

(880) *Sans lesquelz.* Faveurs sans lesquelles personne ne peut mériter les grâces de Jésus-Christ votre fils, ni entrer, etc.

(881) *Je n'en suis.* Je ne mens pas.

II.

A vostre filz dictes que je suis sienne,
De luy soient mes péchez aboluz ;
885 Qu'il me pardonne comme à l'Egyptienne,
Ou comme il feit au clerc Théophilus,
Lequel par vous fut quitte et absoluz,
Combien qu'il eust au diable faict promesse :
Preservez moy, que point je ne face ce
890 Vierge portant, sans rompure encourir,
Le sacrement qu'on celèbre à la messe ;
En ceste foy je vueil vivre et mourir.

III.

Femme je suis povrette et ancienne,
Ne riens ne sçay : oncques lettre ne leuz
895 Au monstier voy, dont suis parroissienne,
Paradis painct, ou sont harpes et luz,

---

(884) *De luy.* Qu'il m'accorde la rémission de mes péchés.

(885) *Égyptienne.* Quadrissyllabe. Sainte Marie l'Égyptienne. (V. *VV. des PP. du désert.*)

(886) *Théophilus.* Voyez le *Miracle Théophilus* dans G. de Coinsi.— Rutebeuf en a fait une moralité.

(890) *Rompure.* Sans perdre votre virginité.

(891) *Le Sacrement.* Jésus-Christ, qui se rend présent dans l'hostie durant la messe. « Expression singulière, dit M. Formey, selon la- » quelle la Vierge n'auroit mis au monde que les apparences d'une » oublie. » Cette réflexion me paroît plus singulière que ne l'est l'expression du poëte.

(895) *Au monstier voy.* Je vois dans l'église de ma paroisse.

Et ung enfer, ou damnez sont boulluz.
L'ung me faict paour, l'autre joye et liesse.
La joye avoir faictz moy, haulte déesse,
900 A qui pécheurs doivent tous recourir
Comblez de foy, sans faincte ne paresse,
En ceste foy je vueil vivre et mourir.

ENVOI.

Vous portastes, vierge digne princesse,
Jésus régnant, qui n'a ne fin, ne cesse.
905 Le tout puissant, prenant nostre foiblesse,
Laissa les cieulx, et nous vint secourir;
Offrist à mort sa très chère jeunesse;
Nostre Seigneur tel est, tel le confesse;
En ceste foy je vueil vivre et mourir.

HUIT. LXXX.

910   Item m'amour, ma chère Rose,
Ne luy laisse ne cueur, ne foye,

---

(897) *Boulluz.* Bouillis pour brûlez.

(899) *La joye.* Fait que j'obtienne celui qui fait ma joie. *Haulte déesse.* Reine puissante.

(900) *A qui.* Que tous les pécheurs doivent se hâter d'invoquer avec une foi vive et sincère.

(904) *Qui n'a,* etc. Dont le règne comprend tout et durera toujours.

(910) Ce vers, conforme au *Mss.* et à *Niv.*, est un de ceux que Marot dit avoir refait. *M'amour.* Mon amie.

(911) *Ne luy.* Ni mes affections, ni mon aversion.

Elle aymeroit mieulx autre chose,
Combien qu'elle ait assez monnoye.
Quoy? une grande bourse de soye,
915 Pleine d'escuz, profonde et large :
Mais pendu soit il, que je soye
Qui luy lairra escu, ne targe.

HUIT. LXXXI.

Car elle en a, sans moy, assez :
Mais de cela il ne m'en chault;
920 Mes grans déduictz en sont passez ;
Plus n'en ay le cropion chault.
Je m'en desmetz aux hoirs Michaul,
Qui fut nommé le bon fouterre.
Priez pour luy, faictes ung sault,
925 A sainct Satur gist soubz Sancerre.

HUIT. LXXXII.

Ce non obstant pour m'acquitter
Envers amours, plus qu'envers elle;

---

(916) *Mais pendu*, etc. Mais que celui-là soit pendu qui lui laissera un écu ou un targe; que je le sois moi-même si je fais cette folie.— *Targe*. Laurière rend ce mot par boucher quarré. L'interprétation est vicieuse. La targe étoit aussi une monnoie de peu de valeur.

(919) *Il ne m'en chault*. Peu m'importe.

(920) *Mes grans*, etc. Mes grands plaisirs avec elle sont passés.

(922) *Je m'en*, etc. Je laisse le soin de la cultiver aux héritiers de Michault qu'on surnomma à cause de son amour pour les femmes, etc. (V. h. 125.)

(925) Saint-Satur est un gros village sous Santerre.

(926) *Ce non obstant*. Cependant voulant m'acquitter.

  Car oncques ny peu acquester
  D'espoir une seule estincelle ;
930 Ne sçay s'à tous est si rebelle
  Qu'à moy, ce ne m'est grand esmoy,
  Mais par saincte Marie la belle !
  Je n'y voy que rire pour moy.

HUIT. LXXXIII.

  Ceste Ballade luy envoye
935 Qui se finist toute par *re*
  Qui la portera ? que j'y voye ;
  Ce sera Pernet de la Barre,
  Pourveu, s'il rencontre en son erre
  Ma damoyselle au nez tortu,
940 Il luy dira, sans plus enquerre
  Orde paillarde d'ou viens tu ?

---

(928) Ici commence une phrase incidente qui dure jusqu'au premier vers du huitain suivant. *Car oncques.* Car jamais je ne pus obtenir d'elle.

(931) *Ce ne m'est,* etc. Cela m'inquiète fort peu.

(933) *Je n'y.* Dans la conduite qu'elle tient envers moi je ne vois rien qui puisse me faire sourire.

(935) *Qui se,* etc. Dont chaque vers est terminé par la lettre R.

(936) *Que je y vois.* Désignons celui qui la lui portera.

(937) *Pernet.* Perrinet. (V. les h. 67 et 98, et *P. T.* h. 23.)

(938) *En son erre.* En son chemin.

(940) *Sans plus.* Sans lui demander d'où elle sort, il pourra hardiment lui dire : Sale, etc.

BALLADE VII.

DE VILLON A S'AMYE.

I. VILLON.*

Faulse beaulté qui tant me couste cher;
Rude en effect, hypocrite doulceur;
Amour dure plus que fer à mascher;
945 Nommer que puis de ma deffaçon seur;
Cherme félon, la mort d'ung povre cueur,
Orgueil mussé, qui gens met au mourir;
Yeulx sans pitié ne veult droict de rigueur,
Sans empirer, ung povre secourir?

II. BEAULTÉ D'AMOURS.*

950   Mieulx m'eust valu avoir esté chercher

---

* Dans les *an. ed.* Ce 1er huit. est précédé du titre, *Villon*; comme le second l'est du titre, *Beaulté d'amours*.

(943) *Rude en*, etc. Sévère dans ta conduite envers moi.

(944) *Amour dure*. Plus dure dans les amours que le fer ne l'est à mâcher.

(945) *Nommer*. Toi que je puis désigner comme l'auteur certain de ma mort.

(946) *Cherme*. Charmes trompeurs.

(947) *Orgueil mussé*. Toi, qui par une vanité dissimulée, etc.

(948) *Ne veult*, etc. La loi qui te permet d'être rigoureuse, ne t'ordonne-t-elle pas de soulager un malheureux amant, avant que son état soit désespéré.

* Ce titre annonce que c'est la bonne amie de Villon qui parle.

Ailleurs secours, c'eust esté mon honneur,
Rien ne m'eust sceu de ce lors harier :
Certes n'en fusse fuyte à deshonneur.
Haro, haro, le grand, et le mineur,
955 Et qu'est cecy ? mourray sans coup ferir ?
Ou pitié veult, selon ceste teneur,
Sans empirer, ung povre secourir ?

III. *

Ung temps viendra, qui fera desseicher,
Jaulnir, flestrir, vostre espanie fleur,
960 Je m'en risse, se tant peusse mâcher,
Mais nenny : lors ce seroit donc foleur :

---

(951) *C'eust esté.* C'eût été plus honorable pour moi de chercher ailleurs quelqu'un qui répondît à mes feux.

(952) *Rien ne m'eust.* Personne alors n'auroit blâmé mes amours.

(953) *Certes.* Je n'aurois pas été forcée de quitter mon amant avec deshonneur.

(954) *Haro.* A mon secours, grands et petits. M. le Duchat explique ainsi ce vers : « Aux armes, aux armes le ban et l'arrière-ban, de » l'allemand *heer*, ost, armée ; *haro le grand,* l'ost du prince ; *haro le* » *mineur,* la harelle ou le peuple en armes. » Cette interprétation me paroît trop savante.

(955) *Et qu'est.* Hé quoi donc ! faudra-t-il mourir sans lutter amou- reusement ?

(956) *Ou pitié,* etc. Ou la pitié me commanderoit-elle, ainsi que tu l'as dit, de soulager un malheureux amant, etc.

* La parole revient à Villon.

(959) *Espanie fleur.* Votre beauté aujourd'hui dans tout son éclat.

(960) *Je m'en,* etc. Je m'en réjouirois si en ce temps-là j'avois le même goût pour les plaisirs de l'amour et la même vigueur.

(661) *Mais nenny.* Mais il n'en sera pas ainsi. Il y auroit donc de la folie à désirer ce temps.

Vieil je seray, vous laide, et sans couleur,
Or beuvez fort, tant que ru peult courir,
Ne reffusez, chassant cette douleur,
965 Sans empirer ung povre secourir.

ENVOI.

Prince amoureux, des amans le greigneur,
Vostre malgré ne vouldroye encourir,
Mais tout franc cueur doit, par nostre Seigneur,
Sans empirer, ung povre secourir.

HUIT. LXXXIV.

970 Item à maistre Ythier marchant,
Auquel, mon branc laissay jadis
Donne, mais qu'il le mette en chant,
Ce lay, contenant des vers dix;
Avecques ung *Deprofundis*
975 Pour ses anciennes amours;

---

(962) *Vieil je seray*. Car je serai vieux lorsque vous serez laide.

(963) *Or beuvez*, etc. Buvez donc largement tandis que le ruisseau coule encore.

(964) *Ne reffusez*. Ne refusez pas en attisant mes feux de, etc.

(966) *Le greigneur*. Le plus parfait, c'est la bonne amie qui parle.

(970) *Ythier*. (V. Pet. T. h. 11.)

(972) *Mais qu'il*. A condition qu'elle, etc.

(973) *Ce lay*. On donnoit le nom de *lay* aux poésies de sentiment.

Desquelles le nom je ne dis;
Car il me herroit à tousjours.

LAY OU PLUSTOST RONDEAU.

I.

Mort, j'appelle de ta rigueur,
Qui m'as ma maistresse ravie,
980 Et n'es pas encore assouvie,
Se tu ne me tiens en langueur.
Depuis n'eu force, ne vigueur;
Mais que te nuysoit elle en vie?
Mort.

II.

Deux estions, et n'avions q'ung cueur,
985 S'il est mort, force est que devie;
Voire, ou que je vive sans vie,
Comme les images par cueur.
Mort.

---

(976) *Desquelles.* Lesquelles amours je ne fais pas connoître.
(977) *Herroit.* Il me détesteroit pour toujours.
(982) *Depuis.* Depuis qu'elle est morte.
(985) *Force est.* Il faut que je cesse de vivre.
(987) *Par cueur.* Vivre par cœur, c'est vivre sans prendre de nourriture.

HUIT. LXXXV.

    Item à maistre Jehan Cornu,
    Autres nouveaux lays je veulx faire,
990 Car il m'a tousjours subvenu,
    A mon grand besoing et affaire :
    Pource, le jardin luy transfère
    Que maistre Pierre Bourguignon
    Me renta, en faisant refaire
995 L'huys et redrecier le pignon.

HUIT. LXXXVI.

    Par faulte d'ung huys j'y perdis
    Ung grez, et ung manche de hoüe.
    Alors huyt faulcons, non pas dix,
    N'y eussent pas prins une alloüe.
1000 L'hostel est seur, mais qu'on le cloüe.
    Pour enseigne y mis ung havet;

---

(988) *Cornu.* (V. P. T. h. 11.) —Vers que Marot dit avoir refait. Il est dans le *Mssc.* et les *anc. édit.*

(990) *Subvenu.* Venu à mon aide, à mon secours.

(994) *Me renta.* Me céda moyennant une rente.—*En faisant.* Je le lui transfère à condition qu'il fera, etc.

(996) *Par faulte.* A défaut de porte.

(997) *Ung grez.* Une pierre à aiguiser.

(998) *Alors*, etc. Alors je ne dis pas dix faucons; mais huit n'y eussent pas pris une alouette.

(1000) *L'hostel.* Le bâtiment qui fait partie de ce jardin est un lieu sûr, pourvu toutefois qu'on en cloue les portes.

(1001) *Ung havet.* Un croc.

Qui que l'ait prins, point ne l'en loüe :
Sanglante nuict, et bas chevet.

HUIT. LXXXVII. *

Item et pource que la femme
1005 De maistre Pierre Sainct Amant,
Combien si coulpe y a, ou blasme
Dieu luy pardonne doulcement,
Me meist enreng de caymant
Pour le cheval blanc qui ne bouge,
1010 Je luy delaisse une jument,
Et pour la mulle, ung asne rouge.

HUIT. LXXXVIII.

Item donne à Sire Denys
Hesselin, Esleu de Paris
Quatorze muys de vin d'Aulnis

(1002) *Qui que.* Qui que ce soit qui l'ait pris, je lui déclare que je ne l'en félicite pas.

(1003) *Sanglante.* A celui-là je souhaite d'être rompu et couché sur la reue.

* Ce huitain manque dans *gd. niv. ver. bo.* et *an.*

(1005) *Saint-Amant.* (V. P. T. h. 12.)

(1006) *Combien*, etc. Quoique je désire que Dieu lui pardonne, si en cela l'a offensé.

(1008) *Me meist.* Me traita comme un mendiant, un vagabond.

(1009) *Pour.* Au lieu *du*, etc. (V. P. T. h. 12.)

(1013) *Esleu.* Elu sur le fait des aides à Paris, pannetier du roi (V. *Chr. Scand.*) qui lui donne encore le titre de « conseiller, maistre d'ostel du roy. »

Le roi fut parrain d'une fille qu'il eut en 1466. (*Ib.*)

(1014) *D'Aulnis.* De l'Aunis, qui étoit une partie de la Saintonge.

1015 Prins chez Turgis, à mes périlz.
S'il en beuvoit, tant que périz
En fust son sens, et sa raison,
Qu'on mette de l'eau es barrilz;
Vin perd mainte bonne maison.

HUIT. LXXXIX.

1020 Item donne à mon advocat,
Maistre Guillaume Charruau,
Quoy qu'il marchande, ou ait estat,
Mon branc; je me tays du fourreau.
Il aura avec ce ung Réau
1025 En change, affin que sa bourse enfle,
Prins sur la chaussée et carreau
De la grand closture du Temple.

(1015) *Turgis.* (V. h. 66 et 93.) *A mes périlz.* Sur mon compte.

(1016) *S'il en beuvoit*, etc. S'il en buvoit jusqu'à perdre la raison.

(1018) *Qu'on mette*, etc. J'ordonne en ce cas que l'on mette de l'eau dans les tonneaux, afin qu'il ne le boive pas pur.

(1022) *Quoique.* Quoiqu'il soit marchand de profession.

(1023) *Je me tays.* Je ne lui donne pas le fourreau.

(1024) *Il aura*, etc. S'il veut l'échanger pour de l'argent, les changeurs lui donneront un réau. Le réau ou royal étoit une monnoie du temps.

(1026) *Prins*, etc. A prendre; à lever sur, etc.

Les rois de France, depuis Philippe-le-Bel, donnoient des pensions sur les produits de la clôture du Temple. Villon dit qu'en échange de son bran, on donnera un réau à prendre sur le produit du chemin qui conduit à la clôture du Temple. M. le Duchat n'a rien compris à ces deux vers; voici sa note: « Le point étoit que, « supposé que quelqu'un y eût laissé tomber un réau d'or, un autre « ne l'eût pas déjà amassé. »

HUIT. XC.

Item mon Procureur Fournier,
Aura pour toutes ses corvées,
1030 Simple seroit de l'espargner,
En ma bourse quatre havées,
Car maintes causes m'a saulvées,
Justes ainsi, JÉSUS-CHRIST m'ayde,
Comme elles ont été trouvées ;
1035 Mais bon droit à bon mestier d'ayde.

HUIT. XCI.

Item je donne à maistre Jaques
Raguier, le grant godet de grève,
Pourveu qu'il payra quatre plaques ;
Deust il vendre, quoy qu'il luy griefve,
1040 Ce dont on ceuvre mol et grève :

(1030) *Simple*. Il y auroit de la simplicité à économiser mes fonds. Réflexion du poëte.

(1031) *Quatre havées*. Quatre poignées. MM. Laurière et le Duchat disent que la havée étoit un droit sur les blés et les fruits. Leur note n'explique rien. Havée ici signifie quantité renfermée dans la main ; en termes communs *poignée*.

(1035) *Bon mestier*. Bon besoin.

(1037) *Godet*. Vase à mesurer le vin. *De greve*. En grez.

(1038) *Plaque*. Monnoie fabriquée sous Charles VII, à l'imitation des Pays-Bas. Elle étoit communément d'argent fin. Mais M. le Blanc (*Tr. des monn.*) dit en avoir trouvé quelques-unes en billon, qui pouvoient valoir au-dessous de 5 deniers de loi ; celles de Flandres avoient cours pour 15 deniers.

(1039) *Quoy qu'il*. Quoiqu'il puisse en souffrir ensuite.

(1040) *Ce dont*. L'habit qui couvre *mol* le mollet, et *grève* et le devant de la jambe.

Aller, nues jambes, en chappin,
Tous les matins quant il se liève,
Au trou de la pomme de pin.

HUIT. XCII.

Item quant est de Mairebeuf,
1045 Et de Nicolas de Louviers,
Vache ne leur donne ne beuf,
Car vachers ne sont, ne bouviers,
Mais gens à porter esperviers;
Ne cuidez pas que je vous joüe,
1050 Et pour prendre perdriz, pluviers
Sans faillir, chés la Maschecroüe.

HUIT. XCIII.

Item vienne Robert Turgis
A moy, je luy payray son vin.
Mais quoy? s'il trouve mon logis

(1041) *Aller.* Et aller ainsi, jambes nues et les pieds chaussés de mauvais souliers.

(1043) *Au trou.* Au cabaret qui a pour enseigne la pomme du pin.

(1044) (V. P. et Test. *h.* 54.)

(1048) *Mais gens.* Une des prérogatives de la noblesse, étoit le droit d'aller chasser avec l'épervier sur le point.

(1049) *Ne cuidez.* N'allez pas croire que je plaisante.

(1050) *Et pour.* Ils sont bons pour prendre.

(1051) *Sans.* Sans manquer leur coup. — *Mâchecroue* ou *mâche-crue*, étoit vraisemblablement le nom d'une rôtisseuse : peut-être d'une femme qui donnoit à manger.

(1052) *Turgis.* Il est appelé Robin Turgis (*h.* 66.)

(1053) *Je luy.* Je lui paierai le vin que j'ai fait prendre chez lui. (V. *h.* 88.)

1055 Plus fort sera que le devin.
Le droit luy donne d'eschevin
Que j'ay comme enfant de Paris;
Se je parle ung peu poictevin,
Ice deux dames m'ont appris.

HUIT. XCIV.*

1060   Filles sont très belles et gentes,
Demourantes à sainct Genou
Pres sainct Julian des voventes,
Marches de Bretaigne ou Poictou;
Mais je ne dy proprement où;
1065 Or y pensez trestous les jours;
Car je ne suis mie si fou,
Je pense celer mes amours.

HUIT. XCV.

    Item à Jehan Raguier je donne
Qui est sergent, voire des douze,
1070 Tant qu'il vivra, ainsi l'ordonne,

(1055) *Plus fort.* Il sera plus habile que le devin.

(1059) *Ice.* Deux dames me l'ont appris.

* Ce huitain se lie par le sens avec les deux derniers vers du précédent.

(1063) *Marches.* Limites, confins de, etc.

(1064) *Mais je.* Je ne dirai pas positivement où elles sont.

(1065) *Or.* Si vous voulez le deviner pensez-y tous les jours.

(1069) *Voire des douze.* Même des douze. Douze sergens étoient particulièrement attachés au prévôt de Paris, et lui tenoient lieu de garde. Lobineau. (*Hist. de P.*, t. I, p. 437.) Je n'ai rien compris à la note de Laurière.

(1070) *Tant qu'il.* On lui donnera aussi long-temps qu'il......

Tous les jours une talemouze.
Pour bouter et fourrer sa mouse
Prinse à la table de Bailly,
A Maubuay sa gorge arrouse,
1075 Car à manger n'a pas failly.

HUIT. XCVI.

Item donne au prince des sotz,
Pour ung bon sot, Michault du Four,
Qui à la fois dit de bons motz,
Et chante bien, ma doulce amour :
1080 Avec ce, il aura le bon jour.
Brief, mais qu'il fust ung peu en poinct
Il est ung droit sot de séjour,
Et est plaisant, ou ne l'est point.

(1071) *Talemouse.* Pour talmouse. C'étoit une pâtisserie faite avec des œufs, du beurre et du fromage.

(1072) *Pour.* Pour passer la bonne mine qu'il a prise à la table, etc.

(1074) *A Maubuay.* Qu'il aille boire à la fontaine de Maubay. Cette fontaine étoit rue Saint-Denis.

(1075) *Car.* Car il a su manger copieusement.

(1076) *Prince des sotz.* Au chef de la bande des comédiens.

(1077) *Pour.* Pour un bon bouffon.

Qui à la fois. Qui a le double mérite de dire de bons mots et de bien chanter ma douce amour.

(1080) *Avec ce.* En outre de ce il aura un bonjour de ma part.

(1081) *Brief mais,* etc. En un mot si Michault du four étoit un peu exercé.

(1082) *Il est.* Il seroit bon à remplir auprès de quelqu'un la place de fou. M. le Duchat : « Bouffon à charge à lui-même et aux autres. »

(1083) *Et est.* Et il seroit amusant ou ne le seroit point, c'est-à-dire, ou bien il seroit insupportable.

HUIT. XCVII.

  Item aux unze vingtz Sergens;
1085 Donne, car leur faict est honneste,
  Et sont bonnes et doulces gens,
  Denis Richier, et Jehan Vallette;
  A chascun une grand cornette
  Pour pendre à leurs chappeaulx de feautres;
1090 J'entendz à ceulx de pied hobecte !
  Car je n'ay que faire des autres.

HUIT. XCIII.

  De rechef, donne à Périnet,
  J'entendz le bastard de la Barre,
  Pour ce qu'il est beau fils et net,
1095 En son escu, en lieu de barre,
  Trois detz plombez, de bonne carre,
  Ou ung beau joly jeu de cartes.

(1088) *A chascun.* Je leur donne encore une cornette à chacun pour attacher, etc.

(1090) *J'entends.* C'est aux sergens à pieds, entendez-vous? que je fais ce dernier legs.

(1091) *Car je n'ay.* Car je m'intéresse fort peu aux autres.

(1094) *Beau filz et net.* Honnête garçon et sans reproche. (V. h. 83 et 67 et P. T. h. 23.)

(1095) *En son escu.* Sur son écusson, au lieu d'une barre, comme portent les bâtards.

(1096) *Trois.* Trois dez pipés de belle grandeur.

Mais quoy? s'on l'oyt vessir ne poirre,
En oultre aura les fièvres quartes.

HUIT. XCIX.

1100 Item ne vueil plus que Chollet
Dolle, trenche, douve, ne boyse,
Relye brocq, ne tonnellet;
Mais tous ses outilz changer voyse
A une espée lyonnoise,
1105 Et retienne le hutinet :
Combien qu'il n'ayme bruyt, ne noyse,
Si luy plaist il ung tantinet.

HUIT. C.

Item je donne à Jehan le Lou,
Homme de bien et bon marchaut,
1110 Pour ce qu'il est linget et flou

(1098) *S'on l'oyt.* Si on l'entend, comme à son ordinaire, vesser ou péter, je veux qu'on lui donne en outre les fièvres quartes.—*Poirre*, prononcez poare. Marot.

(1101) *Dolle.* S'occupe à aplanir le bois, à le couper, à faire des douves, des buisseaux, etc.

(1103) *Changer voyse.* Aille échanger.

(1104) *A.* Contre; pour.

(1105) *Hutinet.* Vieux mot que n'expliquent ni Nicot, ni Ménage. Borel le note bien, mais se contente de renvoyer à tantinet (Note de M. Formey). C'est la troisième ou la quatrième fois que je rencontre des notes ainsi conçues :—*Hutinet.* Brouillerie, désordre.

(1106) *Combien que.* Quoiqu'il n'aime ni le bruit, ni les querelles, il ne laisse pas cependant que d'être un peu brouillon.(V.P. T.h.24.)

(1109) *Bon marchant.* Honnête marchand. (V.P. T. h.25.)

(1110) *Linget et flou.* Mince et fluet.

Et que Chollet est mal cherchant,
Par les rues plustost qu'au champt,
Qui ne lairra poulaille en voye,
Le long tabart, et bien cachant
1115 Pour les musser, qu'on ne les voye.

HUIT. CI.

Item à l'orfèvre du Boys;
Donne cent clouz, queues et testes,
De gingembre sarazinoys,
Non pas pour acouppler ses boytes :
1120 Mais pour conjoindre culz, en cœttes,
Et couldre jambons et andoilles,
Tant que le laict en monte aux tettes,
Et le sang en devalle aux coilles.

HUIT. CII.

Au cappitaine Jehan Riou,
1125 Tant pour luy que pour ses Archiers,
Je donne six hures de lou,
Qui n'est pas viande à porchiers,

(1113) *Qui.* Lequel Chollet fera main-basse sur toute la volaille.

(1114) *Le long.* Je donne audit le Lou une robe traînante qui lui servira à cacher sa volaille.

(1119) *Non pas.* Non pour servir à clouer ses boîtes.

(1120) *En cœttes.* Sur les couchettes.

(1127) *Viande à porchiers.* Viande bonne seulement pour, etc.

(1128) *Prins à*, etc. Pris avec des chiens de bouchers.

(1129) *Tinettez.* Assaisonnées avec du vin fin, tel que les bourgeois en ont dans leur buffet. M. le Duchat dit en cet endroit : « Vin buffeté mêlé d'eau. » — Ce huitain est allégorique.

Prins à gros mastins de bouchiers,
Tinettez en vin de buffet.
1130 Pour manger de ces morceaulx chiers
On feroit bien ung mauvais faict.

HUIT. CIII.

C'est viande ung peu plus pesante
Que n'est duvet, plume, ne liège.
Elle est bonne à porter en tente,
1135 Ou pour user en quelque siège.
Mais s'ilz estoient prins à un piège
Les mastins, qu'ils ne sceussent courre,
J'ordonne moy qui suis bon miège,
Que des peaulx sur l'hyver s'en fourre.

HUIT. CIV.

1140 Item à Robin Troussecaille,
Qui s'est en service bien faict;
A pied ne va comme une caille,
Mais sur roën gros et reffaict;

(1132) *C'est viande.* La viande que je lui donne.

(1134) *Elle est bonne.* Elle peut suivre l'armée et servir dans un siége.

(1136) *Mais s'ilz.* Mais si les chiens étoient tellement empêchés qu'ils ne pussent pas courir sur ces loups.

(1138) *Bon miège.* Bon médecin.

(1139) *Que.* Que pour conserver sa santé, il s'habille durant l'hiver de ces peaux de loup. Les loups dont parle Villon ne sont autres que les bandits ses confrères.

(1143) *Sur roen.* Sur un cheval de Rouen. « Mot inconnu à nos dictions de vieux termes. » (Not. de M. Formey.)

Je luy donne, de mon buffet,
1145 Une jatte qu'emprunter n'ose;
Si aura mesnage parfait;
Plus ne luy failloit autre chose.

HUIT. CV.

Item, et à Perrot Girard,
Barbier juré du Bourg-la-Royne,
1150 Deux bassins, et ung coquemard,
Puis qu'a gaigner mect telle peine.
Des ans y a demy douzaine,
Qu'en son hostel, de cochons gras
M'apastela une sepmaine;
1155 Tesmoing l'abesse de Pourras.

HUIT. CVI. *

Item aux Frères mendians,
Aux dévotes, et aux Béguines,

(1145) *Une jatte.* Une écuelle de bois.

(1147) *Plus ne.* Il ne lui manque pas autre chose pour avoir un ménage assorti.

(1154) *M'apastela.* Me nourrit.

(1155) *Tesmoing.* Cette abbesse de Pourras étoit, je pense, une coquine, qui, sous ce titre, vint avec Villon duper le pauvre barbier de Bourg-la-Reine, qui y tenoit aussi une hôtellerie.

* Il y a, dans la farce de Pathelin, une sortie contre les religieux qui a beaucoup de rapport avec celle-ci.

(1157) Les dévotes sont, je crois, ce qu'on appeloit aussi les *Filles-Dieu*, communauté qu'établit, dans le commencement du xiiie siècle, Guillaume de Seignelay, évêque de Paris, pour y retirer plusieurs filles de mauvaise vie que ses prédications avoient converties. (V. *P. T. h.* 32.)

Tant de Paris, que d'Orléans,
Tant Turpelins que Turpelines;
1160 De grasses souppes jacobines
Et flans, leurs fais oblation;
Et puis après, soubz les courtines,
Parler de contemplation.

HUIT. CVII.

Si ne suis je pas qui leur donne;
1165 Mais du tout en font ce, les mères.
Et puis Dieu ainsi les guerdonne,
Pour qui souffrent peines amères.
Il fault qu'ilz vivent les beaulx pères.
Et mesmement ceulx de Paris.
1170 S'ilz font plaisir à noz commères,
Ilz ayment ainsi les maris.

(1159) *Turpelins*, etc. M. le Duchat pense, et je suis de son avis, qu'il faudroit lire *Trupelin* et *Trupelines*, ce qui signifieroit les frères et sœurs du tiers-ordre de saint François, appelés Trupelins, comme on diroit Tiercelin.

(1160) *De grasses*. Je leur donne des soupes faites avec du bon bouillon, ainsi qu'on les fait aux Jacobins avec des œufs au lait et au sucre.

(1163) *Et puis*. Je les autorise ensuite à, etc.

(1164) *Si ne suis*. Ce n'est certainement pas moi qui leur donne.

(1165) *Mais du tout*. Ce sont les mères; les femmes qui fournissent si bien leur couvent.

J'ai mis le vers du *Mss c.* en mettant *font* à la place de *son* qui est^t une faute de copiste.

(1166) *Les guerdonne*. Les récompense.

(1171) *Ilz ayment ainsi*. C'est par attachement pour les maris.

HUIT. CVIII.

Quoy que maistre Jehan de Pontlieu
En voulsist dire : *et reliqua* :
Contrainct et, en publique lieu,
1175 Honteusement s'en revocqua.
Maistre Jehan de Mehun se moqua
De leur façon ; si feit Mathieu.
Mais on doit honorer ce qu'a
Honnoré l'eglise de Dieu.

HUIT. CIX.

1180 Si me submectz leur serviteur,
En tout ce que puis faire et dire,
A les honorer de bon cueur
Et servir, sans y contredire.
L'homme bien fol est d'en mesdire,
1185 Car soit à part ou en prescher,

(1172) Jehan de Pontlieu, écrivain du moyen-âge, dont les productions ne nous sont pas connues.

(1176) Jean de Mehun, continuateur du roman de la Rose, et auteur d'un testament qui peut-être a donné à Villon l'idée du sien.

(1177) *De leur façon.* De leurs mœurs; de leur vie, etc.

Mathieu. Matheolus, un des poëtes du moyen-âge qui ont chanté les perfidies de l'amour. Il est parlé de lui. J. pl. f. 126. M. le Duchat a cru que Villon vouloit parler de Mathieu, bénédictin anglais, historien du XIIIe siècle. Ce qui n'est pas vraisemblable.

(1180) *Si me submetz.* Je veux, moi, qui suis leur serviteur, les honorer dans mes discours et dans toutes mes actions.

(1184) *L'homme.* Celui qui dit du mal de ces bons pères est bien fou.

(1185) *Soit à part.* Soit dans les conversations particulières, soit dans leurs sermons, soit ailleurs. Ils savent user de représailles.

Ou ailleurs, il ne fault par dire
Si gens sont pour eux revencher.

HUIT. CX.

 Item je donne à frère Baulde,
Demourant à l'hostel des Carmes,
1190 Portant chère hardie et baulde,
Une sallade et deux guysarmes;
Que Decosta et ses gens d'armes
Ne luy riblent sa Caige vert',
Vieil est : s'il ne quitte les armes,
1195 C'est bien le diable de Vauvert.

HUIT. CXI.

 Item pour ce que le Seelleur,
Maint estront de mousche a masché,
Donne, car homme est de valleur,

(1190) *Portant.* Ayant l'air d'un libertin effronté.

(1191) La salade étoit une espèce de casque; et la guisarme, une pique à double armure.

(1192) *Que de costa.* Pour empêcher que, etc.

(1193) *Ne luy.* Ne lui enlèvent sa jeune amie.—Peut-être *caige vert* étoit-il un nom donné aux filles publiques.

(1195) L'opinion commune étoit que les diables habitoient Vauvert. C'est pour cette raison que l'on appeloit rue d'Enfer celle qui conduisoit en ce lieu.

(1197) *Estront de mouche.* C'est le nom que le poëte donne à la cire sur laquelle le sceau étoit imprimé.

(1198) *Homme de valleur.* Homme de mérite.

Son seau davantage craché;
1200 Et qu'il ait le pouce escaché,
Pour tout comprendre à une voye;
J'entendz celluy de l'évesché,
Car des autres, Dieu les pourvoye.

HUIT. CXII.

Quant de messieurs les Auditeux,
1205 Leur chambre auront lembroysée,
Et ceulx qui ont les culz rongneux,
Chascun une chaise persée;
Mais qu'à la petite Macée
D'Orléans, qui eut ma ceincture,
1210 L'amende soit bien hault taxée,
Car elle est très mauvaise ordure.

HUIT. CXIII.

Item donne à maistre Françoys
Promoteur de la vacquerie;

(1199) *Davantage craché.* Broyé de nouveau dans la bouche, c'est-à-dire, brisé, détruit.

(1200) *Escaché.* Foulé, défait.

(1201) *Pour tout.* Pour comprendre tous mes souhaits dans un seul.

(1202) *De l'évesché.* De l'évêché d'Orléans, dont le juge l'avoit condamné à mort.

(1204) *Quant.* Pour ce qui est de.

(1205) *Leur.* Leur salle d'audience sera lambrissée à mes dépens.

(1206) *Et ceulx.* Et ceux d'entr'eux qui sont galeux auront, etc.

(1208) *Mais que.* A condition que.

(1211) *Mauvaise ordure.* Mauvais garnement.

Ung hault gorgery d'escossoys;
1215 Toutesfois sans orfaverie;
Car quant receut chevalerie,
Il maugréa Dieu et saint George.
Parler n'en oyt, qu'il ne s'en rie,
Comme enragé, à pleine gorge.

HUIT. CXIV.

1220 Item à maistre Jehan Laurens,
Qui a les povres yeulx si rouges,
Par le péché de ses parens,
Qui beurent en barilz et courges;
Je donne l'envers de mes bouges
1225 Pour chascun matin les torcher;
S'il fust Archevesque de Bourges
Du cendal eust, mais il est cher.

HUIT. CXV.

Item à maistre Jehan Cotard,

(1214) *Gorgery.* Gorgerin, armure destinée à défendre la gorge du chevalier.

(1215) *Toutesfoys.* Cependant sans embellissemens d'or et d'argent.

(1217) *Il Maugréa.* Il blasphéma.

(1218) *Parler n'en oyt.* On ne lui en parle jamais.

(1222) *Par le péché.* A cause, sans doute, des excès.

(1223) *Qui.* Qui burent au barillet et aux gourdes, c'est-à-dire de toutes les manières.

(1224) *L'envers.* Le revers de mes culottes, ou plutôt de mes poches.

(1227) *Cendal.* Étoffe de soie dont on se servoit pour faire des bannières; ce qui annonce que ce n'étoit ni du velours, comme l'a pensé Laurière, ni un taffetas fort mince, comme le dit M. le Duchat.

Mon procureur en court d'église,
1230 Auquel doy encore ung patard,
A ceste heure je m'en advise,
Quant chicanner me feit Denise
Disant, que l'avoye mauldite;
Pour son ame, qu'es cieulx soit mise,
1235 Ceste oraison cy j'ay escripte.

BALLADE VIII.

ET ORAISON. *

I.

Père Noé, qui plantastes la vigne;
Vous aussi Loth, qui bustes au rocher,
Par tel party, qu'amour qui gens engingne.

(1230) *Patard.* Dans le midi cette monnoie, appelée patac ou patas, avoit, je crois, la valeur d'un denier. M. Formey a cru que Villon parloit ici d'une monnoie allemande.

(1231) *A ceste.* A présent il m'en souvient.

(1232) *Quant.* Pour avoir travaillé à ma défense, lorsque Denise m'appela devant les tribunaux.

(1234) *Pour son.* Afin de m'acquitter envers lui, j'ai composé cette prière, où je demande à Dieu qu'il mette son âme en paradis.

* Oraison en forme de ballade *gd.* et *Bo.*

(1237) Loth, après la destruction de Sodome, se retira dans une caverne, où ses deux filles l'enivrèrent et conçurent de lui durant son ivresse.

(1238) *Engingne.* (Marot, deçoit). Trouble le sens et la raison. Ce erbe est ici synonyme d'ensorceler.

De vos filles si vous feit approcher ;
1240 Pas ne le dy pour le vous reprocher;
Architriclin qui bien sceustes cest art ;
Tous trois vous pris, qu'o vous veuillez percher ;
L'ame du bon, feu maistre Jehan Cotard.

II.

Jadis extraict il fut de vostre ligne,
1245 Luy qui beuvoit du meilleur et plus cher;
Et ne deust-il avoir vaillant qu'ung pigne.
Certes, sur tous, c'estoit ung bon archer;
On ne luy sceut pot des mains arracher.
De bien boire ne fut oncques faitard,

(1241) *Architriclin.* Maître buveur, dit une note des Annales poétiques. C'est une erreur. Villon parle de ce maître d'hôtel qui, aux nôces de Cana, fit observer qu'il convenoit de servir le bon vin le premier, etc.— Il est désigné dans l'Évangile par le nom de sa charge: *Architriclinus.*

(1242) *O vous.* Auprès de vous veuillez placer.

(1243) *Du bon.* Du célèbre.

(1244) *Jadis.* S'il eût vécu de votre temps, on l'eût pris pour votre enfant.

(1246) *Et ne.* Et cela quand même il auroit dû se réduire à n'avoir, pour toute fortune, qu'un peigne de bois.

(1247) *Bon archer.* « Ann. poétiq. et M. le Duchat *bon biberon.* » C'est encore une erreur, bon archer signifie, qu'il ne laissoit pas facilement échapper sa prise.

(1249) *Faitard.* Négligent, paresseux.

1250 Nobles seigneurs, ne souffrez empescher
　　　L'ame du bon feu maistre Jehan Cotard.

III.

Comme homme embeu, qui chancelle et
　　　trépigne,
L'ay veu souvent, quand il s'alloit coucher;
Et une foys il se feit une bigne,
1255 Bien m'en souvient, à l'estal d'ung boucher.
Brief on n'eust sçeu en ce monde cercher
Meilleur pion, pour boire tost et tard;
Faictes l'entrer, se vous l'oyez hucher,
L'ame du bon, feu maistre Jehan Cotard.

ENVOI.

1260　Prince, il n'eust sçeu jusqu'à terre cracher;
Toujours crioyt, haro, la gorge m'ard;

(1250) *Ne souffrez empescher.* Ne permettez pas que l'âme du bon Cotard soit retenue hors du paradis.

(1252) *Comme.* Semblable à un homme plein de vin, qui chancelle et marche en trépignant.

(1254) *Bigne.* Tumeur au front provenant d'un coup.

(1256) *Pion.* « Laurière. *Potator*, buveur. »

(1258) *L'oyez hucher.* Si vous l'entendez frapper à la porte.

(1260) *Il n'eut sceu.* Il ne lui étoit pas possible de, etc.

(1261) *Toujours.* Ce vers a été mis par La Fontaine dans la fable du Paysan et du Seigneur. Ce qui peut avoir donné lieu de dire qu'il avoit mis souvent notre poëte à contribution.

Et si ne sceut oncq' sa soif estancher,
L'ame du bon, feu maistre Jehan Cotard.

HUIT. CXVI.

Item vueil que le jeune Merle,
1265 Désormais gouverne mon change;
Car de changer envys me mesle :
Pourveu que tousjours baille en change,
Soit à privé, soit à estrange,
Pour trois escus, six Brettes targes;
1270 Pour deux Angelotz, ung grand ange :
Amoureux doivent estre larges.

HUIT. CXVII.

Item j'ay sceu, à ce voyage,
Que mes trois povres orphelins,
Sont creux et deviennent en aage,
1275 Et n'ont pas testes de bellins;

(1265) *Mon change*, Ma banque.

(1266) *Car*. Car je m'en occupe malgré moi.

(1268) *Soit à privé*, etc. Soit à mes amis, soit aux étrangers.

(1269) M. Laurière a cru qu'il s'agissoit ici d'armures, et il a traduit *brettes targes* par boucliers bretons.—La *targe* étoit une monnoie d'argent, valant un demi-écu. L'*angelot* et l'*ange* étoient des monnoies d'or. Deux *angelots* valoient un grand *ange*.

Villon veut que le jeune Merle agisse consciencieusement, ce qui n'étoit, sans doute, pas dans ses habitudes.

(1271) *Amoureux*. Les amoureux doivent être désintéressés. Cette réflexion tombe sur Villon.

(1272) *A ce*. Durant ce voyage. (V. P. T. h. 25 et 26.)

(1275) *Testes de Bellins*. Têtes de mouton.

Et qu'enfans d'icy à Salins
N'a, mieulx joüans leur tour d'escolle :
Or, par l'ordre des Mathelins,
Telle jeunesse n'est pas folle.

HUIT. CXVIII.

1280 Si vueil qu'ilz voysent à l'estude ;
Ou? chez maistre Pierre Richer.
Le Donnait est pour eulx trop rude,
Jà ne les y vueil empescher.
Ilz sçauront je l'ayme plus cher,
1285 *Ave salus, tibi decus,*
Sans plus grandes lettres chercher :
Tousjours n'ont pas clercs le dessus.

HUIT. CXIX.

Cecy estudient, et puis ho !
Plus procéder je leur deffens.

(1277) *N'a mieulx.* Ne fait mieux son tour d'écolier, ses fredaines.

(1278) *Or.* J'en jure par la confrérie de Saint-Mathurin. Les *sots* ou comédiens étoient appelés confrères de Saint-Mathurin.

(1280) *Si vueil.* Je veux qu'ils aillent à l'école.

(1282) *Le donnait.* Le *donnat*, ou le *donnet* étoit une espèce de rudiment. « Le donnet de noblesse » n'est point comme le dit M. le Duchat un traité de grammaire (V. J. pl.)

(1283) *Ja ne les.* Je ne veux pas qu'ils s'en occupent.

(1284) *Je l'aime plus cher.* Je le préfère.

(1285) *Ave salus.* Prière du temps.

(1286) *Sans.* Sans ambitionner de plus hautes connoissances.

(1287) *Tousjours.* Les étudians ne se distinguent pas toujours.

(1288) *Cecy.* Ils étudieront donc ceci et puis halte-là.

1290 Quant d'entendre le grand *Credo*,
　　Trop fort il est pour telz enfans.
　　Mon long tabard en deux je fendz,
　　Si vueil que la moictié s'en vende
　　Pour leur en achepter des flans ;
1295 Car jeunesse est ung peu friande.

HUIT. CXX.

　　Et veuil qu'ilz soyent enformez
　　En meurs, quoy que couste bature,
　　Chapperons auront enfoncez,
　　Et les poulces soubz la ceincture ;
1300 Humbles à toute créature ;
　　Disans ; *hen? quoy? il n'en est rten*.
　　Si diront gens, par adventure,
　　Voycy enfans de lieu de bien.

HUIT. CXXI.

　　Item à mes pouvres clergeons,
1305 Auxquelz mes titres resignay,

(1294) *Flans*. Œufs au lait et au sucre.
(1296) *Enformez-en meurs*. Qu'ils reçoivent une bonne éducation, quoiqu'il en coûte.
(1298) *Chapperons*. Les hommes étoient alors coiffés d'un chaperon.
(1300) *Humbles*. Ils seront respectueux envers tout le monde.
(1301) *Disans*. Repondant quand on leur parlera.
(1302) *Si diront*. Ceux qui auront occasion de les entendre diront, etc. (Ce huit., de même que les deux qui le précèdent, sont ironiques.)

Beaulx enfans et droictz comme jonez,
Les voyans m'en dessaisinay,
Et sans recevoir assignay,
Seur comme qui l'auroit en paulme,
1310 A ung certain jour consigné,
Sur l'hostel de Guesdry Guillaume.

HUIT. CXXII.

Quoy que jeunes et esbatans
Soyent, en rien ne me desplaist ;
Dedans vingt, trente, ou quarante ans,
1315 Bien autres seront, se Dieu plaist.
Il faict mal, qui ne leur complaist ;
Car ce sont beaux enfans et gents ;
Et qui les bat, ne fiert, fol est ;
Car enfans si deviennent gens.

HUIT. CXXIII.

1320   Les bourses des dix-et-huict clercs
Auront, je m'y vueil employer.

(1309) *Seur.* Aussi assuré pour eux, comme s'ils l'avoient dans les mains.

(1310) *A ung.* Pour prendre à terme fixe. (V. P. T. h. 27 et 28.)

(1312) *Esbatans.* Étourdis.

(1316) *Il faict.* Celui qui les contrarie fait mal.

(1318) *Ne fiert*, ou les frappe.

(1319) *Car.* Car les enfans deviennent hommes à leur tour et peuvent prendre leur revanche.

(1320) Le collége des 18, où l'on recevoit des étudians trop pauvres pour pourvoir à leurs besoins, étoit proche du parvis de Notre-Dame, devant la porte de l'Hôtel-Dieu de Paris.

Pas ilz ne dorment comme loirs,
Qui trois mois sont sans resveiller.
Au fort, triste est le sommeiller,
1325 Qui faict aiser jeune en jeunesse,
Tant qu'en fin luy faille veiller
Quant reposer deust en vieillesse.

HUIT. CXXIV.

Si en escript au collateur,
Lettres semblables et pareilles;
1330 Or prient pour leur bienfaicteur,
Ou qu'on leur tire les oreilles.
Aucunes gens ont grand' merveilles,
Que tant suis enclin à ces deux;
Mais, foy que doy, festes et veilles
1335 Oncques ne vey les mères d'eulx.

HUIT. CXXV.

Item, et à Michault Culdoüe,
Et à sire Charlot Taranne,
Cent solz, s'il demandent prins oue,

(1324) *Au fort.* Au fait.

(1325) *Qui faict.* Qui fait les délices du jeune homme.

(1326) *Tant.* Jusqu'à ce qu'enfin il est obligé de veiller durant sa vieillesse, âge où il devroit naturellement se reposer.

(1328) *Au collateur.* A celui qui donne ces bourses.

(1334) *Foy que doy.* Sur ma foi, je, etc.— Les anciennes lois disciplinaires de l'Église défendoient l'usage du mariage, les veilles ou vigiles et les jours solennels.

(1338) *Prins oue.* Pris ou (la commune de Paris ne dit ni *ou*, ni *qui*; mais *ouc* et *quie.* Not. de Marot.)

Ne leur chaille, il viendront de manne;
1340 Et unes bottes de basanne,
Autant empeigne, que semelle;
Pourveu qu'ils ne salueront Jehanne
Et autant ung autre comme elle.

HUIT. CXXVI.

Item au seigneur de Grigny,
1345 Auquel jadis laissay Vicestre,
Je donne la tour de Billy :
Pourveu, s'huys y a, ne fenestre
Qui ne soit debout, ne en estre,
Qu'il mette très bien tout appoinct :
1350 Face argent à dextre, à senestre,
Il m'en fault, et il n'en a point.

HUIT. CXXVII.

Item à Thibault de la Garde :
Thibault? je mentz, il a nom Jehan ;
Que luy donray-je, que ne perde?
1355 Assez ay perdu tout cest an.

(1339) *Ne leur*, etc. Qu'ils ne s'en inquiètent pas, ils viendront du ciel comme la manne.

(1340) *Et unes*. Et une paire de bottes de, etc.

(1343) *Et autant*. Ni les autres filles. (V. h. 81.)

(1348) *Qui ne*, etc. Qui soit renversée, en mauvais état, ou qui ait cessé d'exister.

(1349) *Appoinct*. En point; en état.—(V. P. T. h. 19.)

(1354) Marot le Parisien dit *parde* et non *perde*.

Dieu le vueille pouvoir, *amen*....
Le barillet? par m'ame, voyre!
Genevoys est plus ancien,
Et a plus grant nez pour y boyre.

HUIT. CXXVIII.

1360   Item je donne à Basanyer
Notaire et greffier criminel,
De giroffle plain ung panyer,
Prins chez maistre Jehan de Ruel.
Tant à Mautainct; tant à Rosnel;
1365 Et avec ce don de giroffle,
Servir, de cueur gent et ysnel,
Le seigneur qui sert sainct Cristofle,

HUIT. CXXIX.

Auquel ceste ballade donne,
Pour sa dame, qui tous biens a.
1370 S'amour ainsi ne nous guerdonne,
Je ne m'esbahys de cela;
Car au pas, conquesté celle a

(1357) *Le barillet.* Vous pourriez lui donner votre barillet? par mon âme (jurement), vraiment !

(1359) *Grant nez.* Est ici par antiphrase. Ce sont les nez écrasés qui boivent plus commodément au barillet. (V. h. 167.)

(1365) *Tant à.* J'en donne autant à, etc.

(1366) *Servir.* Le soin de servir avec plaisir et dévouement.

(1367) *Le seigneur.* M. le Formey prend ce seigneur pour une dame.

(1370) *Se amour.* Si l'amour ne nous traite pas aussi favorablement.

(1372) *Car.* Car elle a conquis celle-là au pas d'armes que tint, etc.

Que tint Regnier roy de Cecille,
Ou si bien fist, et peu parla,
1375 Qu'oncques Hector feit, ne Troile.

BALLADE IX.

QUE VILLON DONNA A UNG GENTILHOMME NOUVELLEMENT MARIÉ, POUR L'ENVOYER A SON ESPOUSE PAR LUY CONQUISE A L'ESPÉE.

I.

Au poinct du jour, que l'esprevier se bat,
Non pas de deuil, mais par noble coustume ;
Bruyt il demaine, et de joye s'esbat,
Reçoit son pât et se joint à la plume :
1380 Ainsi vous vueil, à ce, désir m'alume
Joyeusement, ce qu'aux amans bon semble;

(1375) René, duc d'Anjou, roi de Sicile, mort en 1480.

(1374) *Ou.* Où il se conduisit aussi bien et parla moins, etc. — Critique spirituelle et sensée de l'Iliade.

(1376) *Se bat.* S'agite.

(1377) *Non pas de dueil.* Non par tristesse.

(1378) *Bruyt.* Il fait du bruit et se réjouit.

(1379) *Reçoit.* Reçoit sa nourriture et prend au leurre.

J'ai corrigé *par* et *per*, qui m'ont paru être des fautes de copiste. (V. Lec. div.)

(1380) *Ainsi.* C'est avec la même ardeur que, etc.

Sachez qu'amour l'escript en son volume;
Et c'est la fin pourquoy sommes ensemble.

II.

Dame serez de mon cueur, sans débat,
1385 Entièrement, jusques mort me consume.
Laurier soüef, pour mon droit se combat,
O rosier franc, contre toute amertume.
Raison ne veult que je désacoustume,
Et en ce vueil, avec elle m'assemble
1390 De vous servir, mais que m'y accoustume;
Et c'est la fin pourquoy sommes ensemble.

III.

Et qui plus est, quand dueil sur moy s'embat,
Par fortune qui souvent si se fume,
Vostre doulx œil sa malice rabat
1395 Ne plus, ne moins, que le vent faict la fume.
Si ne perds pas la graine que je sume

(1386) *Laurier,* etc. Vous êtes le prix d'une victoire; comme vous êtes belle et chaste, sous ce double rapport, je ne puis goûter avec vous que des douceurs. Je vous servirai fidèlement. La raison le veut et mon cœur y consent.—*Mais que.* Pourvu que, etc.

(1392) *Dueil sur,* etc. Lorsque la tristesse m'accable.

(1393) *Se fume.* Se gâte.

(1394) *Vostre,* etc. Votre doux regard abaisse. Adoucit son aigreur, comme le vent abaisse la fumée.

(1396) *Que je sume.* Que je sème.

En vostre champ, car le fruict me ressemble.
Dieu m'ordonne que le fouysse et fume;
Et c'est la fin pourquoy sommes ensemble.

ENVOI.

1400 Princesse oyez ce que cy vous resume,
Que le mien cueur du vostre désassemble?
Jà ne sera, tant de vous en présume;
Et c'est la fin pourquoy sommes ensemble.

HUIT. CXXX.

Item à sire Jehan Perdryer;
1405 Riens; n'a Françoys son second frère.
Si m'ont ilz voulu aydier,
Et de leurs biens faire confrère,
Combien que, Françoys mon compère;
Langues cuysans, flambans et rouges,
1410 Sans commandement, sans prière,
Me recommanda fort à Bourges.

(1398) *Que le.* Que je le cultive et que je lui donne des engrais.

(1401) *Que,* etc. Il n'arrivera jamais que mon cœur se sépare du vôtre; je présume que le vôtre, etc.

(1405) *Riens.* Je ne lui donne rien, ni à, etc.

(1406) *Si,* etc. Ils ont voulu me faire partager leur bonne fortune.

(1408) *Combien.* Quoique François soit.

(1409) *Langues.* Cette langue.

(1411) On comprend de quelle espèce de recommandation parle le poëte.

HUIT. CXXXI.

Si aille veoir en Taillevent,
Ou chapitre de fricassure,
Tout au long derrière et devant,
1415 Lequel n'en parle jus ne sure.
Mais Macquaire, je vous asseure,
A tout le poil cuysant ung dyable,
Affin que sentist bon l'arsure,
Ce *recipe* m'escript, sans fable.

BALLADE X.

I.

1420   En réagal, en arcenic rocher;
En orpigment, en salpestre; et chaulx vive;

(1412) M. le Duchat pense que le *Taillevent* étoit la cuisinière bourgeoise de ce temps-là. Pour moi, j'avoue que c'est le huitain où j'ai le moins compris.

Qu'il aille chercher le sens que je lui donne dans Taillevent, au chapitre de fricassure, qu'il lira tout au long, la page de devant comme celle de derrière.

(1415) *Jus ne sure.* (Soubz, ne sus) Marot.

(1416) *Mais.* Mais je vous assure que Macaire faisant rôtir le diable sans l'écorcher, afin que l'odeur en soit meilleure m'a adressé les vers suivans.

(1420) Il faut prendre le dernier vers du dixain et lire comme s'il y avoit : que les langues venimeuses soient frites en réagal, etc. — Le réagal, l'arsenic et l'orpiment sont des poisons.

En plomb boillant, pour mieulx les es-
morcher ;
En suif, et poix destrampez de lessive
Faicte d'estroncts, et de pissat de Juifve ;
1425 En lavaille de jambes à Méseaulx ;
En raclure de piedz et vieulx houseaulx ;
En sang d'aspic, tels drogues périlleuses ;
En fiel de loups, de regnards, et bléreaux ;
Soient frittes ces langues venimeuses.

II.

1430   En cervelle de chat qui hayt pescher,
Noir, et si vieil, qu'il n'ait dent en gencive ;
D'ung vieil mastin, qui vault bien aussi
cher,
Tout enragé en sa bave et salive ;
En l'escume d'une mulle poussive,
1435 Détrenchée menu à bons ciseaulx ;

(1422) *Esmorcher*; (M. Formey. Tourmenter, maltraiter) c'est : pu-
rifier, nettoyer.

(1424) *Estronct*. Excrement. Les Juives en ce temps-là étoient d'une
malpropreté dégoûtante.

(1425) *En lavaille*. Dans l'eau qui a servi à laver les jambes d'un
lépreux.

(1427) *Telz drogues*. Et autres drogues vénéneuses de même nature.

(1429) *Soient*. Mot de deux syllabes.

(1430) *Qui hayt*. Qui n'aime plus à prendre le poisson dans l'eau.

(1432) *D'ung*. D'un chien vieux ; ce qui vaut bien autant.

(1435) *Destrenchée*. Si épaisse qu'il faille de bons ciseaux pour la
couper.

En eau ou ratz plongent groings et mu-
   seaulx;
Raines, crapauds, telz bestes dangereuses,
Serpens, lesards, et telz nobles oyseaulx ;
Soient frittes ces langues vénimeuses.

III.

1440   En sublimé dangereux à toucher;
Et au nombril d'une couleuvre vive ;
En sang qu'on mect en poylettes sécher,
Chez ces barbiers, quant plaine lune arrive,
Dont l'ung est noir ; l'autre plus vert que
   cive ;
1445   En chancre et fix, et en ces ords cuveaulx,
Ou nourrices essangent leurs drappeaulx ;
En petits baings de filles amoureuses,
Qui ne m'entend, n'a suivy les bordeaulx;
Soient frittes ces langues vénimeuses.

ENVOI.

1450   Prince passez tous ces frians morceaulx,
S'estamine n'avez, sacs, ou bluteaux,

(1438) *Et tels.* Et autres oiseaux de même nature.
(1442) *Poylettes.* Palettes.
(1444) *Que cive.* Que la cive. Plante potagère.
(1445) *En chancre.* Dans un chancre et dans un fondement ulcéré, et dans ces cuviers sales et dégoûtans.
(1446) *Essangent.* Lavent les drapeaux de leurs nourrissons.
(1447) *Filles amoureuses.* Filles publiques.

Parmy le fons d'unes brayes breneuses ;
Mais paravant, en estronts de pourceaulx,
Soient frittes ces langues vénimeuses.

HUIT. CXXXII.*

1455   Item à maistre Andry Courault,
Les contredictz Franc Gontier mande,
Quand du Tyrant, seant en hault,
A cestuy-là rien ne demande ;
Le saige ne veult que contende
1460 Contre puissant, pouvre homme las ;
Affin que ses filez ne tende,
Et que ne tresbuche en ses las.

(1452) *Parmi.* A travers le fond d'une culotte salie.

* Du temps de Villon, (lecteurs) fut faicte une petite œuvre intitulée, *les ditz de Franc Gontier,* là ou la vie pastouralle est estimée : et pour y contredire fut faicte une autre œuvre intitulée *les Contredictz Franc Gontier,* dont le subgect est prins sur ung Tyrant, et auquel œuvre la vie de quelque grant seigneur d'icelluy temps est taxée, mais Villon plus saigement, et sans parler des grans seigneurs, feit d'autres *contredictz de Franc Gontier,* parlant seulement d'un Chanoyne, comme verrez cy après. (*Marot.*)

M. Laurière fait observer que *les dicts Francs Gontier* sont de Philippe de Vitré, mort évêque de Meaux en 1351. Ainsi Marot a eu tort de le faire contemporain de Villon.

(1457) *Quant.* Pour ce qui est du prince dont il est parlé dans la même pièce.

(1459) *Le saige,* etc. Le sage défend de lutter contre un homme puissant.

HUIT. CXXXIII.

 Gontier ne crains, qui n'a nulz hommes
Et mieulx que moy n'est hérité ;
1465 Mais en ce débat cy nous sommes ;
 Car il loüe sa pouvreté ;
 Estre pouvre yver et esté,
 A bonheur cela il repute ;
 Je le tiens à malheureté,
1470 Lequel à ort? or en discute.

BALLADE XI.

INTITULÉE, LES CONTREDICTZ DE FRANC GONTIER.

Ier.

Sur mol duvet assis ung gras Chanoine,
Lez ung brasier, en chambre bien nattée ;
A son costé gisant dame Sydoine ;

(1461). *Affin.* Crainte qu'il ne jette ses filets sur moi, et que je ne sois pris.

(1463) *Gontier.* Je n'ai rien à craindre de Gontier. Il n'a pas des hommes à son service, comme le prince.

(1470) *Lequel.* Qui de nous deux a tort? c'est de quoi nous allons discuter.

(1472) Vers que Marot dit avoir refait. Il est partout de même. *Lez ung.* Auprès d'un brasier dans une chambre couverte de nattes pour qu'elle soit plus chaude.

(1473) *A son costé.* A côté de lui est couchée.

Blanche, tendre, pollie, et attaintée.
1475 Boire ypocras, à jour et à nuyctée,
Rire, jouer, mignonner, et baiser,
Et nud à nud, pour mieulx des corps s'ayser,
Les vy tous deux par ung trou de mortaise :
Lors je congneu, que pour dueil appaiser
1480 Il n'est trésor, que de vivre à son aise.

II.

Se Franc Gontier et sa compaigne Heleine,
Eussent ceste doulce vie hantée,
D'aulx et civotz qui causent forte alaine
N'en mengeassent bise croustre frottée.
1485 Tout leur mathon, ne toute leur potée
Ne prise ung ail, je le dy sans noysier.
S'ilz se vantent coucher soubz le rosier,
Ne vault pas mieulx lict costoyé de chaise ?

(1474) *Blanche.* Blanche, délicate, jolie et bien parée.
(1475) *A jour.* Durant le jour et durant la *nuit*.
(1476) *Mignonner.* Se traiter amoureusement.
(1479) *Dueil appaiser.* Pour adoucir les chagrins de la vie.
(1480) *Il n'est.* Il n'y a rien de tel que, etc.
(1482) *Hantée.* Goûté, essayé cette vie.
(1484) *N'en mengeassent.* Ils auroient renoncé à manger, une croûte sèche, frottée, etc.
(1485) *Mathon.* Lait caillé et aigri. *Potée*, boisson.
(1486) *Sans noysier.* Sans chicanner; sincèrement.
(1487) *S'ilz se.* S'ils vantent le plaisir de coucher, etc.

Qu'en dictes vous? faut il à ce muser?
1490 Il n'est trésor que de vivre à son aise.

III.

De gros pain bis vivent d'orge, d'avoyne;
Et boivent eau tout au long de l'année.
Tous les oyseaulx d'icy en Babyloine,
A tel escot, une seule journée,
1495 Ne me tiendroient, non une matinée.
Or s'esbate, de par Dieu, Franc Gontier,
Hélene o luy, soubz le bel Esglantier;
Si bien leur est, n'ay cause qu'il me poise;
Mais quoy qu'il soit du laboureux mestier,
1500 Il n'est trésor que de vivre à son aise.

ENVOI.

Prince jugez, pour tous nous accorder;
Quant est à moy, mais qu'à nul n'en des-
 plaise,
Petit enfant j'ay oüy recorder;
Qu'il n'est trésor que de vivre à son aise.

(1489) *Faut-il à ce muser.* Est-il besoin d'insister?

(1493) *Tous les oyseaulx.* Le chant de tous les oiseaulx qui sont d'ici à Babylone, avec une pareille nourriture, ne me retiendroient pas un seul jour, dans les bois, pas même une matinée.

(1496) *Or s'esbate,* etc. Que Franc-Gontier prenne donc ses ébats avec son Hélène.

(1498) *Se bien,* etc. Si cela leur fait plaisir, il n'y a pas de raison pour que j'en sois fâché.

(1499) *Mais quoy,* etc. Mais quoi qu'il en soit de l'homme des champs.

HUIT. CXXXIV.

1505   Item, pour ce que sçais la Bible,
      Mademoyselle de Bruyères,
      Donne prescher, hors l'Evangile,
      A elle et à ses bachelières,
      Pour retraire ces violletières
1510 Qui ont le bec si affilé ;
      Mais que ce soit hors Cymetières :
      Trop bien au marché au filé.

BALLADE XII.*

DES FEMMES DE PARIS.

I.

Quoy qu'on tient belles langagières
Génevoises, Véniciennes,

(1505) *Vers* que Marot dit avoir refait. J'ai cru devoir mettre *sçais* au lieu de *sçait*.—Ce qui signifie : Parce que je connois l'Ecriture sainte, qui défend aux femmes d'annoncer la parole de Dieu.

(1507) *Donne.* J'autorise à prêcher autre chose que l'Évangile.

(1509) *Pour.* Pour convertir ces marchandes de fleurs.

(1511) *Mais.* Pourvu qu'elle fasse ses sermons hors du cimetière.

(1512) *Trop.* Le marché aux filles est le lieu qu'il lui conviendroit le mieux de choisir.

* Ballade de sa rescription des femmes de Paris. *An. gd. niv. et Bo.*

(1513) *Quoy.* Quoique les femmes génoises, vénitiennes et surtout les plus vieilles d'entr'elles passent pour bonnes parleuses ; assez bonnes pour être ambassadrices.

(1515) M. le Duchat n'a pas compris ce vers, lorsqu'il a cru que *messagère* étoit l'équivalent de messagère d'amours.

 1515 Assez pour estre messaigères,
   Et mesmement les anciennes;
   Mais soient Lombardes, Rommaines,
   Florentines, à mes périlz,
   Pymontoises, Savoysiennes,
 1520 Il n'est bon bec que de Paris.

II.

   De beau parler tiennent chayères,
   Ce dit-on, les appolitaines,
   Et que bonnes sont càcquetoères
   Almanses, et Bruciennes;
 1525 Soient Grecques, Egyptiennes,
   De Hongrie, ou d'autre pays,
   Espaignolles, ou Castellannes,
   Il n'est bon bec que de Paris.

III.

   Brettes, Suysses n'y sçavent guères;
 1530 Ne Gasconnes, et Tholouzannes;
   De Petit-pont deux harangères,
   Les concluront; et les Lorraines,

(1518) *A mes perils.* Je m'en fais garant.
(1520) *Il n'est.* Il n'y a de bonne langue qu'à Paris.
(1521) *Tiennent chayères.* Donnent des leçons.
(1522) *Appolitaines.* Napolitaines.
(1523) *Cacquetoères.* Parleuses, jaseuses.
(1524) *Almanses.* Les Allemandes et les Prussiennes.
(1529) *Brettes.* Les Bretonnes et les femmes suisses ne savent rien.
(1531) *De petit.* Deux harangères du Petit-Pont.
(1532) *Les concluront.* Les mettront à bout.

Anglesches, ou Callaisiennes ;
Ay je beaucoup de lieux compris?
1535 Picardes, de Valenciennes;
Il n'est bon bec que de Paris.

ENVOI.

Prince aux dames Parisiennes
De bien parler donnez le pris;
Quoy qu'on die d'Italiennes,
1540 Il n'est bon bec que de Paris.

HUIT. CXXXV.

Regarde m'en deux, trois, assises
Sur le bas du ply de leurs robes,
En ces monstiers, en ces églises;
Tire t'en pres, et ne t'en hobes;
1545 Tu trouveras qu'oncques Macrobes
Ne feit d'aussi beaulx jugemens,
Entens, quelque chose en desrobes,
Ce sont tous bons enseignemens.

(1542) Vers que Marot dit avoir refait.
(1543) *Monstiers*, etc. Églises de couvent.
(1544) *Tire t'en près*. Approche et demeure quelques instans auprès d'elles.
(1547) *Entens*. Écoute-les et retiens quelque chose de leurs discours.

HUIT. CXXXVI.*

  Item et au mont de Montmarre,
1550 Qui est ung lieu moult ancien ;
  Je lui donne et adjoincts le tertre
  Qu'on dit de mont Valérien ;
  Et oultre plus d'ung quartier d'an
  Du pardon qu'apportay de Romme ;
1555 S'y yra maint bon paroissien
  En l'abbaye où il n'entre homme.

HUIT. CXXXVII.

  Item valetz et chamberières
  De bons hostelz, rien ne me nuyst,
  Faisans tartres, flans, et goyères,
1560 Et grant rallias à minuict ;
  Riens n'y font sept pintes, ne huict
  Tandis que dorment maistre et dame ;
  Puis après, sans mener grant bruyt,
  Je leur ramentoy le jeu d'asne.

---

* Ce huit., tiré du *Mss. c.*, manque dans toutes les éditions.

(1549) Il y avoit à Montmartre une abbaye de filles, fondée par Louis VI en 1134, qui, du temps de Villon, étoit obérée de dettes et pouvoit bien aussi être un peu relâchée.

(1552) Il y avoit des religieux au mont Valérien.

(1553) *Et oultre plus*. En outre je leur donne trois mois des indulgences, etc.

(1557) *Item valets, etc.* A valets et à servantes de bonne maison, qui font (ce qui me chagrine fort peu) des tartes, des flans, des goyères, et de bons repas à minuit. Je puis leur donner, tandis que les maitres dorment, sept pintes de vin ou huit.

HUIT. CXXXVIII.

1365   Item et à filles de bien,
Qui ont pères, mères, et antes,
Par m'ame, je ne donne rien,
Car j'ay tout donné aux servantes;
Se fussent-ilz de pou contentes;
1570 Grant bien leur feissent maintz lopins,
Aux povres filles advenantes,
Qui se perdent aux Jacopins.

HUIT. CXXXIX.

Aux Célestins et aux Chartreux,
Quoy que vie meinent estroicte,
1575 Si ont ilz largement entre eulx,
Dont povres filles ont disette;
Tesmoing Jaqueline, et Perrette
Et Isabeau qui dit, *enné*.
Puis qu'ilz en ont telle souffrete,
1580 A peine en seroit on damné.

HUIT. CXL.

Item à la grosse Margot,

(1566) *Antes*. Tantes.

(1569) *De pou*. De peu.

(1570) *Grant*. Elles seroient bien soulagées, si elles avoient ce qui se perd aux Jacobins.

(1571) *Advenantes*. En âge d'être mariées; bien disposées.

(1578) *Enné*. (Enné est un juron de filles. Marot.)

(1579) *Puisqu'ilz*. Puisqu'elles sont forcées d'endurer ces privations. Il est difficile qu'elles se damnent. (Les filles advenantes.)

Très doulce face et pourtraicture.
Foy que doy, *Brelare Bigod;*
Assez devote créature.
1585 Je l'ayme de propre nature,
Et elle moy, la doulce sade.
Qui la trouvera d'adventure;
Qu'on luy lise ceste ballade.

BALLADE XIII.

I.

Se j'ayme et sers la belle de bon haict,
1590 M'en devez vous tenir à vil ne sot?
Elle a en soy des biens à fin souhaict.
Pour son amour ceings, bouclier et passot.
Quant viennent gens, je vous happe le pot,

(1582) *Très.* Je lui donne.

(1583) *Brelare bigod.* (En ang'oys, Dieu et Nostre-Dame. Marot.) M. le Duchat voudroit lire *frelare, bigod*, mots qu'il dit être allemands. Je pense que *bigod* vient de l'anglois *by* et *god.*

(1584) *Assez dévote.* Elle est assez bonne, assez aimante créature.

(1585) *De propre nature.* Par inclination.

(1586) *La doulce sade.* La charmante beauté.

(1589) *De bon haict.* De bon cœur, avec plaisir.

(1591) *A fin souhaict.* Qui peuvent satisfaire tous les désirs.

(1592) *Pour.* Pour elle je prends mon bouclier et ma lance.

Au vin m'envoys; sans demener grand bruyt.
1595 Je leur tendz eau, frommage, pain, et fruict;
S'il payent bien, je leur dy que bien stat,
Retournez cy, quant vous serez en ruyt;
En ce bourdel, où tenons nostre estat.

II.

Mais tost après il y a grant deshait,
1600 Quant sans argent s'en vient coucher Margot;
Veoir ne la puis, mon cueur à mort la hait.
Sa robe prens, demy ceinct, et surcot,
Si luy promet qu'ilz tiendront pour l'escot.
Par les costez si se prend, l'Antechrist,
1605 Crie, et jure par la mort Jésuchrist
Que non fera. Lors j'enpongne ung esclat,

(1594) *Demener.* Faire.
(1595) *Je leur tendz.* Je leur sers, etc.
(1596) *Que bien stat.* Cela va bien; s'est bien passé.
(1597) *Ruyt.* Rut.
(1599) *Grant deshait.* Il y a grand déplaisir.
(1602) *Sa robe.* Je m'empare de sa robe, de son corset et de son manteau.
(1604) *Par les costez.* Elle met ses mains sur ses côtés.
(1606) *Que non sera.* Que cela n'aura pas lieu. J'ai mis *sera* au lieu de *fera* qu'on trouve partout. — *J'empogne*, etc. Je m'empare d'une buche.
(1607) *Dessus,* etc. Je lui en donne sur le nez.

Dessus le nez luy en fais ung escript,
En ce bourdel où tenons nostre estat.

III.

Puis paix se faict, et me lasche ung gros pet,
1610 Plus enflée qu'ung vénimeux scarbot.
Riant m'assiet le poing sur le sommet,
Gogo me dit, et me fiert le jambot.
Tous deux yvres, dormons comme ung sabot;
Et au resveil quand le ventre luy bruyt,
1615 Monte sur moy, quel' ne gaste son fruyt.
Soubz elle geins, plus qu'ung aiz me faict plat,
De paillarder tout elle me destruict;
En ce bourdel où tenons nostre estat.

ENVOI.

Vente, gresle, gelle, j'ay mon pain cuict.
1620 Je suis paillard, la paillarde me duit.

(1611) *Riant.* Elle me met en riant le poing sur la tête, comme pour me menacer.

(1612) *Godo.* Elle me plaisante et me frappe sur le jambot. M. Formey veut qu'on mette *gogo* au lieu de *godo*, et *fait* au lieu de *fiert*. Il ne paroît pas avoir compris le sens de ce vers.

(1614) *Bruyre.* Brûler.

(1615) *Quel ne gaste.* Crainte de blesser l'enfant qu'elle porte.

(1616) *Geins.* Suis gisant. *Aiz.* Planche.

(1620) *Me duit.* Me plait.

L'ung vault l'autre, c'est à mau-chat mau-rat.
Ordure amons, ordure nous affuyt.
Nous deffuyons honneur, il nous deffuyt;
En ce bourdel où tenons nostre estat.

HUIT. CXLI.

1625　Item à Marion l'Ydolle,
Et la grand Jehanne de Bretaigne;
Donne tenir publique escolle,
Où l'escolier le maistre enseigne.
Lieu n'est où ce marché ne tienne,
1630　Si non en la grille de Mehun;
De quoy je dy, fy de l'enseigne,
Puis que l'ouvrage est si commun.

HUIT. CXLII.

Item à Noë le Jolys,
Autre chose je ne luy donne,
1635　Fors plein poing d'osiers frez cueilliz.

(1621) *A mau chat.* A chat rusé, rat rusé.
(1622) *Nous affuyt.* Vient, accourt chez nous.
(1623) *Nous deffuyons.* Nous fuyons l'honneur et il nous fuit.
(1627) *Publique escole.* Maison publique.
(1629) *Lieu n'est.* Il n'y a pas de lieu où elle ne fasse son commerce.
(1630) *Sinon.* Excepté dans la prison de Meun.
(1635) *Fors.* Excepté une poignée d'osiers, fraichement cueillis, pour le corriger.

(225)

En mon jardin je l'abandonne.
Chastoy est une belle aulmosne;
Ame n'en doit estre marry.
Unze vingtz coups luy en ordonne,
1640 Par les mains de maistre Henry.

HUIT. CXLIII.

Item ne sçay qu'à l'Hostel Dieu
Donner, n'aux povres hospitaulx;
Bourdes n'ont icy temps, ne lieu,
Car povres gens ont assez maulx.
1645 Chascun leur envoye leurs os.
Les mandians ont eu mon oye,
Au fort ilz en auront les os ;
A povres gens menue monnoye,

HUIT. CXLIV.

Item je donne à mon barbier,
1650 Qui se nomme Colin Galerne,

(1636) *En mon jardin.* Je le laisse dans mon jardin, c'est-à-dire en prison.

(1637) *Chastoy.* La correction est une bonne œuvre.

(1638) *Ame.* Personne ne doit être fâché de la recevoir.

(1639) *Unze.* Je veux qu'il lui soit distribué 220 coups de verges.

(1640) *Par.* Par Henri Cousin, bourreau de Paris.

(1643) *Bourdes.* Ce n'est ni le moment, ni le lieu sur lequel il convient de plaisanter.

(1644) *Ont assez maulx.* Sont assez malheureux.

(1647) *Au fort.* Hé bien ! ils sont assurés d'en avoir, etc.

(1648) *A povres.* Après tout il n'est pas nécessaire de donner beaucoup aux pauvres gens.

Prés voysin d'Angelot l'herbier ;
Ung gros glasson, prins où ? en Marne ;
Affin qu'a son ayse, s'yverne,
De l'estomach le tienne près.
1655 Se l'yver ainsi se gouverne,
Trop n'aura chault l'esté d'après.

HUIT. CXLV.

Item rien aux enfans trouvez ;
Mais les perduz fault que console,
Qui doivent estre retrouvez,
1660 Par droict, chez Marion l'Idolle.
Une leçon de mon escole
Leur liray, qui ne dure guière.
Teste n'ayent dure, ne folle,
Mais escoutent, c'est la dernière.

(1653) *Se yverne.* S'il fait froid.

(1655) *Se gouverne.* S'il se traite ainsi durant l'hiver.

(1657) *Item.* Je ne donne rien à ceux de mes amis que la justice tient entre ses mains.

(1658) *Mais les.* Mais il convient que je donne aux autres quelques conseils.

(1659) *Qui.* Ils doivent être revenus naturellement, etc.

(1661) *Une leçon.* Un chapitre fort court de ma morale.

BELLE LEÇON.

DE VILLON AUX ENFANS PERDUZ.

I.

1665   Beaux enfans, vous perdez la plus
Belle rose de vo chappeau.
Mes clercs apprenans comme glu;
Se vous allez à Montpippeau,
Ou à Rueil, gardez la peau;
1670 Car pour s'esbatre en ces deux lieux,
Cuidant que vaulsist le rappeau,
La perdit Colin de Cayeulx.

II.

Ce n'est point ung jeu de trois mailles,
Où va corps, et peut estre l'ame :

(1666) *Belle rose*, etc. Vous perdez les plus beaux jours de votre vie.— *Vo chapeau*. Votre couronne.

(1667) *Mes clercs*. Vous, mes écoliers, élevés à prendre et à ne pas lâcher prise.

(1670) *Car*. Car pour avoir voulu exercer son industrie.

(1671) *Cuidant*. Pensant que s'il tomboit entre les mains de la justice, il en sortiroit par un appel.

(1672) *La perdit*. Colin de Cayeu perdit la peau. (Voy. 2ᵉ Ballade du Jargon.)

(1673) *Ce n'est*. Ce n'est pas un petit jeu que celui.

1675 S'on perd, rien n'y sont repentailles,
Qu'on ne meure à honte et diffame;
Et qui gaigne, n'a pas à femme
Dido la royne de Cartage.
L'homme est donc bien fol et infame,
1680 Qui, pour si pou, couche tel gage.

III.

Qu'ung chascun encore m'escoute,
On dit, et il est vérité,
Que charrèterie se boyt toute;
Au feu l'yver, au bois l'esté.
1685 S'argent avez, il n'est enté;
Mais le despendez tost et viste;
Qui en voyez vous hérité?
Jamais mal acquest ne proffite.

(1675) *Rien n'y sont.* Le repentir n'empêche pas qu'on ne meure ignominieusement.

(1677) *N'a pas à femme.* N'est pas très-fortuné pour cela.

(1679) *L'homme.* L'homme qui met un enjeu pareil pour retirer si peu, est donc bien fou.

(1683) *Charrèterie.* Charge d'une voiture. On dit que, soit au coin du feu en hiver, soit au bois en été, la provision de vin finit toujours par être épuisée.

(1685) *Il n'est enté.* Il n'est attaché nulle part.

(1687) *Qui en.* Quel est celui que vous voyez s'enrichir par cet argent?

BALLADE XIV.

DE BONNE DOCTRINE A CEULX DE MAUVAISE VIE.

I.

 Car or soyes porteur de Bulles;
1690 Pipeur, ou hézardeur de dez;
 Tailleur de faulx coings, tu te brusles,
 Comme ceulx qui sont eschaudez;
 Trahistres pervers, de foy vuydez;
 Soyes larron, ravis, ou pilles;
1695 Où en va l'acquest, que cuydez?
 Tout aux tavernes et aux filles.

II.

Ryme, raille, cymballe, luttes,

(1689) *Porteur de bulles.* Les bulles de Rome n'étoient alors introduites que frauduleusement.

(1690) *Hezardeur de dez.* Joueur frippon.

(1691) *Tailleur.* Soyez fabricant de faux coins, vous exposant ainsi à être suppliciés par l'eau bouillante.

(1693) *Trahistres.* Soyez traîtres, sans foi, etc.

(1694) *Soyes.* Soyez voleur ravissant ou pillant.

(1695) *Où en.* Où pensez-vous que passera le produit de votre industrie ?

(1697) *Ryme.* Fais des vers, sois bouffon, joueur d'instruments ou baladin.

(228)

  Hante tous autres eshontez ;
  Farce, broille, joue des flustes,
1700 Faictz ès villes et ès cités,
  Fainctes, jeux et moralitez ;
  Gaigne au berlan, au glic, aux quilles ;
  Ou s'en va tout ? Or escoutez ;
  Tout aux tavernes et aux filles.

III.

1705 De telz ordures te reculles,
  Laboure, fauche champs et prez ;
  Serz, et panse chevaulx, et mulles,
  S'aucunement tu n'es lettrez ;
  Assez auras, se prens en grez.
1710 Mais se chanvre broyes, ou tilles,
  Ne tens ton labour qu'as ouvrez,
  Tout aux tavernes et aux filles.

ENVOI.

  Chausses, pourpoinctz, et bourreletz,
  Robes, et toutes vos drapilles ;

(1698) *Hante.* Fréquente tout ce qu'il peut y avoir encore de gens sans pudeur.

(1697) *Farce.* Sois farceur, comédien ou joueur de flûtes.

(1700) *Faictz.* Va représenter par les villes, etc.

(1702) *Berlan.* Brelan.

(1707) *Serz.* Prends du service.

(1709) *Assez.* Tu seras assez riche si tu fais ces travaux avec goût.

(1711) *Ne tens.* N'aille pas donner le produit de ton travail.

(1714) M. Formey dit n'avoir trouvé nulle part le mot *drapilles*, et il ne l'explique pas. Il rend *ains*, par *à moins*, ce qui n'est pas exact. — *Bourrelets*, coiffure. *Drapilles*, hardes, menu linge. *Ains*, avant.

1715 Ains que cessez, vous porterez,
Tout aux tavernes et aux filles.

HUIT. CXLVI.

A vous parle compaings de galles
Mal des ames, et biens des corps;
Gardez-vous bien de ce mau hasles,
1720 Qui noircist gens quant ils sont mortz;
Eschevez le, c'est mauvais mord;
Passez vous en mieulx que pourrez;
Et, pour Dieu, soyez tous recors
Qu'une fois viendra que mourrez.

HUIT. CXLVII.

1725   Item je donne aux Quinze-vingtz,
Qu'autant vauldroit nommer trois cens,
De Paris, non pas de Provins;

(1717) *Compaings de galles*. Compagnons de libertinage.

(1719) *Mau hasles*. Mauvais hâle. Feu de l'enfer.

(1721) *Eschevez-le*. Evitez-le ; c'est un vilain morceau.

(1723) *Soyez tous recors*. N'oubliez jamais.

(1725) *Quinze-vingtz*. Hospice des pauvres aveugles à Paris. Le nombre des membres internes a été fixé à 300 par saint Louis, d'où est venu le nom de Quinze-Vingts.

(1727) *Non pas de Provins*. Les Quinze-vins de Provins étoient probablement un cabaret dont l'enseigne renfermoit un mauvais calembourg.

Car à eulx tenu je me sens.
Ilz auront, et je m'y consens,
1730 Sans l'estuy, mes grandes lunettes
Pour mettre à part, aux Innocens,
Les gens de bien, des deshonnestes.

HUIT. CXLVIII.

Icy n'y a ne rys, ne jeu ;
Que leur vault avoir eu chevances ;
1735 N'en grans lictz de paremens geu ;
N'engloutir vin en grasses panses ;
Mener joye, festes, et danses ;
Et de ce prest estre à toute heure ?
Tantost faillent telles plaisances,
1740 Et la coulpe si en demeure.

(1728) *Car à eulx.* Car je leur dois quelque chose.

« Et de son bon gré ordonna (Villon),
» Pour mieulx bailler de ses sornettes,
» Qu'on donna toutes ses lunettes,
» Après sa mort aux 15-20,
» Pour tant qu'ils furent ses voisins. »
(Eloy Damerval, *Déablerie*, ch. 68.)

(1731) *Aux Innocens.* Au cimetière des Innocens.
(1734) *Que.* Que leur sert d'avoir été riche.
(1735) *N'en.* Et d'avoir couché sur des lits somptueux.
(1738) *Et de ce.* Et de ne jamais avoir eu d'autres occupations.
(1739) *Tantost.* Ces plaisirs passent vite.
(1740) *Et la coulpe.* Il ne reste que le criminel attachement qu'on a eu pour eux.

HUIT. CXLIX.

 Quant je considère ces testes,
Entassées en ces charniers ;
Tous furent maistres des requestes,
Ou tous de la chambre aux deniers ;
1745 Ou tous furent porte paniers ;
Autant puis l'ung que l'autre dire :
Car d'evesques, ou lanterniers,
Je n'y congnois rien à redire.

HUIT. CL.

 Et icelles qui s'enclinoient,
1750 Unes contre autres en leur vies,
Des quelles les unes regnoient
Des autres craintes et servies,
Là, les voy, toutes assouvies,

(1742) *Charniers.* Le Charnier étoit un lieu destiné à recevoir les ossemens exhumés. M. Laurière, et d'autres avec lui, ont confondu le charnier avec le cimetière, dont il faisoit partie.

(1744) *Chambre aux deniers.* Dans la maison du roi, c'étoit un conseil chargé de l'administration des finances.

(1745) *Porte paniers.* Porte hôte, porte faix.

(1746) *Autant.* Je puis à chacune de ces têtes appliquer l'un comme l'autre titre.

(1747) *Car.* Car soit évêques ou lanterniers, tous sont là également honorables.

(1749) *Et icelles.* Et celles qui se fesoient des politesses.

(1753) *Assouvies.* N'ayant rien à se demander ni à se rendre, c'est le sens d'*Assouvie*, mot qui n'a pas été compris par M. Formey.

Ensemble en ung tas pesle mesle.
1755 Seigneuries leur sont ravies,
Clerc ne maistre ne s'y appelle.

HUIT. CLI.

Or sont ilz mortz, Dieu ayt leurs ames,
Quant est des corps, ilz sont pourriz.
Ayent esté seigneurs, ou dames,
1760 Souef et tendrement nourriz,
De cresme, fromentée, ou riz ;
Leurs os sont déclinez en pouldre :
Ausquelz ne chault d'esbat, ne riz ;
Plaise au doulx JÉSUS les absouldre.

HUIT. CLII. *

1765 Aux trespassez je fais ce lays,
Et icelluy je communique
A régentz, courtz, sièges, et plaids,
Hayneurs d'avarice l'inique ;

(1754) *Ensemble.* Ce mot doit se lier avec le verbe *voir.*
(1755) *Seigneuries.* Elles n'ont plus autorité les unes sur les autres.
(1760) *Souëf.* Délicatement et tendrement nourris de, etc.
(1762) *Leurs.* Leurs os sont tombés en poussière.
(1763) *Ausquels.* Lesquels s'intéressent peu aux plaisirs, etc.
* Ce huitain manque dans le *Gd. Niv. Bo.*
(1765) *Ce lays.* Le lay qui suit.
(1767) *A Regents.* Aux gouverneurs, aux cours souveraines, aux cours subalternes et aux cours pour le contentieux.
(1768) *Hayneurs.* Gens qui abhorrent l'avarice.

Lesquelz pour la chose publique
1770 Se seichent les os et les corps :
De Dieu et de sainct Dominique
Soient absolz, quant ilz seront mort.

LAYS*.

I.

Au retour de dure prison,
Ou j'ay laissé presque la vie,
1775 Se fortune à sur moy envie,
Jugiez s'elle fait mesprison
Il me semble que, par raison,
Elle deust bien estre assouvie.
Au retour.

II.

1780   Cecy plain est de desraison,
Qui vueille que de tout desvie,

(1769) *Lesquelz.* Et qui dans l'intérêt de l'état.

(1771) Les Frères Prêcheurs, ordre institué par S. Dominique, étoient chargés de l'inquisition en France.

*Ce rondeau est imprimé pour la première fois, de même que le huitain suivant. Nous l'avons pris dans le *Mss. C.*

(1775) *Se fortune.* Si la fortune est jalouse de mon bonheur.

(1776) *Jugiez.* Jugez si ce n'est pas par erreur.

(1777) *Par raison.* Raisonnablement elle devroit être satisfaite.

(1780) *Cecy.* Vouloir que je meurs à tout, c'est déraisonnable.

Plaise à Dieu que l'ame ravye
En soit, Lassus en sa maison,
Au retour.

HUIT. CLIII.

1785 Item, donne à maistre Lomer,
Comme extraict que je suis de fée,
Qu'il soit bien amé, mais d'amer
Fille en chief, ou femme coëffée,
Jà n'en ayt la teste eschauffée.
1790 Ce qui ne ly couste une noix,
faire ung soir peut, sorz la faffée,
En despit d'Auger le Danois.

HUIT. CLIV.

Item rien à Jaques Cardon,
Car je n'ay rien pour luy honneste.
1795 Non pas qu'il gette à l'abandon

(1782) *Plaise.* Plaise à Dieu, qu'en retour de mes souffrances, mon âme soit placée là haut dans le ciel.

(1786) *Comme.* Comme fils de fée, en ma qualité de magicien.

(1788) *Fille en chief.* Fille coëffée en cheveux, ou femme portant bonnets.

(1789) *Jà.* Qu'il n'ait jamais.

(1790) *Ce qui.* Ce qui ne lui coûtera rien.

(1792) *En,* etc. Ogier ou Auguier-le-Danois, chevalier d'une bravoure sans égale, qui repoussa les Sarrasins, vengea l'honneur des dames, fit un voyage en paradis, où il trouva la fontaine de Jouvence, et vint mourir à St-Faron de Meaux, dit la chronique.

(1795) *Gette à l'abandon.* Dépense follement. (V. P. T. h. 17.)

Pour la belle bergeronnette ;
S'elle eust le chant *marionette*
Faict por Marion la Peau-tarde,
Ou, *donnez vostre huys Guillemette*,
1800 Elle allast bien à la moustarde.

HUIT. CLV.

Item donne aux amans enfermes,
Sans le lay maistre Alain Chartier,
A leurs chevetz de pleurs et lermes
Trestout fin plain ung benoistier,
1805 Et ung petit brin d'esglantier
En tout temps verd, pour gouppillon ;
Pourveu qu'ilz diront ung *Psaultier*,
Pour l'ame du pouvre Villon.

HUIT. CLVI.

Item à maistre Jaques James,
1810 Qui se tue d'amasser biens,

(1797) *S'elle eust.* Si elle savoit la chanson *Marionètte*, qui a été composée pour la vieille Marion, ou bien celle, *Donnez votre huys Guillemette*, elle feroit une bonne fille publique.

(1801) *Enfermes.* Malades languissans d'amour.

(1802) *Sans.* Outre. Alain Chartier a composé plusieurs pièces galantes, et une pièce entre autres intitulée l'Hospital d'amours. Je pense que c'est de celle-là et non du lay de Plaisance, comme le dit M. Le Duchat, que Villon veut parler.

(1804) *Trestout.* Un bénitier entièrement plein.

(1807) *Psaultier.* Office canonial.

Donne fiancer tant de femmes
Qu'il vouldra, mais d'espouser, riens.
Pour qui amasse-il? pour les siens.
Il ne plainct fors que ses morceaulx ;
1815 Ce qui fut aux truyes, je tiens
Qu'il doit de droit estre aux pourceaulx.

HUIT. CLVII.

Item sera le Seneschal,
Qui une fois paya mes debtes,
En recompense, mareschal ;
1820 Pour ferrer oës et canettes.
Je luy envoye ces sornettes,
Pour soy desennuyer ; combien,
Si veult, face en des alumettes :
De bien chanter s'ennuye on bien.

HUIT. CLVIII.

1825 Item au Chevalier du Guet
Je donne deux beaulx petitz pages ;
Philippot, et le gros Marquet ;
Qui ont servy, dont sont plus sages,

(1811) *Donne fiancer.* Je l'autorise à fiancer, et non à épouser, etc.
(1814) *Il ne plainct fors.* Il ne regrette que ce qu'il mange.
(1815) *Ce.* Ce qu'on a gagné dans la débauche doit être dépensé dans la débauche.
(1820) *Oes.* Les oies et les canards.
(1822) *Combien.* Qu'il en fasse s'il veut.
(1824) *De.* Tout ennuie, même le chant le plus beau.
(1825) *Chevalier.* Capitaine du guet. (V. P. T. h. 22.)

La plus partie de leurs aages,
1830 Tristan Prévost des Mareschaulx.
Hélas, s'ilz sont cassez de gaiges,
Aller leur fauldra tous deschaulx.

HUIT. CLIX.

Item au Chappelain je laisse
Ma chappelle à simple tonsure,
1835 Chargée d'une seiche messe;
Ou il ne fault pas grand' lecture.
Résigné luy eusse ma cure.
Mais point ne veult de charge d'ames ;
De confesser, ce dit, n'a cure;
1840 Sinon chambrières et dames.

HUIT. CLX.

Pour ce que sçait bien mon entente,
Jehan de Calays honnorable homme,

(1829) *La plus partie.* La plus grande partie de leur vie, ce qui les a rendus plus habiles.

(1833) *Chappelain.* Nom d'un des amis de Villon.

(1834) Le bénéfice à simple tonsure étoit destiné à des clercs étudians, et n'exigeoit *pas grande lecture,* c'est-à-dire pas beaucoup d'instruction.

(1835) La messe sèche que M. Laurière a pris pour une messe sans rétribution, étoit une messe sans consécration. (V. *C. Bona de Rebus liturgicis,* liv. 1, ch. 15.)—Villon veut dire que son bénéfice n'impose pas d'autres obligations que celle de boire et de manger.

(1839) *De confesser.* Il ne se soucie pas, dit-il, de confesser d'autres personnes que , etc.

(1841) *Mon entente.* Mes intentions.

Qui ne me veit des ans a trente,
Et ne sçait comment je me nomme,
1845 De tout ce testament en somme,
S'aucune y a difficulté,
Oster jusqu'au rez d'une pomme,
Je luy en donne faculté.

HUIT. CLXI.

De le gloser et commenter;
1850 De le diffinir, ou prescripre ;
Diminuer, ou augmenter ;
De le canceller, ou transcripre,
De sa main, ne sceust il escripre ;
Interpréter, et donner cens,
1855 A son plaisir, meilleur, ou pire ;
De poinct en poinct je m'y consens.

HUIT. CLXII.

Et s'aucun, dont n'ay congnoissance
Estoit allé de mort à vie ;

(1843) *Qui.* Qui ne m'a jamais vu.

(1847) *Oster.* D'applanir toutes les difficultés, en sorte qu'il n'y ait pas plus à chicaner dans mon Testament, qu'il n'y a à tondre sur une pomme.

(1849) *De le.* Je l'autorise à l'expliquer et à le commenter.

(1850) *Diffinir.* Expliquer. *Prescripre.* Déterminer.

(1852) *Canceller.* Le barrer, y effacer.

(1856) *De poinct.* Je consens article par article à tout cela.

(1857) *Et s'aucun.* Et si quelqu'un de mes légataires, ce que j'ignore, étoit, etc.

(1858) *Estoit.* Ce vers renferme un gros calembourg.

Au dict Calais donne puissance,
1860 Affin qne l'ordre soit suyvie,
Et mon ordonnance assouvie,
Que ceste aulmosne ailleurs transporte,
Sans se l'appliquer par envie;
A son ame je m'en rapporte.

HUIT. CLXIII.

1865 Item j'ordonne à saincte Avoye,
Et non ailleurs, ma sépulture :
Et affin que chascun me voye,
Non pas en chair, mais en paincture ;
Que l'on tire ma pourtraicture
1870 D'ancre, s'il ne coustoit trop cher.
De tumbel? rien. Je n'en ay cure ;
Car il gréveroit le plancher.

HUIT. CLXIV.

Item vueil qu'autour de ma fosse

(1861) *Assouvie.* Exactement accomplie.
(1863) *Par envie.* Par cupidité.
(1864) *A son.* Je m'en rapporte à sa conscience.
(1865) *Saincte Avoye.* Communauté religieuse dont la chapelle étoit au premier.
(1870) *D'ancre.* Avec de l'encre, etc.
(1871) *De tumbel.* Quel monument funèbre ? Aucun. Je m'en passerai ; car il chargeroit trop le plancher.
Tumbel est encore un de ces mots dont M. Formey n'a donné l'explication qu'en hésitant, parce qu'il ne l'avoit pas trouvé dans les glossaires. (V. *Mém. S.,* p. 1, n. 21.)

Ce que s'ensuyt, sans autre histoire,
1875 Soit escript, en lettre assez grosse ;
Et, qui n'auroit point d'escriptoire,
De charbon soit, ou pierre noire
Sans en rien entamer le plastre :
Au moins sera de moy mémoire,
1880 Telle qu'il est d'ung bon follastre.

HUIT. CLXV.

Cy gist et dort en ce sollier,
Qu'amour occist de son raillon,
Ung pouvre petit escollier,
Jadis nommé François Villon :
1885 Oncques de terre n'eut sillon.
Il donna tout, chascun le sçet,
Table, tretteaulx, pain, corbillon.
Gallans, dictes en ce verset.

(1874) *Sans autre histoire.* Et rien de plus.

(1876) *Et qui.* Et si l'on n'a pas d'écritoire, qu'on le trace au charbon, etc.

(1881) *Sollier.* C'étoit la partie supérieure de la maison.

(1882) *De son raillon.* De ses dards.

(1888) *Gallans.* Bons vivans, dites pour lui la prière suivante.

RONDEAU.

I.

    Repos éternel donne à cil,
Sire, clarté perpétuelle,
  Qui vaillant, plat n'y escuelle
N'eut oncques, n'ung brin de percil.
Il fut rez, chef, barbe, sourcil
Comme ung navet qu'on racle et pelle.
      Repos, etc.

II.

Rigueur le transmist en exil ;
Et luy frappa au cul la pelle,
Non obstant qu'il dist j'en appelle ;
Qui n'est pas terme trop subtil.
      Repos, etc.

(1889) *Repos.* Seigneur, donne le repos et la jouissance de la lumière céleste, à celui qui ne possède ni, etc. — Les deux premiers vers sont une imitation du verset usité dans les offices des morts : *Requiem œternam*, etc.

(1893) *Il fut.* Il fut rasé, tête, barbe et sourcils, comme un navet qu'on ratisse, etc., c'est-à-dire son dénûment fut complet.

(1897) *Et luy.* Et le chassa honteusement.

HUIT. CLXVI.

Item je vueil qu'on sonne à branle,
Le gros Beffray qui n'est de verre ;
Combien que cueur n'est, qui ne tremble
Quant de sonner est en son erre.
1905 Saulvé à mainte bonne terre,
Le temps passé, chascun le sçait:
Fussent gens darmes, ou tonnerre,
Au son de luy, tout mal cessoit.

HUIT. CLXVII.

Les sonneurs auront quatre miches,
1910 Si c'est trop peu, demy douzaine,
Autant qu'en donnent les plus riches ;
Mais ilz seront de sainct Estienne.
Vollant est homme de grant peine,
L'ung en sera. Quant j'y regarde,

(1902) *Le gros beffray.* La grosse cloche qui n'est pas de verre. — Cette cloche, qui étoit dans l'une des tours de Notre-Dame, n'étoit sonnée que dans les grandes solennités. Nous avons corrigé *est de verre.*

(1904) *Quant.* Lorsqu'elle est en train de sonner.

(1905) *Saulvé.* Elle a, comme chacun sait, etc.

(1908) *Au son.* Tout mal cessoit dès l'instant où on la sonnoit. — M. Le Duchat sur ce vers dit : « Le son du verre calme les buveurs, ni plus ni moins que le bruit des cloches détourne l'orage. »

(1909) *Miches.* Pain. — *Miches de S. Etienne.* Pierres. S. Etienne fut lapidé.

(1913) *Vollant.* Vollant, bon ouvrier, sera l'un des sonneurs.

(1914) *Quant jo.* Quand j'y réfléchis ; mais il aura de quoi vivre, etc.

1915 Il en vivra une sepmaine.
　　　Et l'autre? — Au fort, Jehan de la *garde*.
HUIT. CLXVIII.
　　　Pour tout ce fournir et parfaire
　　　J'ordonne mes exécuteurs,
　　　Ausquelz faict bon avoir affaire,
1920 Et contentent bien leurs debteurs.
　　　Ilz ne sont pas trop grans venteurs,
　　　Et ont bien de quoy, dieu mercys.
　　　De ce faict seront directeurs,
　　　Escry ; je t'en nommeray six.
HUIT. CLXIX.
1925　　Cest maistre Martin Bellefaye,
　　　Lieutenant du cas criminel.
　　　Qui sera l'autre?—J'y pensoye,
　　　Ce sera sire Colombel,
　　　S'il luy plaist, et il luy est bel,
1930 Il entreprendra ceste charge.
　　　—Et l'autre? Michel Jouvenel,
　　　Ces trois seulz, et pour tous, j'en charge.

(1916) *Et l'autre.* Qui sera l'autre sonneur ?... hé bien ! ce sera Jean de la Garde. (V. h. 127.)

(1918) *J'ordonne.* Je nomme des exécuteurs testamentaires, avec lesquels on ne sera pas fâché de traiter, et dont mes légataires seront contens.

(1923) *De ce faict.* De mon testament seront donc exécuteurs.

(1924) *Escry.* Ecris, Firmin, j'en nommerai six pour un.

(1928) « Sire Guillaume Coulombel, puissant et riche homme. » (*Ch. Sc.*)

(1931) *Et l'autre.* Et le troisième Michel Jouvenel des Ursins, l'un des plus riches et plus puissans seigneurs du temps.

HUIT. CLXX.

 Mais au cas qu'a moy s'excusassent,
En redoubtant les premiers frais,
1935 Ou totalement recusassent,
 Ceulx qui s'ensuivent cy après,
 J'institue, gens de bien très,
 Philip Bruneau noble escuyer;
 Le second, son voysin d'emprès,
1940 Nommé maistre Jacques Raguyer;

HUIT. CLXXI.

 Et le tiers, maistre Jaques James;
Trois hommes de bien et d'honneur,
Desirans de saulver leurs ames,
Et doubtans Dieu nostre Seigneur :
1945 Car plustost ilz mettroient du leur,
 Qu'a ceste ordonnance ne faillent.
 Point n'auront de contreroolleur;
 A leur bon seul plaisir en taillent.

HUIT. CLXXII.

 Des testamens qu'on dit le maistre,
1950 De mon faict n'aura *quid* ne *quod*;

(1939) *Voisin d'emprès.* Son voisin qui est près. Le plus proche.
(1944) *Et doubtans Dieu.* Et craignant Dieu.
(1946) *Qu'a.* Plutôt que de ne pas accomplir mes volontés.
(1948) *A leur.* Qu'ils fassent selon leur bon plaisir.

Mais ce sera ung jeune prebstre,
Qui se nomme Thomas Tricot,
Voulentiers beusse à son escot
Et qu'il me coustast ma cornette.
1955 S'il sçeut joüer en ung trippot,
Il eust du mien, le trou perrette.

HUIT. CLXXIII.

Quant au regard du luminaire,
Guillaume du Ru j'y commectz.
Pour porter les coings du suaire,
1960 Aux exécuteurs le remectz.
Trop plus mal me font qu'oncques mais,
Panil, cheveulx, barbe, sourcilz.
Mal me va, temps est désormais,
Que crie à toutes gens merciz.

(1954) *Et qu'il.* Dût-il m'en coûter, etc.
(1956) *Il eust.* Je lui léguerois le trou perrette. Marot dit que c'étoit un jeu de paume.
(1958) *Je y commectz.* J'en charge.
(1961) *Trop.* Je ressens des douleurs plus vives que, etc.
(1962) *Panil.* C'est le poil qui vient dans un lieu que la pudeur défend de nommer.
(1963) *Mal me va.* Je suis bien malade.
(1964) *Que.* Que je demande pardon à tout le monde.

BALLADE XV.

PAR LAQUELLE VILLON CRYE MERCY A CHASCUN.

I.

1965   A Chartreux, et à Célestins;
         A mendians, et à dévotes;
         A musars, et cliquepatins;
         A servans, et filles mignottes,
         Portant surcotz et justes cottes;
1970   A cuideraulx d'amours transis,
         Chaussans, sans meshaing, fauves bottes;
         Je crye à toutes gens merciz.

II.

         A fillettes monstrans tetins,
         Pour avoir plus largement hostes;

(1967) *Musars.* (M. le Duchat: fainéant; M. Formey: paresseux.) Ce n'est proprement ni l'un ni l'autre. Musart veut dire qui s'arrête pour regarder, pour causer au lieu de faire son chemin; de même que *clique, patins,* est synonime de galopin, qui court les rues, et non de traîne savatte, comme le dit M. le Duchat.

(1968) *Filles mignottes.* Filles élégantes.

(1970) *A cuideraulx.* A ces jeunes vaniteux, qui chaussent élégamment, etc.

(1973) *A fillettes.* Aux filles publiques qui, etc.

1975 A ribleurs meneurs de hutins ;
A basteleurs traynans marmottes ;
A folz et folles, sotz et sottes,
Qui s'en vont sifflant cinq et six ;
A marmousetz et mariottes ;
1980 Je crye à toutes gens merciz.

III.

Sinon aux trahistres chiens mastins,
Qui m'ont faict manger dures crostes,
Et boire eau maintz soirs et matins,
Qu'ores je ne crains pas trois crottes;
1985 Pour eulx je feisse petz et rottes
Voulentiers, si ne fusse assis ;
Au fort, pour éviter riottes,
Je crye à toutes gens merciz.

(1975) *Aribleurs.* Aux coureurs de nuit qui se plaisent à faire d désordre.

(1977) *A folz.* Aux étourdis. *Sotz.* Farceurs, plaisans.

(1978) *Qui.* Qui vont dans les rues par bandes de cinq ou six, en sifflant.

(1979) *A marmousetz.* Probablement petits garçons et petites filles (Not. de M. Formey.)

(1981) *Sinon.* Il parle de l'évêque d'Orléans et de ses officiers (V. h. 1 et suiv.; 63 et 64.)

(1982) *Dures crostes.* Dures croûtes ; du pain sec.

(1984) *Que ores.* Tellement que s ce moment je ne saurois faire trois, etc.

(1987) *Au fort.* Au reste, pour éviter toute espèce de discussion.

ENVOI.

 S'on leur froissoit les quinze costes
1990 De bons mailletz, fortz et massis;
 De plombée, et de telz pelottes;
 Je crye à toutes gens merciz.

BALLADE XVI.

I.

 Icy se clost le testament,
 Et finist du pouvre Villon.
1995 Venez à son enterrements,
 Quant vous orrez le carillon,
 Vestuz, rouges com vermillon,
 Car en amours mourut martir;
 Ce jura il, sur son chaignon
2000 Quant de ce monde voult partir.

(1989) *S'on.* L'opinion du peuple étoit alors qu'il manquoit à l'homme la côte dont Dieu avoit formé la première femme.

(1991) *De plombée.* Avec des massues garnies de plomb et autres instrumens de même nature.

(1997) La couleur rouge dans l'Eglise est plus particulièrement affectée aux fêtes des martyrs.

(1999) *Sur son chaignon.* Sur sa tête, par sa tête.

(2000) Dans toutes les éditions le Testament finit avec ce vers. Nous avons tiré le reste de la Ballade du *Mss. C.*

II.

Et je croy bien que pas n'en ment,
Car chassié fut comme un soullon,
De ses amours hayneusement;
Tant que dicy à Roussillon,
2005 Brosses n'y a, 'ne brossillon
Qui n'eust, ce dit il sans mentir,
Ung lambeau de son cotillon,
Quant de ce monde voult partir.

III.

Il est ainsi, et tellement,
2010 Quant mourut n'avoit q'un haillon.
Qui plus, en mourant, mallement
L'espoignoit, d'amours l'esguillon;
Plus agu que le ranguillon
D'un baudrier lui faisoit sentir:
2015 C'est de quoy nous esmerveillon,
Quant de ce monde voult partir.

(2002) *Soullon.* Linge de peu de valeur dont on se sert pour nétoyer les meubles, les ustensiles de cuisine, etc.

(2006) *Qui.* Le Mss. porte *qu'il.* J'ai corrigé.

(2007) *De son cotillon.* De sa robe, de ses vêtemens.

(2009) *Et tellement.* Et au point que lorsqu'il mourut, il ne possédoit qu'un bien méchant habit.

(2011) *Qui plus.* En outre, au moment de sa mort. Il étoit cruellement tourmenté par l'amour.

(2013) *Ranguillon.* Je crois que c'est le crochet, la boucle du baudrier formée par une espèce de dard.

ENVOI.

Prince gent comme esmérillon,
Saichiez qu'il fist, au départir :
Ung traict but de vin morillon,
2020 Quant de ce monde voult partir.

(2017) *Emérillon.* L'émérillon est le plus petit et le plus joli des oiseaux de proie qu'ou dressoit à la chasse.

(2018) *Qu'il fist.* Ce qu'il fit au moment de quitter ses amis.

(2019) *Ung.* Il but un verre de vin rouge.

FIN DU GRAND TESTAMENT.

LE

GRANT TESTAMENT.

LEÇONS DIVERSES.

HUIT. Ier.

1. *Gd.* et *Bo.* Aage. — 2. *Gd.* et *Bo.* Je beues. — 3. *Gd.* et *Bo.* Ne du tout encores fol ne sage. *Mss. C.* Ne du tout fol ne du tout saige. — 6. *Gd.* et *Bo.* d'Ausigny. *An.* Dansigny.

HUIT. II.

5. *Ver. Niv.* Peu m'a donné petite miche. *Gd.* Peu m'a d'une donné miche. — 7. *Mar.* 1330. Large ou estoit.

HUIT. IV.

1. *Mss. C.* Et s'esté m'a dur, ne cruel. — 2. *Mss. C.* Que cy je ne raconte. *Bo.* Que je ne le racompte, *Gd,* Que cy je ne le. *Niv.* Que s'il ne le racompte. *Mar.* et *Ant.* Que cy ne le. — 5. *Mss. C.* Et l'Eglise. *Bo.* Car l'Eglise. *Niv.* En l'Eglise nous dit et, etc. *Mar.* Mais l'Eglise. *Mar.* et *Aut.* Mais l'Eglise, etc. — 7.

Mss. C. Je vous dis que, etc. — 8. *Mss. C.* Quoy qu'il m'aist fait à Dieu remys. *Niv.* Tous les faits, etc.

HUIT. V.

1. *Niv. Ver* et *An.* Si prieray Dieu de bon cueur. *Gd. Bo.* Si prieray pour, etc. — 2. *Gd. Niv. Bo.* et *An.* Pour l'ame du bon, etc. — 6. *Gd.* Voise la prandre. — 8. *Gd.* A Donay. *Niv.* A Doué.

HUIT. VI.

1. *Mss. C.* Combien souvent je vueil qu'on prie. *Gd.* et *Bo.* Combien s'il veut qu'on prie. *Niv.* Combien s'il veut qu'on le prie. — 2. *Gd.* et *Niv.* Obstant que chascun, etc. — 5. *Gd.* A maisme. — 8. *Mss. C.* Du pseaulme *Deus laudem. Gd. Bo.* et *Niv.* Le pseaulme *Te Deus*, etc. *Mar.* Du pseaulme *Te Deus.*

HUIT. VII.

1. *Mar.* Sy pry. — 5. *Gd.* et *Bo.* Qui me préserve, etc.

HUIT. VIII.

2. *Mss. C.* Et de Salmon. *Bo.* Et de Salomon. — 8. *Gd.* et *Niv.* Mathieu Salé. *Bo.* Vivre autant que Mathieu Salé. *Mar.* et *aut.* Vivre autant, etc.

HUIT. IX.

1. *Gd. Niv.* et *Bo.* Tous malles. *Mss. C.* Et douze beaulx enfans masles. — 2. *Gd.* et *Bo.* Voire de son. — 4. *Gd.* et *Bo.* Conceuz au ventre virginal. — 6. *Mss. C.* Au feu daulphin.

HUIT. X.

3. *Mar.* 1530. Tant que je suis a mon , etc. — 6. *Bo.* Testament resestable.

HUIT XI.

1. *Mss. C.* Et escript l'an. *Mar.* et *aut.* Escript lay. — 2. *Mss. C.* Lorsque le roy. *Mar.* et *aut.* Que le bon roy me, etc. — 3. *Bo.* et *Gd.* De la dure prison Mehum. *Niv.* Prison Melhun. *Ver.* Prison Meun. *Mar.* Prison de Mehun. — 6. *Niv.* Venu vers luy humilier. — 7. *Mss. C.* Jusques il mourra. *Niv.* Ce que fera tant qu'il mourra.

HUIT. XII.

1. *Mar.* 1530. Plaingtz et pleurs. *Les autr.* Plaitz et pleurs. *Mss.* Plains et pleurs. — 5. *Mss. C.* Travail mais, etc. *Gd.* et *Bo.* Travailles me lubres. *Niv.* Travailler mes lubres. *Mar.* Travail mes, etc. — 6 *Mar.* Aguisa rondz comme, etc. *An. Mss. C. Bo.* et *Gd.* Aguisez rondz. *Niv.* Aguise rondz. — 7. *Mar.* Me monstrant plus que les commens. *Gd.* et *Bo.* Monstrent plus que les communs. *An.* et *Niv.* Monstrent plus que les commens. *Mss. C.* M'ouvrist plus que tous, etc. — 8. *Mar.* Sur le sens moral d'Aristote, *Niv. Gd.* et *Bo.* En sens moral de Aristote. *An.* En sens moral que Aristote. *Mss. C.* Et averroys sur Aristote.

HUIT. XIII.

3. *An.* Pelerins de maulx. — 4. *Gd.* Conforta se dit, etc. — 6. *An.* Et pourtant du don, etc. — 8. *An.* Rien ne

hait que, etc. *Mar.* Dieu ne hayt que, etc. *Mss. C.* Riens ne chet que, etc.

HUIT. XIV.

3. *Gd.* et *Bo.* Mais que me convertisse, etc. — 5, 6 et 7. *Mar.* et *aut. éd.*

> « Combien qu'en péché soye mort
> » Dieu vit et sa miséricorde
> » Se conscience me remord, etc. »

J'ai suivi le *Mss. C.* dont la version est plus naturelle.

HUIT. XV.

5. *Mar.* Tant qu'il soit meury par vieillesse. *Ver. Niv. Gd. Bo.* et *Mss. C.* Quant on le voit vieil en vieillesse. — 7. *Mss. C.* Me font telle presse. — 8. *Gd.* et *Bo.* En meureté me vouldroient veoir. *Niv.* Et menreté me, etc. *Mss. C.* et *An.* En meureté ne me, etc. *Mar.* En meureté ne, etc.

HUIT. XVI.

5. *Gd.* et *Bo.* Bien ne fais à jeunes ne vieulx. — 6. *Gd. Niv.* et *Bo.* Soyent périlz où soyent en bière. *Ver.* Soyent sur pied ou soient.

HUIT. XVII.

4. *Niv.* Esquillonné. *Ver.* Enguillonné. *Gd.* et *Bo.* Esguillonné. *Mss. C.* Esgrillonné. *Mar.* Engrillonné. — 6. *Niv.* Escameurs. — 7. *Mss. C.* Devant ce cades. *Mar.* et *aut.* Devant les cadetz.

HUIT. XVIII.

2. *Mss. C.* Larron en mer. — 5. *An.* et *Bo.* Pour

(255)

ce qu'on me voit, etc. *Mss. C. Mar.* et *aut.* Pour ce qu'on te voit. — 6. *Gd. Bo.* et *aut.* Petite fuste.

HUIT. XIX.

3. *Mss. C.* Qui si faulcement. *Mar.* et *aut.* Qui si durement — 4. *Niv.* Me vient à tout si rudement. *Gd.* et *Bo.* Et me vient saisir si rudement. — 7. *Gd.* et *Bo.* Ce mot dit communement. *Niv.* et *Ver.* Ce mot ce dit, etc. — 8. *Mss. C.* Ne gist pas trop grande loyauté. *Mar.* et *aut.* Ne gist pas trop grant' loyauté.

HUIT. XX.

1. *Niv.* Eut remisé. — 3. *Niv.* Je le meurise. — 4. *Bo.* Mauvaise et bonne se luy dit. — 5. *Mss. C. Gd. Niv.* et *Bo.* Onc puis ne mesdit. — 6. *Mss. C. Gd. Niv.* et *Bo.* A personne. — 8. *Ver.* et *An.* Le rescript. *Bo.* Valère pour vray fait récit. *Mss. C.* Valère pour vray le vous dit.

HUIT. XXI.

3. *Mar.* Qui m'eust fait en bon heur entrer. *Mss. C. Niv. Bo. An.* et *Gd.* En bon cueur entrer. — 4. *Mar.* Et puys qu'il, etc. *Mss. Gd. Bo.* et *An.* Et lors qui m'eust, etc. *Niv.* Et lors qui n'eust, etc. — 8. *Gd.* Le loup du boys.

HUIT. XXII.

2. *Gd. Niv.* et *Bo.* Au quel j'ay plus qu'autre temps gallé. — 3. *Ed. Coustellier.* Jusque à l'entrée de vieillesse. *Mar.* Jusques à l'entrée, etc. *Bo.* Jusques à l'entrée de ma vieillesse. — 4. *Gd.* Qui ons partement, etc.

HUIT. XXIII.

1. *Gd. Niv.* et *Bo.*. Elle s'en va et tu demeure. — 3. *Annales poétiq.* Triste, failly, découragé. —4. *Gd.* et *Niv.* Je n'ay sens rente ne avoir. —6. *Gd.* et *Niv.* De me savourer s'avance. — 7. *Gd.* et *Niv.* Oublyans sens et naturel debvoir.

HUIT. XXIV.

J'ai suivi pour ce huitain la version du *Ms.* plus conforme aux anciennes éditions que la version de Marot. Il y avait dans le deuxième vers, *frander*, pour *friander;* dans le quatrième, *puisse*, pour *puissent;* dans le huitième, *qui m'a*, pour *qui n'a*. C'étoient des fautes de copiste : je les ai fait disparoître. — 1. *Gd. Niv.* et *Bo.* Si ne sens avoir despendu. 2. *Mar.* Par friander ne par, etc. —3. *Mar.* Ne par trop aymer riens vendu. —4. *Mar.* Qu'amys me sçeussent reprocher. — 5. *Mar.* Au moins qui leur couste trop cher. —6. *Mar.* Je le dy et ne crains, etc. — 7.*Mar.* De ce ne me puis-je revencher. *An.* De ce je me puis revencher — 8. *Gd. Niv.* et *Bo.*. Qui n'a mal faict, etc.

HUIT. XXV.

1. *Mss. C.* (Bien est vérité que je aymé), et non pas : (en vérité que j'ay aimé), comme a lu l'auteur du *Mss. A.* J'ai remarqué plusieurs infidélités de ce genre, dans le petit nombre de citations qu'il a faites. *Gd.* et *An.* Bien et veoir que, etc. — 5. *Niv.* Des Amours sentiers.

HUIT. XXVI.

1. *Mss. C.* Bien scay se j'eusse estudié. — 2. *Mss.*

C. Ou temps, etc. — 4. *Gd. Niv.* et *Bo.* J'en eusse maison, couche molle.

HUIT. XXVII.

J'ai suivi le *Mss. C.* Marot est inintelligible. 1. *Mar.* Le dict du saige très beaulx ditctz. *Bo.* et *Gd.* Le dict du saige est beau dictz. *Niv.* Saige très beaulx éditz. — 2. *Gd.* et *Bo.* Et favorable etc. — 4. *Mar. Gd. Niv.* et *An.* Et ton adolescence mectz. 5. *Mar.* et *aut.* Ailleurs, sens bien, etc. — 6. *Gd.* Car jeunesse adolescence. — 7. *Gd.* Ne moins ne metz.

HUIT. XXVIII.

J'ai encore suivi la version du *Mss. C.* — 2. *Niv. Gd. An.* et *Bo.* Comme le bon Job, d'une touaille. 3. *Mar.* Dont les filetz, etc. *Gd. Niv. An. Bo.* Sont les filletz, etc. — 4. *Mar.* Tient en son poing, etc. *Gd. Niv. Bo* et *An.* Et en son poing ardente paille. — 5. *Gd.* et *Bo.* Lors s'il n'y a bout qu'il saille. *Niv.* Lors s'il n'y a nul bout qu'il saille. *Mar.* Car s'il y a nul bout qui saille. — 6. *Mar.* Soubdainement il le ravist. — 7. *Mar.* Si ne crains plus que riens, etc. — 8. *Mar.* Tout s'assouvist. *Gd. Niv.* et *Bo.* Tout assouvist.

HUIT. XXIX.

2. *Gd.* Que suivoye au, etc. — 6. *Gd.* D'eulx n'est plus rien. — 7. *Mss. C.* Respit ilz aient. *Mar.* et *aut.* Repos ayent, etc. — 8. *Gd.* Le demeurant. *An.* Le demourant.

HUIT. XXX.

5. *Gd. Niv.* et *Bo.* Entres aux cloistres. — 6. *Gd. Niv.* et *Bo.* Des Célestins et des, etc. — 8. *Gd. Niv.* et

Bo. Voyez l'estat divers entre eulx. *An.* Voies l'estat.

HUIT. XXXI.

2. *Mar.* En paix et à recoy. *Mss. C. Gd. Niv.* et *Bo.* En paix et en recoy. — 3. *Gd.* et *Niv.* Taire pourquoy.—5. *Mss.C.* Aux pauvres. *Mar.*et *aut.* Aux autres.

HUIT. XXXII.

1. *Gd.* et *Niv.* Bons vins souvent ont, etc. — 2. *Mss.* Gros poissons. *Mar.* et *aut.* Gras poissons— 3. *Gd. Niv.* et *Bo.* Tartes, flans, œufs pochez. —4. *Gd. Niv. Ver.* et *Bo.* Et perdrix en toutes saisons. — 6. *Gd.* et *Bo.* Que servir fault à si grand service. — 7. *Gd. Niv.* et *Bo.* Ilz n'en veullent, etc.— 8. *Gd.* et *Bo.* De soy vexer chascun se immisce. *Niv.* De soy vexer chascun se peine.

HUIT. XXXIII.

4. *Gd.* et *Niv.* Pour pugnir. —8. *Gd. Niv.* et *Bo.* Ce qui est icy escript. *Mss. C.* Ce que j'ay escript en escript. *Mar.* Ce que j'ay escript est escript.

HUIT. XXXIV.

1. *Gd. Niv.* et *Bo.* Laissons le monstier là ou il est. —4. *Gd.* et *Niv.* Ennuyeuse et desplaisante. —6. *Gd. Niv.* et *Bo.* Tousjours despite et rebellle.

HUIT. XXXV.

1. *Mss. C.* Pour ce que suis de ma jeunesse. — 2. *Gd. Niv.* et *Bo.* De povreté et de petite extrace. —4. *Mss. C.* Nommé Orrace. *Gd. Niv.* et *Bo.* Nommé race.

HUIT. XXXVI.

1. *Mar.* Me guementant. *Aut. éd.* Me guermentant. — 3. *Mss. C.* Homme ne te douleures tant. — 5. *Niv.* Se tu n'as tant qu'est. — 6. *Niv.* et *Ver.* Soubz gros barreaux. — 7. *Niv.* Pour ce qu'avoit esté seigneur *Bo.* et *Gd.* Que d'avoir esté seigneur (pauvre manque). — 8. *Gd.* Et *Bo.* et pourry.

HUIT. XXXVII.

1. *Gd.* Que ditz. — 2. *Mar.* Seigneur hélas. *Mss. Gd. Niv.* et *An.* Seigneur lasse. — 3. *Mss. C.* Selon ce que d'autres en dist. — 4. *Gd. Niv.* et *Bo.* Son lieu ne congnoist jamais. — 5. *Mss. C.* Et du seurplus je me desmes. — 8. *Mar.* 1530. Office de pécheur.

HUIT. XXXVIII.

1. *Gd. Niv. Ver. Bo.* et *An.* Si me suis bien considère. — 2. *Niv.* De telle ne d'autre cidère. *Gd. Bo.* et *Mss. C.* De telle, etc. *Mar.* De estoille. — 4. *Gd.* Dieu ait l'ame. — 7. *Gd.* Elle le sçait bien.

HUIT. XXXIX.

3. *Gd.* et *Niv.* Nobles, vaillans. *Mar.* Nobles vilains.

HUIT. XL.

1. *Mss. C.* Et meurt ou Paris ou, etc. *Ver. Gd. Niv.* et *Bo.* Et mourut Paris et Helaine. — 2. *Gd. Niv. Bo.* et *Ver.* Quiconque meurt c'est à douleur. — 4. *Gd.* et *Niv.* Puis sue Dieu qu'elle sueur. *Bo.* Puis suis, etc. *Mss. C.* Puis sent Dieu scet qu'elle sueur. *Mar.* Puis sue Dieu sçait qu'elle sueur. — 5. *Mss. C.* Et qui de ses maulx si l'alège. *Gd.* la lage. *Bo.* La leige.

HUIT. XLI.

2. *Gd.* et *Bo.* Le nez corbe. — 3. *Gd. Niv.* et *Bo.* Le corps enfle. — 5. *Mss. C.* Tant es tendre. *Mar.* et *aut.* Tant est tendre. — 6. *Mss. C.* Si précieulx. *Mar.* et *aut.* Si gracieulx. — 7. *Mss. C.* Te faudra-il à ces maulx actendre? *Mar.* et *aut.* Faudra il a ces maulx entendre?...

BALLADE I.

I.

1. *Gd.* et *Niv.* Dictes moy ne en quel païs. — 4. *Gd.* Cousine germine. *Bo.* La cousine. — 5. *Mss. C.* Etha parlant, etc. — 7. *Gd.* Qui beaulté est plus que humaine.

II.

2. *Mss. C.* Pour qui chartres et puys moyne. — 3. *Mss. C.* Pières en bailla à sainct Denys. *Gd.* Pierre es baillat. *Niv.* Pierre esbaillayt. *Bo.* Pierre est Baillart. — 4. *Gd.* et *Bo.* Eut tel essoine. — 6. *Gd.* et *Bo.* Buridam.

III.

2. *Mar. éd.* 1530. Qui chantoit à voix sereine. — 3. *Mss. C.* Berthe au plat pié. — 4. *Mar.* 1530. Harembourges.

IV.

2. *Gd.* Où elles sont de c'est an.

BALLADE II.

Ier.

1. *Gd. Niv.* et *Bo.* Qui plus est le tiers, etc. — 3. *Gd. Niv.* et *Bo.* La papaliste. —7. *Gd. Niv. Bo.* et le *Mss. C.* Et Artus le duc. *Mar.* Et Artus le roy, etc.

II.

1. *Gd. Niv. Ver.* et *Bo.* Le roi Scotice. — 2. *Bo.* Demi face avoit, etc.—3. *Mss. C.* Emathiste. *Gd. Niv.* et *Bo.* Esmatice. *Mar.* Amathiste.—4. *Gd. Niv.* et *Bo.* Jusques au menton.

III.

1. *Gd. Bo.* et *Niv.* Je m'en désiste.—2. *Gd.* et *Niv.* Le monde, etc. *Mss. C.* Ce n'est que toute abusion. *Mar.* Ce monde n'est qu'abusion. — 5. *Gd. Niv.* et *Bo.* Encore fais, etc. — 6. *Gd.* et *Bo.* Lancelot le bon roy de Behaime. *Niv.* Roy de Bohaime.

IV.

1. *Mss. An., Ver.* et *Niv.* Claquin.(On trouve ailleurs): Guesselin.—2. *Mss. C.* Ou le compte, etc. *Gd. Niv.* et *Bo.* Ou est le conte, etc. *Mar.* Et le comte, etc. — 3. *Gd.* et *Bo.* Et le bon duc d'Alençon.

AUTRE BALLADE.

I.

1. *Mss. T., Mss. C.* et *An.* Car ou soit ly, etc. *Mar.* Et fusse ly. *Gd. Niv.* et *Bo.* Mais où sont les bons. — 2. *An. Mss. T., Mss. C.* D'amys coëffez. *Mar. An.* et

aut. Demy tressez. — 3. *Gd. Niv.* et *Bo.* Qui sont seintz de sainctes estolles. *Mar.* 1530. Ceinctes estolles. — 4. *Gd.* et *Bo.* Dont par le col sont émauffez. *Niv.* Sont le mauffez. — 5. *Niv.* Du mal talent, etc. 6. *Gd.* et *Bo.* Aussi bien meurt fils que marchans. *Mss. C. An.*, et *Mss. T.* Et que filz servans. *Mar.* Filz que servans. — 7. *An. Mss. T.* et *Mss. C.* De ceste vie cy brassez. *Mar.* et *Niv.* De ceste vie suis bouffés. *Gd.* et *Bo.* De cette vie sont bouffez. — 8. *Gd. Bo.* et *Niv.* Autant en emporte les vens. (Ce vers est ainsi répété dans la ballade.)

II.

2. *Gd. Niv.* et *Bo.* L'empérière. — 3. *Gd. Niv.* et *Bo.* Le roy. — 5. *Mss. C.* Qui pour luy grant, etc. *Gd. Niv. Bo.* Qui pour le. — 6. *Gd. Niv.* et *Bo.* Vestist esgli, etc. — 7. *Gd.* et *Bo.* S'en son temps fut à honnurer.

III.

1. *Niv.* Or sont de Viene ou de Grenoble. *Gd.* et *Bo.* Ou sont de Viene, ou de, etc. — 2. *Gd. Niv.* et *Bo.* Ces trois éditions portent partout *le*, au lieu de *ly*. — 3. *Gd. Niv.* et *Bo.* Ou de Dyon, etc. — 4. *Gd.* et *Bo.* Le père et le filz aisnez. *Niv.* Le sère et le filz aisnez. *Mss. C.* Ly sires filz le plus esnez.

IV.

1. *Gd.* et *Bo.* Princes sont à mort destinez. — 2. *Gd.* et *Bo.* Et nous aultres qui sommes vivans. *Niv.* Et nous aultres qui sont vivens. — 3. *Gd.* et *Bo.* Si sont courroucez ou atenez. *Mss.* Coursez, n'atinez.

HUIT. XLII.

2. *Gd. Niv.* et *Bo.* En ventres de mères. — 4. *Gd.* et *Bo.* Passent les resnes. — 5. *An.* Mercier de renes. — 6. *Gd. Niv.* et *Bo.* Mourray-je point.

HUIT. XLIII.

1. *Niv.* et *Gd.* Le monde n'est, etc. — 2. *Gd. Niv.* et *Bo.* Quoy que pense riche paillart coustel. *Bo.* Couste. — 3. *Gd. Niv.* et *Bo.* Tous sommes nez soubz mortel. *Mar.* 1530. Tous sommes soubz mortel coute. — 4. *Gd. Niv.* et *Ver.* Et confort, etc. — 7. *Mss. C.* Con tendroit *Mar.* et *aut.* On tiendroit. — 8. *Gd. Niv.* et *Bo.* Se veillart railler se m'étoit. *Niv.* A railler.

HUIT. XLIV.

2. *Mss. C.*, *Gd.* et *Mar.* Car à ce faire le contraint. *Ver.* et *Niv.* Car à ce force le contraint. — 3. *Mss. C.* Regrecte huy sa mort, etc. — 4. *Mss. C.* et *Niv.* Son cueur si estaint. — 5. *Mss. C.* Et souvent n'estoit, etc. (Quelqu'un a mis) : « Et si souvent n'estoit. *Gd.* et *Bo.* Se souvent n'estoit. — 7. *Bo.* et *Gd.* Il advient qu'en ce, etc.

HUIT. XLV.

4. *Mss. C.* Moue ne fait qu'il ne desplaise. *Mar.* et *aut.* Chose ne faict qui, etc. — 6. *Mss. C.* et *Niv.* Fol recreu. *Mar.* et *aut.* Fol receu.

HUIT. XLVI.

1. *Bo. Niv.* et *Gd.* Et ces povres famelettes. — 3. *Gd.* et *Bo.* Quant voient ces jeunes pucelettes. — 4. *Mar.* Endemenées et à Requoy. *Mss. C.* Emprunc ter

elles à requoy. *Gd.* et *Bo.* Estre en aise et en requoy. *Niv.* En admenez et en arquoy. *Ver.* En admenez et à requoy.— 5. *Gd.* et *Bo.* Elles demandent à, etc. — 6. *Niv.* Si tost n'enquièrent, etc. — 7. *Gd. Mar. Bo. Niv.* et *An.* Tout le monde s'en taist tout quoy. *Mss. C.* Nostre Seigneur s'entaist tout quoy.—8. *Mss. C.* Il le perdroit. *Mar.* et *aut.* On le perdroit.

LES REGRETS.

Gd. Comment Villon voit à son advis la belle héaulmière en soy complaignant. *Bernier.* V. *Rab.* La belle héaulmière.

I.

1. *Bern.* Ja vis m'est, etc. — 2. *Id.* Huaumière. —3. Dans les *éd. Gd. Niv.* et *Bo.* Ce vers manque. — 7. *Bernier.* Que me tient, que je ne me fière.—8. *Gd.* et *Bo.* Et que à ce coup ne me tue.

II.

Ver. La vieille regrettant le temps de sa jeunesse. — 1. *Gd. Niv.* et *Bo.* Tollu m'as ma, etc. — 3. *Gd. Niv.* et *Bo.* Marchans ou gens d'église. — 6. *Mss. C.* Quoiqu'il en fist des, etc. *Gd. Niv.* et *Bo.* Quoy il en soit, etc. *Bernier.* Des représailles.

III.

1. *Gd.* et *Bo.* A maint homme luy reffusé.— 5. Pour ce vers et les trois suivans nous avons suivi l'ordre et la version du *Mss. C.* Voici comme *Mar. Gd. Niv. An. Bo.* et *Ver.* les avoient donnés :

« Or ne me faisoit que rudesse,

» Et par mame je l'amoys bien.

» Et à qui que feisse finesse. *Gd.* et *Bo.* Caresse. »
Il ne m'aymoit, etc.

IV.

1. *Mss. C.* Si ne me sceust. *Ver.* On ne me sceut. —
4. *Gd. Niv.* et *Bo.* S'il m'eust dit que je le baisasse. —
5. *Gd. Niv.* et *Bo.* Que tous mes maulx je n'oubliasse.
Mss. C. J'en oubliasse.

V.

1. *Mss. C.* Vieille et chenue. *Mar.* Vieille, chenue.
3 et suiv. *Gd. Niv.* et *Bo.* :

. . . . » La au bon temps
» Et que me regarde toute nue ;
» Nulle ne suis-je devenue,
» Et je me vois si très changée.

4. *Mss. C.* Quelle suis, quelle devenue.
Coustellier. Qu'elle fus, suis devenue. *Les aut. éd. de Mar.* Quelle fus et suis devenue. — 6. *Mss. C.* et *Ver.* Et je me voy si très changée. *Mar.* Ainsi changée.

VI.

2. *Mss. C.* Sourcilz voliz. *Gd. Niv. An.* et *Bo.* Les cheveulx blondz, ces cheveulx voultifz. — 3. *Gd. Niv.* et *Bo.* Le corps et le regard joly. — 5. *Mar.* Le beau nez ne grand ne petiz. *Mss. C.* Ce beau nez droit, grand ne petiz. *Mar.* Le beau nez ne grant ne petiz. *Gd. Niv.* et *Bo.* Le beau nez grand ne petiz. — 6. *Gd. Niv.* et *Bo.* Les petites gentes oreilles.

VII.

3. *Gd.* et *Bo.* Tetins et blanches charnues. *Niv.* Te-

tins et branches charnues. — 4. *Gd.* et *Bo.* Eslèves propres, etc. — 6. *Gd.* et *Bo.* Ses larges rains, etc. *Mar.* Le sadinet. *Mss. C.* Ce sadinet.

VIII.

2. *Gd. Niv.* et *Bo.* Les sourcilz chevelez, etc. — 4. *Niv.* et *Ver.* Dont maintz meschans, etc. — 5. *Gd. Niv.* et *Bo.* Nez courbez de beaulté bienloingz. — 6. *Gd. Niv.* et *Bo.* Oreilles pendantes moussues. — 8. *Gd. Niv.* et *Bo.* Menton fourcheu, lèvres fendues.

IX.

2. *Niv. Gd.* et *Bo.* Mains contraintes. — 4. *Gd. Niv.* et *Bo.* Mamelles quoy? toutes restraintes. — 5. *Gd. Niv.* et *Bo.* Telles hanches que les tettes.

X.

3. *Niv* et *Ver.* A croupetons. — 4. *Gd.* et *Bo.* Comme une pelotte. *Niv.* Tout en ung temps comme une pelotte. — 5. *An. Niv.* et *Ver.* Chancvottes. — 6. *Gd.* Tost allumées et tost, etc. — 7. Ce vers manque dans *Gd.* et dans *Bo.*

BALLADE.

I.

1. *Mss. C.* Belle gaultière. *An.* Gaultière. *Mar.* 1530. Gentière. *Gd.* et *Bo.* Or n'y pense plus belle gantière. — 2. *Gd.* Qui m'escolier. *Bo.* Mon escolier. *Mar.* 1530. Qui me scolière. *An.* Soulois estre.

II.

2. *Mar.* 1530. Estes dextre. — 5. *Gd. Bo.* et *Niv.* Tous vous fauldra clorre vostre aistre. *An.* Clorre frenestre.

III.

2. *Ver.* Gardez qu'anuy ne vous empestre. — 3. *Mss. C.* Katherine la bourcière. *Ver.* La bouchière. *Gd. Niv.* et *Bo.* Katherine la belle bouchère. — 4. *An.* Les hommes pestre. — 5. *Gd. Niv.* et *Bo.* Car qui belle n'est ne peult estre. — 6. *Mar.* et *aut.* Leur male grace. — 7. *Gd. Niv.* et *Bo.* Amour n'empestre.

IV.

3. *Gd.* et *Bo.* Pour ce que ne puis remède y mettre. *Niv.* Pource que je ne le puys y mettre.

HUIT. XLVII.

5. *Mss. C.* Bien dit en mal, etc. — 4. *Gd. Niv. Bo.* et *Ver.* En grans regretz j'ay faict ces dictz. — 6. *Gd. Niv. Ver.* et *Bo.* Aussi rassis comme je pense estre. — 7. *Mss. C.* Il me desment.

HUIT. XLVIII.

1. *Gd. Niv* et *Bo.* Si apparçoy, etc. — 3. *Mar.* 1530. Vouldroit le danger. — 5. *Gd. Niv.* et *Bo.* Si d'amer d'estrange et reboute. *An.* T'estrages et reboute. *Ver.* Ce d'amer estrange et reboute. *Mar.* L'estrange et reboute. — 7. *Gd. Niv.* et *Bo.* Tu sçais bien qu'une folle doubte.

HUIT. XLIX.

1. *Gd. Niv.* et *Bo.* S'ilz n'ayment fors que pour argent. — 4. *Gd. Niv.* et *Bo.* Et tient quant lors bource pleure. — 5. *Gd. Niv.* et *Bo.* Et celles cy on en, etc.

HUIT. L.

1. *Gd. Niv. Bo.* et *Ver.* Qu'aucuns dient cecy. — 2. *Gd.* et *Bo.* S'il ne m'en compete il en rien. *Niv.* m'en contentent il en rien. —4. *Gd.* Et se le, etc. *Bo.* Et je le, etc. — 6. *Gd.* Sy ces fillettes. *An.* Assavoir moult se ses fillettes, — 8. *An. Gd. Niv.* et *Bo.* Ne furent ilz femmes, etc.

HUIT. LI.

5. *Mar.* Prindrent avant qu'eussent. *Mss. C.* Lors prindrent ains qu'eussent. *Gd. Niv.* et *Bo.* Lors prinssent ainsi qu'eussent fermes. — 6. *Gd. Niv.* L'autre ung moyne. *Bo.* Ung moye.

HUIT. LII.

1. *Mar.* Ce décret. *Mss.* et *aut. éd.* Le décret. — 2. *Gd. Niv.* et *Bo.* Et bien appert. — 3. *Gd. Niv.* et *Bo.* Ilz aymoyent.—5. *Gd. Niv.* et *Bo.* Ceste amour se depart. —6. *Gd. Niv.* et *Bo.* Qui n'en a qun.

HUIT. LIII.

1. *Gd.* et *Bo.* Qui s'esment à ce ymaginer. — 2. *Mss. C.* Sans l'amour des dames.—4. *Mss. C.* Qui tout vivement veult amer. *Mar.* et *aut.* Que tous vivans veulent aymer. — 5. *Gd. Bo.* et *Niv.* Aultre chose ne fault aymer. — 7. *Gd. Bo.* et *Niv.* Voir à l'isle, à Saint-Omer.

HUIT. LIV.

1. *Niv.* Les folz amans le bout.—5. *Mar.* Quelque doulx baiser acollée. *Gd. Niv.* et *Bo.* Quelque doulx baiser n'accolée.

DOUBLE BALLADE.

I.

3 et 4 *Gd. Niv.* et *Bo.* Et si ja mieulx n'en vauldrez,
Et n'y rompez que, etc.
6. *Mss. T. Gd. Bo.* et *Niv.* Salomon en ydolatra.

II.

3. *Mar.* Et fut en dangier du, etc. *Gd. Niv. Bo.* et *Ver.* En fut en dangier de. *Mss. C.* En fut en danger du, etc. —*Mss. C.* Chien Cerberus à quatre testes. *Gd. Niv.* et *Bo.* Bon chien Cerberus à troys testes. *An.* Le chien Cerberus à quatre testes. — 5. *Mss. C.* Ly beaulx honnestes.

III.

1. *Mss. C. Gd. Niv.* et *Bo.* Sardana le, etc. *Mar.* Sardina. — 3. *Gd. Niv.* et *Bo.* En la fin luy convint filler. — 4. *Gd. Niv.* et *Bo.* Et le firent les pucelettes. —3. *Mar.* 1830. Molier. *Mar.* et *aut. éd.* Et voult.

IV.

1. *Gd.* Aomon voult, etc. *Niv.* Aymon en voult. — 2. *Gd. Niv.* et *Bo.* Faignant manger des, etc.—4. *Mss. C.* Qui fut. *Ver. Niv.* Qui fist. *Mar.* et *aut.* Qui fait.

V.

2. *Gd. Niv.* et *Bo.* Je fus batu com a rontoilles. — 3. *Gd. Niv.* et *Bo.* Tout nud je ne le puis celer. — 4. 4. *Gd. Niv.* et *Bo.* Les groyselles. — 6. *Mar.* Et Noë le tiers qui fut là. *Mss. T.* Noë le tiers est qui fut là. *Mss. C.* Noë le tiers ot qui, etc. — 7. *Gd. Niv.* et *Bo.* Maintes à ces, etc.

VI.

3. *Gd.* et *Bo.* Non sera et le deust-on tout vif brusler. *Niv.* Non est le deust-on, etc. *Mar.* Non et le deust-on vif. *Mss. C.* Non deust on-tout vif le brusler. — 4. *Gd. Niv.* et *Bo.* Escouvettes. — 5. *An.* Sinettes. *Gd.* et *Niv.* Sivettes. *Ver.* Finettes.

HUIT. LV.

1. *Mss. C.* J'eusse mis peine aucunement. *Gd. Niv.* et *Bo.* Certainement. — 8. *Gd. Niv.* et *Bo.* De ce las.

HUIT. LVI.

1. *Niv.* Quoy que luy voulsisse, etc. — 4. *Gd. Bo. Niv.* et *Ver.* Joignant d'elle. — 6. *Bo.* M'alloit obmusant.

HUIT. LVII.

2. *Mar.* Que c'est ung aultre. *Ver.* Que ce fust ung aultre. *Gd. Niv.* et *Bo.* Que c'estoit ung aultre. — 2. *Gd. Niv.* et *Bo.* Que c'estoit cendre. — 4. *Niv.* Chapeau de fcaulte. — 5. *Gd. Niv.* et *Bo.* De viel machefer que peaultre. — 6. *Niv.* De Busars que ce fussent ternes. *Gd.* et *Bo.* D'embesars. — *Mss. C.* Tousjours trompoit ou moy ou autre. *Gd. Niv.* et *Bo.* Tousjours trompeur à aultruy en gaultre.

HUIT. LVIII.

1. *Mss. C.* Du ciel une paille d'arrain. *Gd.* et *Bo.* Une poisle d'arin. *Niv.* Paele d'arin. *Mar.* Paesle d'arain. (J'ai corrigé toutes ces versions.) — 3. *Mss. C.* Du matin que ce soit le serain. — 6. *Gd. Niv.* et *Bo.* D'une truye ung moullin à vant. — 6. *Mss. C.* D'une

truye ung molin à vent—7. *Mss. C.* Et d'une hart ung escheveau. —8. *Mss. C.* D'ung gras abbé, etc. —7. *Mar.* et *aut.* Et d'une haye ung escheveau.

HUIT. LIX.

2. *Gd. Niv.* et *Bo.* Et pourmené d'huys en pesle. —4. *Mar.* Comme argent de crepelle. *Mss. C.* fust fin argent de crepelle. —4 et 5. *Gd. Niv. Bo.* et *Ver.* De cocpelle.

« Qui ne laissast linge, drapelle. »

6. *Ed. corr. par Ménage.* Fut ainsi marié.

HUIT. LX.

5. *Mar.* Ma vielle ay mys soubz le blanc. *Gd. Nvi.* et *Bo.* et une *éd. de Mar.* Soubz le banc.—6. *Mss. C. Gd. Niv.* et *Bo.* Amans ne suivray. —7 *Gd. Niv.* et *Bo.* Se jadis je fuz sur leur ranc.

« Je déclare que n'en puis mais. »

HUIT. LXI.

2. *Gd. Niv.* et *Bo.* Or le suyve qui attente. —3. *Gd.* De ce me fuiz. *Niv.* De ce me fais. —4. (*Gd. Niv.* et *Bo.* N'ont pas ce vers.) *Mar.* Attente. —6. *Gd.* Comme d'amour en se mesdire. *Niv.* Comme d'amours ouse mesdire. —8. *Mss. C.* A ses loix de tout dire. *Mar.* et *aut.* A ses hoirs doibt tout dire.

HUIT. LXII.

1. *Mar.* 1830 Je congnois approche. *Mss. C.* Ma seuf. *Mar.* et *aut.* Ma soif.—3. *Gd.* et *Bo.* Jacopins gros comme ung œuf. *Mss. C.* Jacoppins gros comme ung

estuef. *Niv.* Gras comme ung œf. — 4. *Gd.* Quesse à dire. *Mss. C.* Quest-ce à dire que Jehanneton. — 5 et 6. *Ver. Gd. Nlv.* et *Bo.* Pour ung valeton.

« Mais pour ung vieil rusé regnart. »

HUIT. LXIII.

2. *Gd. Niv.* et *Bo.* Qui tant déaue m'a faict boyre. — 3. *Mss. C.* et *Niv.* En ung bas lieu non pas en ung hault lieu. *Mar.* et *aut.* En ung bos lieu non pas en ung hault. — 5. *Mss.* 1530. Enferré quant je n'ay, etc.

HUIT. LXIV.

6. *Gd. Niv.* et *Bo.* Mais du petit, etc. A la suite de ce vers on trouve celui qui manque dans le huit. 61. — 7. *Gd. Niv.* et *Bo.* Je l'ay aymé.

HUIT. LXV.

8. *Gd.* Que chascun.

HUIT. LXVI.

1. *Gd.* Et se ainsi n'estoit que aucun n'eust pas. *Niv.* Et se ainsi estoit que aucun n'eust pas — 3. *Gd. Niv.* et *Bo.* Je veulx que après, etc. *Ver.* Je vueil. — 5. *Mar.* et *aut. éd.* De mes biens une plaine mande. *Mss. C.* Qui sont ilz? si le demande. — 6. *Gd. Niv.* et *Bo.* Moreau, provis. *Mar.* 1530. Morceau provins. — 8. *Ver. Gd. Niv.* et *Bo.* Qu'ilz ont eu jusques au lict.

LXVII.

1. *Mar.* Pour le révoquer. *Mss.* et *anc. éd.* Pour les révoquer. — 3. *Mss. C.* De pitié ne suis, etc. *Mar.* et *aut.* Me suis. — 5. *Mss. C.* Gluyons de feurre. — 8. *Bo.* A soy soustenir. *Mar.* et *aut.* Et soy soustenir.

HUIT. LXVIII.

2. *Gd. Niv.* et *Bo.* Commencer vueil. —3. *Mar.* Devant mon cher. *Mar. Gd. Niv.* et *Bo.* Devant mon cler. —6. *Gd. Niv.* et *Bo.* Et de maint homme détester.

HUIT. LXIX.

4 et 5. *Ver. Gd. Niv.* et *Bo.*
  « Que l'on ne me vueille espier
  « Prens encre pleume et papier. »

HUIT. LXX.

2. *Mar.* 1330. Virge parit. *Gd. Niv.* et *Bo.* Et du fils que la Vierge produit. —4. *Mss. C.* Ensemble et le sainct. *Gd. Niv. Bo.* et *Mar.* Ensemble du. —5. *An.* Qui suma ce que Adam perit. —6. *id.* Et du père, etc. —7. *id.* Qui bien ce croit pas ne se perit. —8. *id.* De gens mors ce sont petis jeuz. —5. *Gd. Niv.* et *Bo.* Qui sema. —6. *Gd. Niv.* et *Bo.* Pare ces cieux. —7. *Gd. Niv. Bo.* et *Ver.* Qui bien le croit pas ne périt. —8. *id.* Des gens mors ce sont petis jeux. —7. *Mss. C.* Qui bien s'arroit peu ne mérit. —8. *id.* Gens mors estre faiz petiz dieux. (L'auteur du *Mss. A.* avoit lu : De gens mors se font, etc. Il lui est arrivé fréquemment de voir dans le *Mss. C.* ce qui n'y était pas.) —7. *Mar.* Qui bien le croit, etc. —8. *id.* Gens mors furent faictz petiz dieux.

HUIT. LXXI.

3. *Mar.* et *aut.* Et ames en flammes. —4. *Gd. Niv.* et *Bo.* De quelque condition.

HUIT. LXXII.

1. *Gd. Niv.* et *Bo.* Qui vous diroit qui vous faict mettre. — 2. *id.* Si très avant en ceste parolle. — 3. *id.* Qui n'estes en, etc. — 4. *id.* A vous est, etc. — 8. *Mss. C.* Et du ladre de dessus ly. *Mar.* Au dessoubz de ly. *Gd. Niv.* et *Bo.* Et du ladre dessoubz luy.

HUIT. LXXIII.

2. *Mss. C.* Il n'en eust requis. *Mar.* et *anc. éd.* Il n'eust ja requis. — *Mss. C.* Naubout dicelluy doiz aerdre. *Mar.* Ne eau au bout de ses doiz haerdre. *Gd. Niv.* et *Bo.* Ne aultre au bout de ses doiz a haerdre. — 8. *Mss. C.* Dieu nous garde de la main mise. *Mar.* et *aut.* Dieu nous en gard bourde jus mise.

HUIT. LXXIV.

5. *An.* Se je n'ay eu feu ne lumière *Mar.* Si je n'ay eu fièvre effimère. *Mss. C.* Fièvre enfumière. *Gd. Niv.* et *Bo.* Se je n'ay eu ne feu ne lumière. — 7. *Gd. Niv.* et *Bo.* Mais d'aultre dueil à part amère.

HUIT. LXXV.

1. *Mss. C.* Premier donne de, etc. *Mar.* et *aut.* Premier j'ordonne, etc. — 2. *Mss. C.* La glorieuse. *Mar.* et *aut.* A la Benoiste. — 3. *Niv.* A nostre ame. — 5. *Niv.* Prens toute. — 6. *Mss. C.* Les dignes neuf ordres. *Mar.* et *aut.* Et les dignes anges.

HUIT. LXXVII.

4. *Mss. C. Gd. Niv. Bo.* et *Ver.* Enfant eslevé, etc. —5. *Id.* Dejecté ma de maint boullon. —6. *Mss. C.* Pas ne m'esyjoye. —8. *Niv.* et *Bo.* Qu'il me laisse.

HUIT. LXXVIII.

2. *Mss. C.* Le Rommant du. *Mar.* et *aut.* Le Rommant de. —3. *Mss. C.* Guy tabarye. —4. *Mss. C.* Grossa qu'est. —5. *Mss. C.* Par cayeulx est. *Gd. Niv.* et *Bo.* Les cayers dessoubz une table. —7. *Gd. Niv.* et *Bo.* La manière est si, etc. *Mss. C.* La matière est très notable. *Mar.* 1530. Est si très noble. — 8. *Gd. Niv.* et *Bo.* Tout le forfait.

HUIT. LXXIX.

1. *Mar.* Ma povre mère. *Gd. Niv.* et *Bo.* Ma bonne mère. —5. *Mar.* Autre chastel n'ay ne forteresse. — 5. *id.* Ou me retraye corps et ame. (J'ai suivi *Gd. Niv.* et *Bo.* Le *Mss. C.* est conforme à Marot avec cette différence, qu'au lieu de *corps et ame*, il met *corps ne ame.*)

BALLADE VI.

Ier.

Gd. Autre ballade pour la mère. — 1. *Mss. C.* Dame du ciel. —8. *Gd.* et *Bo.* Soubz lesquelz biens ame n'y peult querir. *An.* Soubz lesquels biens ame ne peult mérir. *Niv.* Soubz, etc. Ame ne peult quérir. —9.

Mss. C. N'avoir les cieulx, je n'en suis jengleresse. *Gd. Niv.* et *Bo.* Point ne suis menteresse.

II.

3. *Mar.* Qu'il me pardonne. *Gd. Niv. Bo.* et *Mss. C.* Pardonnez moy. — 4. *Mar.* Ou comme il feit au clerc Théophilus. *Gd.* et *Bo.* Ainsi que delivrastes Théophilus. *Niv.* Duquel eustes Othéofillus. *An.* Ou que eustes au cler Théophilus. — 6. *An.* Combien qu'il eust faict au diable, etc. — 7. *Mss. C.* Que ne face jamais cesse. — 8. *Niv.* Vierge portant sans rompture. (Encourir) manque. *Mar.* Vierge me vouilliez impartir.

III.

1. *Bo. Niv. Gd.* et *Ver.* Vieille et ancienne. — 2. *Mar.* Qui rien. *Édit anc.* Ne rien. — 3. *Niv.* et *Ver.* Dont suis prochienne. — 4. *Mss. C.* Paradis voy ou sont; etc. *Gd. Niv.* et *Bo.* Paraiz voy ou, etc. — 5. *Gd.* et *Bo.* Enfer me fist ou sont dampnez bouluz. — 6. *Gd.* et *Bo.* L'ung me fist pour l'autre, etc. *Niv.* Me fiest pour, etc. — 7. *Mss. C.* La joye me faict avoir haulte, etc. *Ver. Gd. Niv.* et *Bo.* La joye avoir ne scay aultre liesse. — 8. *Gd.* et *Niv.* Doivent tous requérir. — 9. *Gd.* et *Niv.* Combien de foy sans fainctise proesse. *Bo.* Combien de soy sans fainctise proesse.

IV.

1. *Gd. Niv.* et *Bo.* Doulce vierge, princesse. — 6. *Niv.* Tel est, tel je le confesse.

HUIT. LXXX.

1. *Gd.* et *Bo.* Item à m'amour. — 3. *Gd. Niv.* et *Bo.* Elle aymeroit aultre chose. — 4. *id.* Combien quelle a, etc. — 5. *Mar.* et *anc. éd.* Grande bourse. — 6. *Ver.* Parfonde et large. — 7. *Mss. C.* Qui je soye. — 8. *Gd.* et *Bo.* Qui lui laissera. *Niv.* Qui leur laissera.

HUIT. LXXXI.

6. *Gd. Niv.* et *Bo.* Le bon sur terre.

HUIT. LXXXII.

5. *Mss. Gd. Niv.* et *Bo.* je ne sçay s'a tous si rebelle. — 5. *id.* A esté, ce m'est grand esmoy. — 8. *Gd.* Je ne voy que, etc.

HUIT. LXXXIII.

2. *Mar.* Toute par R. *Gd. Niv. Bo.* et *An.* Par re. *Mss. C.* Par erre. — 3. *Niv.* Que gy voye. — 4. *Gd. Niv.* et *Bo.* Ce sera perrinet de la barre. — 7. *Niv.* Je luy diray sans plus enquerre. — 8. *Niv.* Dont viens-tu. *Mss. C.* Triste paillarde.

BALLADE VII.

I.

2. *Gd. Niv.* et *Bo.* Ypocrite douleur. — 4. *Mss. C.* Nommer que puis. *Mar.* et *aut.* Nommer te puis. *Mar.* 1530. Dame deffaçon seur. *Gd. Niv.* et *Bo.* De ma façon seur. — 5. *Mss. C.* Cherme felon. *Mar.* et *aut.* Cherchant sinon la mort, etc. *Gd.* et *Bo.* Chercher sinon. — 7. *Gd. Niv.* et *Bo.* Yeux sans pitié ne veult

droicte rigueur. *Mar.* Ne vouldroient et rigueur. *Ver.* Ne veult droict rigueur. *Mss. C.* Ne veult droict de rigueur.

II.

1. *Gd. Niv.* et *Bo.* Mieulx eust valu, etc. — 3. *Mar.* Rien ne m'eust sceu lors de ce faire fascher. *Ver.* De ce faire hassier. *Niv. Gd.* et *Bo.* De ce lors harier. *Mss. C.* Hors de ce fait hacher. (Et non chasser comme a lu l'auteur du *Mss. A.*) — 4. *Mar.* Ores j'en suis en fuyte et deshonneur. *Ver.* Certes m'en suis fuy à deshonneur. *Gd.* et *Bo.* Certes n'en fusse fuy à deshonneur. *Niv.* Certes n'en fusse fuyte a deshonneur. *Mss. C.* Trocter m'en fault en fuyte et deshonneur. — 6. *Gd. Niv.* et *Bo.* Et quesse cy? mourraige sans, etc. *Mss. C.* Et quesse cy? etc. — 7. *Mar.* Ou pitié peult, etc. *Gd. Niv. Bo. Ver.* et *Mss.* Ou pitié veult.

III.

1. *Mss. C.* Dessechier. — 2. *An.* Espaignie fleur. — 3. *Mar.* et *Ver.* J'en risse lors s'enfant sceusse marcher. *Gd.* et *Bo.* Mourrai-je sans qu'en sceusse mascher. *Mss. C.* Je m'en reisse se tant peusse macher. — 4. *Mar.* Mais nenni las, etc. — 5. *Gd. Niv.* et *Bo.* Vous laide à douleur. — 6. *Gd.* et *Bo.* Or boy fort tant que tu peux courir. — 7. *Gd. Niv. Bo. Ver.* Ne donne pas à tous ceste douleur. *Mss. C.* Ne donnez pas à tous, etc.

IV.

1. *Gd. Niv.* et *Bo.* Des amans le meilleur, etc. — 3. *Gd.* et *Bo.* Mais franc cueur doit, etc.

HUIT. LXXXIV.

2. *Gd. Niv.* et *Bo.* Mon blanc laisse jadis, etc. —3. *Gd.* et *Bo.* Mais qu'il mette. *Niv.* Mais qu'il mette en hault. —4. *Gd.* et *Bo.* Celuy contenant es vers ditz. —5. *Mss. C.* Et au luz ung de profundis. *Gd.* et *Bo.* Avec ce ung, etc. —7. *Gd.* et *Bo.* Desquelles non je ne mesditz. *Niv.* Desquelles non je ne dis.

LAY OU PLUSTOT RONDEAU.

I.

4. *Niv.* Cy tu, etc. *Bo.* et *Gd.* Si tu ne me tiens en ta langueur. —*Gd. Niv.* et *Bo.* Depens n'euz ne force, etc. *Mss. C.* Oncques puis n'eust force vigueur. —6. *Gd. Niv.* et *Bo.* Mais que nuysoit-elle, etc.

II.

1. *Gd.* et *Bo.* Deux estoint et n'avoyet qu'ung cueur. *Niv.* Deux estoyent et n'avoyent. —3. *Gd. Niv.* et *Bo.* Voire ou que vive sanst vie. —5. *Mss. C.* Mort, etc. *Mar.* et *aut.* Mort.

HUIT. LXXXV.

3. *Mss. C. Gd. Niv. Ver.* et *Bo.* Tousjours secourru. —6. *Mss. C.* Pierre Bobignon. —8. *Mss. C.* Luis et redrecier le pignon. *Mar.* et *aut.* L'huys de derrière et le pignon.

HUIT. LXXXVI.

5. *D. Trevoux.* L'hostel est sur; mais on le cloue. —7. *Mss. C.* Et qui l'ait prins, etc. *Niv.* Qui que,

etc. — 8. *Gd.* et *Bo.* Sanglante nuyt luy donne et bas chevet.

HUIT. LXXXVII.

3. *Mss. C.* Combien se coulpe y a lame. — 7. *Mss. C.* Luy changay à une jument — 8. *id.* Et la mulle à ung asne rouge.

HUIT. LXXXVIII.

1. *An.* A Sainct Denys. *Gd.* et *Bo.* Item donne sire Denys. — 2. *Gd. Niv.* et *Bo.* Hinselin l'escu de Paris. *Ver.* Hesselin. *Mss. C.* Hyncelin. *An.* Hesselin eslieu de Paris. — 3. *Gd.* Quatorze muys. — 4. *Mss.* Prins sur Turgis. *An.* Prins cheulz Turgis. — 7. *Mar.* et *An.* De l'eau aux barrilz. *Mss. C.* Es bariz. *Gd. Niv.* et *Bo.* En barilz.

HUIT. LXXXIX.

3. *Gd.* et *Bo.* Quoiqu'on marchande ou ait estat. *Mar.* Quoique marchande on ait estat. *Mss.* Quoique marchant ot pour estat.

HUIT. XC.

1. *Gd.* et *Bo.* Item à mon procureur fourrier. — 3. *Mss.* Simple sera, etc. — 6. *Mss. C.* Justes ainsi, J. C., etc. *Mar.* et *aut.* Justes ainsi que J.-C. etc. — 7. *Niv.* Comment telles se sont trouvées. *Mss.* Comme elles se sont, etc. — 8. *Ver.* Car bon droit s'y a mestier d'ayde.

HUIT. XCI.

2. *Niv.* Godoit de grève. — 3. *Gd.* et *Bo.* Pourveu qu'il poyse. — 4. *Gd. Niv.* et *Bo.* Et deust il vendre quoy qu'il griefve. — 5. *Mss. C.* S'on dont on cœuvre.

Mar. Ce dont on œuvre. *Gd. Niv.* et *Bo.* Et dont on œuvre. —6. *Gd. Niv. Bo.* et *An.* Aller sans chausses et chappin. *Mar.* Aller sans chausses en eschappin. *Mss. C.* Aller nues jambes en chappin. —7. *Mss. C.* Se sans moy boy, assiet ne liève.

XCII.

1. *Gd. Niv.* et *Bo.* De mere de beuf. *An.* Maire. beuf. *Mss. C.* Merebuef. 2. *Gd. Niv.* et *Bo.* Et Nicolas de, etc.—5. *Mss. C.* Mes chiens à porter esperviers. —6. *Gd. Niv.* et *Bo.* Ne cuidez pas que je me joue. —7. *An.* Perdrix plouviers. —8. *Mss. C.* Sur la machecoue. *An.* Sans la masche crue. *Gd. Niv.* et *Bo.* Sur la masche houe.

HUIT. XCIII.

2. *Gd.* et *Bo.* A moy pour luy payer. —6. *An. Niv.* et *Ver.* Quoy! com enfant né de Paris. *Gd.* et *Bo.* Que j'ay comme enfant né de Paris. — 8. *Mar.* Car deux dames le m'ont apris. *An.* Certes deux, etc. *Ver.* et *Gd.* Certes deux, etc. *Mss.* Ice *deux*, etc., et non, *il ce*, comme a lu l'auteur du *Mss. A.*

HUIT. XCIV.

1. *Mss. C.* Filles sont belles et gentes. — 2. *id.* Demourant a St. Generou. —3. *Mar.* St. Julian de vouentes. — 4. *Gd. Niv.* et *Bo.* Bretaigne en Poictou.

HUIT. XCV.

4. *Gd. Niv.* et *Bo.* Vue talmouze. —5. *Mss. C.* Ca mouse. —7. *An. Gd. Niv.* et *Bo.* A mal boire sa gorge arouse.

HUIT. XCVI.

1. *Gd.* et *Bo.* Item au prince, etc *Mss. C.* Item et au. — 3. *Gd. Niv.* et *Bo.* Qui a la fin, etc. — 5. *Mss. C.* Je lui donne avec le bon jour. *Gd Niv.* et *Bo.* Il aura avec ce le bon jour. — *Gd.* et *Bo.* Ung peu à point. — 7. *Ver.* De ce jour. — 8. *Gd.* et *Bo.* Ou il ne l'est point.

HUIT. XCVII.

7. *Gd. Niv.* et *Bo.* J'entendz à ceulx de pied hollete. *Ver.* et *An.* J'entendz à ceulx à pied holete. *Mss. C.* A ceulx de pied hohecte. *Mar.* J'entendz ceulx a pied de la guecte.

HUIT. XCVIII.

1. *Mss. C.* Perrenet. — 5. *Gd. Niv.* et *Bo.* De bonne terre. — 6. *Niv.* Ou ung beau joly, etc.

HUIT. XCIX.

4. *Gd.* Ses hostilz. *Niv.* Oustilz changer ne voise. — 6. *Gd. Niv.* et *Bo.* Combien que n'ayme bruyt ne noyse. — 7. *id.* S'il luy plaist il ung tantinet — 8. *id.* Qui luy retienne le hutinet.

HUIT. C.

1. *Niv.* Le loup. — 3. *Niv.* Linget et floup. — 4. *Ver.* Est mal saichant. *Mss. C.* Serchant. *Mar.* Cherchant. — 5. *Mar.* Ung beau petit chiennet couchant. *Mss. C.* Par les rues plustost qu'au champt. — 7. *Mss. C.* Le long. *Mar.* et *aut.* Ung long.

HUIT. CI.

1. *Mss. C.* De boys. — *Niv.* Donne cent loux cueurs et testes. — 4. *Mss. C.* Non pour accoupler. *Mar.* et *aut.* Pour emplir. — 5. *Gd. Niv.* et *Bo.* Culz et coettes. *Mss. C.* Cuz et coicectes. *An.* Culz en coetes. *Ver. id.* — 7. *Gd. Niv.* et *Bo.* Monte es tettes. — 8. *id.* Et le saug devalle, etc.

HUIT. CII.

3. *Mss. C.* Lyvres de lou. — 5. *Mar.* Ce n'est pas. *Mss.* et *anc. éd.* Qui n'est pas. (Pour l'ordre des vers nous avons suivi le *Mss. C.* Qui est d'accord avec *Gd. Niv.* et *Bo.*) — 6. *Gd. Niv.* et *Bo.* Et tinettez en vin de buffet. *Ver.* et *An.* Et tinettes en vin, etc. *Mar.* et *Mss. C.* Qui les cuit en. — 7. *Gd. Niv. Bo* et *Ver.* De ces bons morceaulx chiers. — 8. *id.* On en feroit, etc.

HUIT. CIII.

2. *Gd. Niv.* et Que duvet plume, etc. — 3. *Bo. Gd. Niv.* et *Bo.* A porter tante. — 5. *Mar.* Mais s'il prenoit les loups au piège. — 6. *id.* Et ses mastins ne sceussent courre. (Nous avons suivi la version du *Mss. C.* qui est celle de *Gd. Niv. Bo.* et *Ver.*) — 7. *Mss. C.* Son miège. *Mar.* Bon miège. *Gd. Niv. Bo.* et *Ver.* Qui suis son juge. — 8. *Mss. C.* Se fourre. *Mar.* S'en fourre. *Gd. Niv.* et *Bo.* Que des poulx sur l'hyver s'en, etc.

HUIT. CIV.

1. *Mss. C.* Robinet Trouscaille. *Gd. Niv.* et *Bo.*

Robinet Troussecaille. — 2. *Gd. Niv.* et *Bo.* Qui est en service de bien faict. — 4. *Gd.* et *Bo.* Sur Rossin. *Niv.* Sur Roussin. *Ver.* Rossin. — 6. *Gd. Niv.* et *Bo.* Une jacquette qu'emprunter, etc.

HUIT. CV.

1. *Mss.* Item donne à. *Mar.* et *aut.* Item et à. — 7. *Niv.* Ma patella.

HUIT. CVII.

2. *Gd. Niv.* et *Bo.* Mais de tout en sont les marys. — 3. *id.* Et Dieu ainsi les guerdonne. — 4. *id.* Pour qu'ilz souffrent peines amères. *An.* Mais de tous en sont les maires. — 3. *id.* Et Dieu qui ainsi, etc. *Mss. C.* Mais du tout en sont ce les mères. *Mar.* Mais de tous enfans sont les mères. — 7. *Gd. Niv.* et *Bo.* A leurs commères. — 8. *Mss. C.* Les marys. *Mar.* et *aut.* Leurs maris.

HUIT. CVIII.

1. *Mss. C.* Jehan de Poullieu. *Gd. Niv.* et *Bo.* De Pailleu. — 3. *Gd.* et *Bo.* Dire le reliqua. — 3. *Mss. C.* Constant et en. — 4. *Gd.* et *Bo.* Se revocqua. *Niv.* Et revocqua. — 5. *Gd.* et *Bo.* Jehan de Meun. *Mar.* et *aut.* S'en mocqua. — 7. *Mss. C.* honorer ce cas. *Gd. Niv.* et *Bo.* Mais on doit ignorer ce qu'a. — 8. *Gd.* et *Bo.* Et honorer l'église de Dieu.

HUIT. CIX.

1. *Gd. Niv.* et *Bo.* Et si me, etc. — 2. *Gd.* et *Bo.* A tout ce que, etc. *Mss. C.* Et tout ce que. — 4. *Gd. Niv.* et *Bo.* Sans contredire. — 8. *Mss.* Ses gens.

HUIT. CX.

1. *Gd. Niv.* et *Bo.* A frère Claude. — 5. *Niv.* Que de coust a deux guisarmes. *Mss. C.* Que de Tusca. *Gd.* et *Bo.* Que les ribleurs gens d'armes. *Ver.* Decousta. — 7. *Gd. Niv.* et *Bo.* Vieil est si ne se rend aux armes.

HUIT. CXI.

1. *Mss. C.* Le poulce estachié. *Ver.* Estaché. — 6. *Mss. C.* Pour tout en prendre à une voye. *Gd. Niv.* et *Bo.* Pour tout comprendre à une voye. *Mar.* Pour tout empraindre, etc. — 8. *Mss. C.* Car les autres.

HUIT. CXII.

1. *Mss. C.* Quant des auditeurs messeigneurs. — 2. *Gd. Niv.* et *Bo.* Leur chambre auront lembroysée. — 3. *id.* Et ceulx qui auront les culz rongneux. *An.* Leur chambre auront lembrochée. — 3. *id.* Et que ceulx qui, etc. *Mar.* Leur chambre ilz auront lambrissée. — 8. *Niv.* Car elle est si maulvaise ordure.

HUIT. CXIII.

1. *Gd. Niv.* et *Bo.* A maistre Jehan Françoys. — 2. *Ver.* Promecteur de. *Niv.* Prometeur — 3. *An.* Gorderin d'escossoys. *Bo.* Gorgerin. — 7. *Gd. Niv.* et *Bo.* Parler n'en oyt qui ne rie.

HUIT. CXIV.

4. *Mss. C.* et *Ver.* Qui boivent.

HUIT. CXV.

1. *Niv.* Colard. — 3. *Mss. C.* Auquel devoye en-

viron ung patard. — 4. *Mss. C. Gd.* et *Ver.* Car a présent bien m'en advise. — 5. *Gd.* Quant chicannes me. (Correction de Ménage.) — 8. *Ver.* Ceste oraison cy j'en ay escripte. *Niv.* Ceste oraison j'en ay escripte

BALLADE ET ORAISON.

I.

1. *Mss. C.* Père Noël qui. — 2. *Gd. Niv.* et *Bo.* Vous aussi Job qui. — 3. *Gd. Niv.* et *Bo.* Engine. — 7. *Mss. C.* Tous troys vous pry que vous vueillez prescher. *Gd. Niv.* et *Bo.* O vous vuellez prescher. — 7 et 8. *An. poét.*

« Je vous en prie, ha laissez approcher
» L'ame du bon feu maistre Jehan Cotard. »

II.

3. *Ver. Gd. Niv.* et *Bo.* Vaillant ung pigne. — 5. *Gd. Niv.* et *Bo.* On ne lui sceut le pot des, etc. — 7. *Gd. Niv.* et *Bo.* Ne voulez empescher.

III.

1. *Ver. Gd. Niv.* et *Bo.* Comme homme vieil qui chancelle et reprime. — 2. *Ver.* Quant il falloit coucher. — 4. *Mss. C.* Bien m'en souvient pour la pie juchier. — 5. *Gd. Niv.* et *Bo.* Brief son eust sceu en ce monde sercher. — 7. *An.* L'oyez haucher. *Gd. Niv.* et *Bo.* Faict enterrer quant vous orrez bucher.

IV.

3. *Mss. C.* Sa seuf.

HUIT. CXVI.

1. *Mss. C.* Le jeune marle. *Gd. Niv.* et *Bo.* Le conte merle. — (2 Vers que Marot dit avoir refait et qui se trouve néanmoins dans le *Mss. C.* et dans les *anc. éd.*) —3. *Mar.* et *aut.* Enuys me mesle. — 7. *Gd. Niv.* et *Bo.* Pour deulx Angloys.—8. *Gd. Niv.* et *Bo.* Amans si doivent estre, etc. *Mss. G.* Car amans, etc.

HUIT. CXVII.

1. *Gd. Niv.* et *Bo.* Item reçeu à ce voyage. *Mss. C.* Item et j'ai sçeu ce voyaige. — 6. *Gd. Niv.* et *Bo.* N'a mieulx jouans d'ung tour d'escolle — 7. *Id.* Ou par l'ordre, etc.

HUIT. CXVIII.

2. *Gd. Niv.* et *Bo.* Ou sur. — 3. *Gd. Niv.* et *Bo.* Le donnest est pour moy trop rude.—6. *Gd. Niv.* et *Bo.* Ave salus tibi mecus. — 7. *Id.* Sans plus grans lettres en cercher.

HUIT. CXIX.

1. *Mss. C.* Cecy estudient et ho.— 2. *Gd. Niv.* et *Bo.* Plus procéder ne leur deffens. — 5. *Mss. C.* En long je fens. *Ver.* En deux sens. — 6. *Mss. C.* Cy vueil. — 7. *Mss. C.* Pour eulx en achepter.

HUIT. CXX.

1. *Mss.* Cy vueil. *Mar.* Informez. — 3. *Mss. C.* Auront enfermez. — 4. *An.* Et les pouvres soubz, etc. —6. *Gd. Niv.* et *Bo.* Disans hau? quoy, etc. *Mss. C.* Han.

HUIT. CXXI.

2. *Gd. Niv.* et *Bo.* Mes lettres je resine. *Mss. C.* Resigné. — Dessaisiné. — Assigné. — 6. *Gd. Niv.* et *Bo.* L'auroit en paulme. — 7. *Mss. C.* Que on signe. *Gd. Niv.* et *Bo.* A ung certain jour de sepmaine. — 8. *Mss. C.* Gneuldry Guillaume. *Gd. Niv.* et *Bo.* Gaultier Guillaume.

HUIT. CXXII.

1. *Mss. C.* Jeunes ou esbatans. — 2. *Mss. C.* Soyent en rien il ne m'en plaist. — 5. *Mss. C.* Dedens trente ans ou, etc. — 6. *Gd. Niv.* et *Bo.* Ilz sont très beaulx enfans et grans. — 7. *Mar.* Bat ou fiert. *Gd. Niv. Bo.* et *Mss. C.* Bat ne fiert. — 8. *Gd. Niv.* et *Bo.* Car enfant deviennent.

HUIT. CXXIII.

1. *Gd. Niv.* et *Bo.* Les bourgeois des dix huict clercs. — 2. *Mss. C.* Vueil traveillier. — 3. *Gd.* et *Bo.* Comme lerz. — 6. *Niv.* Qui faire jeune en jeunesse. — 7. *Id.* Tant que enfin ne faille veiller. *Gd.* et *Bo.* Que faict jeune en jeunesse.. *Id.* Tant que enfin le, etc. — 6. *Mss. C.* Qui faict aise. — 8. *Gd. Niv.* et *Bo.* Quant reposer veult.

HUIT. CXXIV.

1. *Gd. Niv.* et *Bo.* Cy en escript aux collateurs. *Mss. C.* Cy, etc. — 6. *Gd. Niv.* et *Bo.* Que tant m'encline envers ces deux.

HUIT. CXXV.

1. *An.* Cudoe. *Mss. C.* Cul-dou.—2. *An.* Cherlot. *Mss. C.* Tarrenne. — 3. *An.* Prins oe. *Mss. C.* Prins ou. —4. *Mss. C.* Il viendront de mesme. — 5. *Mss. C.* Basenne. *Gd. Niv.* et *Bo.* En une chausse de bazanne. — 7. *Mss. C.* Pourveu qu'ilz me. *Gd.* et *Bo.* Pourveu qu'ilz saulueront. *Niv.* Pourveu qu'ilz me. — 8. *Niv.* Autant une, etc.

HUIT. CXXVI.

1. *Niv.* De griny. — 4. *Mss. C.* et *Ver.* Pourveu se huys y a. *Mar.* n'y a. — 5. *Gd. Niv.* et *Bo.* En tour cest estre. *Mss. C.* Qui soit ne debout, ne en estre. *Mar.* Qui soit debout en tout c'est estre. — 6. *Mss. C.* Qui, etc. *Gd. Niv. Bo.* et *Ver.* Qu'il remette trestout bien joinct. — 7. *Mar.* A dextre et à senestre. — 8. *Gd. Niv. Bo.* et *Ver.* Il luy viendra tousjours a point.

HUIT. CXXVII.

1. *Gd. Niv.* et *Bo.* Item à sire Jehan de laGarde. — 2. *id.* Qu'aura de moy à la Sainct Jehan. — 7. *An.* Angenoulx. *Gd. Niv.* et *Bo.* Aux genoulx est le plus ancien. — 8. *Mss. C.* Et plus beau nez a pour, etc.

HUIT. CXXVIII.

1. *Ver. Gd. Niv. Bo.* et *An.* Bafumier. *Mss. C.* Basennier. — 3. *Gd. Niv.* et *Bo.* Ung plain panyer. — 5. *Gd. Niv.* et *Bo.* Tant à motin que à motuel. *Ver.* Rosvel.

HUIT. CXXIX.

3. *Gd.* et *Bo.* Se amour ainsi tous les nous guerdon. *Niv.* et *Ver.* Samour ainsi tous nous guerdonne. — 4. *Gd. Niv.* et *Bo.* Je m'esbahis. — 5. *Gd. Niv.* et *Bo.* Conqueste cela. 6. *Gd. Niv. Bo.* et *Ver.* Que tant regna roy de Cecille. *Mss. C.* Que tint regnier. *Mar.* Présent rené, etc. — 7. *Gd. Niv.* et *Bo.* Ou le bien fist. *Mss. C.* Ou si bien fist. *Mar.* Ou autant feit.

BALLADE IX.

Ier.

1. *Mss. C.* L'esprevier s'esbat. — 2. *Mss. C.* Meu de plaisir et par, etc. — 3. *Gd. Niv.* et *Bo.* Bruit de mauvais qui de joye s'esbat. *Ver.* Bruit de maulvis. *Mss. C.* Bruyt la mauvis. — 4. *Mss. C.* Reçoit son per et se joinct à sa plume. *Mar.* et *aut.* Recoit son par et se jonct à la plume. — 5. *Gd. Niv.* et *Bo.* Amours l'escrivent en leur livre. *Ver.* Amours l'escrivent en leur volume.

II.

3. *Gd. Niv.* et *Bo.* L'orier soif. — 4. *Gd. Niv.* et *Bo.* Olivier franc contre toute ame resume. — 3. *Mss. C.* Pour mon droit combat. — 4. *id.* Olivier franc m'otant toute amertume. — 5. *An.* Que je descoustume.

III.

1. *Niv.* Quant dueil sur moy semblat. — 2. *Gd. Niv.* et *Bo.* Par fortune *qui* sur moy si se fume. — 3. *Gd.* et *Bo.* Vostre faulx œil, etc. *Niv.* Vostre faulx

œil son malice rabat. — 4. *Mss. C.* Que le vent faict la fume. *Mar.* et *aut.* Faict la plume. — 5. *Gd. Niv.* et *Bo.* Si je ne perds pas la plume que je sume. — 6. *id.* En vostre faict car chascun me ressemble. — 6. *An.* Car le faict me ressemble. *Mss. C.* Quant le fruyt me ressemble. — 7. *Mss. C.* Dieu m'ordonne que le fouysse et fume. *Mar.* et *aut.* Que je le face et sume.

IV.

3. *Gd.* et *Bo.* Tant de voye presume.

HUIT. CXXX.

1. *Mss. C.* Perdryel. — 3. *Mss. C.* Sy mont voulu tousjours aidier. — 7. *Mss. C.* My commandement, my prière. *Gd. Niv.* et *Bo.* Son commandement, sa prière. *Mar.* Sans commandement, sans prière.

HUIT. CXXXI.

1. *Mss. C.* S'y alez, etc. *Gd. Niv.* et *Bo.* S'aille veoir en. — 4. *Gd. Niv.* et *Bo.* Lequel n'en parle ne sus, ne sure. — 5. *Niv.* Mais marquerre. *Gd.* et *Bo.* Macquere. — 6. *Gd. Niv.* et *Bo.* Cuysant le diable. — 7. *Niv.* L'arseire. — 8. *Ver.* Sans faille. *Niv.* Le recipe mescript par fable.

BALLADE X.

I.

1. *Mss. C.* Alcenic rocher. — 2. *Niv.* En oppriment. — 3. *Gd.* et *Bo.* Pour mieulx les esmouldre. *Niv.* Esmoldre. — 6. *Gd. Niv.* et *Bo.* En laveure de jambes

de meseaulx. *Ver.* L'aveure. — 7. *Gd.* et *Niv.* De piedz de vieulx. — 8. *Mss. C.* D'aspic et drocques venimeuses. — 10. *Gd. Niv.* et *Bo.* Soyent friquassées *Mss. C.* Soyent frittes ces langues ennuyeuses.

III.

2. *Gd. Niv.* et *Bo.* Et en nombril d'une, etc. — 3. *Ver.* En palectes secher, etc. — 6. *Gd. Niv.* et *Bo.* En chancre et fielz et en ces cuveaulx. *Mss. C.* Et en ses cleres eaues. — 9. *Gd.* et *Bo.* Qui ne demandent qu'à suyvre les bordeaulx.

IV.

2. *Gd.* et *Bo.* Ou beluteaulx. *Niv.* S'estamine n'avez ou beluteaux. *Mss. C.* En estamine sac n'avez ne bluteaulx.

HUIT. CXXXII.

1. *Mss. C.* Item à maistre Jehan Courault. *Niv.* Andry de Courault. — 3. *Gd. Niv.* et *Bo.* Quant du tres séant en hault. — 5. *Gd. Niv.* et *Bo.* Le saige veult que, etc. — 6. *Gd. Niv.* et *Bo.* Contre puissant, contre homme las. — 7. *Gd. Niv.* et *Bo.* Affin que ses filles ne tende. — 8. *Mar.* et *aut.* Et qu'il ne, etc.

HUIT. CXXXIII.

1. *Mss. C.* Il n'a nulz hommes. *Gd. Niv.* et *Bo.* Il n'y a nulz hommes. — 3. *Ver.* Mais en ce dangier cy, etc. — 6. *Gd. Niv.* et *Bo.* Et à la félicité le repute. — 7. et 8. *Gd. Niv.* et *Bo.*

« Le quel a tort on en discute
» Le quel tient à malheureté. »

BALLADE XI

INTITULÉE LES CONTREDICTZ DE FRANC GONTIER.

4. *Gd. Niv.* et *Bo.* Blanche, tendre, polye, doulce alaine. *Mar.* 1530. Attintée. — 6. *An. poét.* Boire, jouer, mignonner et baiser. — 7. *Mss. C.* Pour mieulx des corps s'aisier. *Mar.* et *aut.* Pour mieulx leurs corps aiser.

II.

2. *Mss. C.* Celle doulce vie amée. *Gd. Niv.* et *Bo.* Ceste doulce viande hantée. — 3. *Ver.* Dongnonz civoz. — 4. *Mss. C.* En racontassent une bise tostée. *Gd. Niv.* et *Bo.* N'en compassent une bise tastée. *Niv.* Taustée. *Ver.* Toustée. — 5. *Gd. Niv. Bo.* et *Ver.* Tout leur mathon ne toute leur mathée. — 6. *id.* Ne ung ail je le dis sans noyser. *Niv.* Ung a il. — 7. *Gd. Niv. Ver.* et *Bo.* S'ilz s'en vont ilz coucher soubz le roster — 8. *id.* Lequel vault mieulx, etc. *Mss. C.* Lequel vault mieulx coctoyé de chez.

III.

4. *Mss. C.* A telle escolle. *Gd. Niv.* et *Bo.* A tel escot vivent celle journée. — 5. *Gd. Niv.* et *Bo.* Ne me tendroient. — 6. *Gd.* et *Bo.* Le Franc Gontier — 7. *Gd. Niv* et *Bo.* Hélaine ou luy soubz le bel glantier.

HUIT. CXXXIV.

2. *Gd. Niv. Bo. An.* et *Ver.* De Brevières. — 4. *Gd. Niv. Bo. An.* et *Ver.* A elle et à ses chambrières.

— 5. *An.* Pour retraire ses violletières. *Mar.* Ces villotières. *Gd.* et *Bo.* Ses fillettes. *Niv.* Ces violettes — 6. *An.* Que ont le bec affilé.— 7. *Niv.* Hors cimitière. — 8. *Gd. Niv. Bo.* et *An.* Trop au marché et au fille. *Mss. C.* Au marché au fille.

BALLADE XII DES FEMMES DE PARIS.
II.

J'ai suivi la version du *Mss. C.* en mettant *cacquetoeres*, à la place de *cacquetoires*, qui est une faute de copiste.

MAROT.

« De très beau parler tient l'on chères
» Ce dit-on, Neapolitaines.
» Aussi sont bonnes caquetières
» Allemandes et Pruciennes
» Mais soient, etc.

1. *Gd. Niv.* et *Ver.* Tiennent chères. — 3. *Gd.* Quaquattières. — 4. *Gd. Niv.* et *Bo.* Allemandes provinciennes. — 5. *id.* Soient Normandes Egyptiennes. — 7. *Gd. Niv.* et *Bo.* Espaignolles ou Chastelaines.

III.

2. *Gd. Niv.* et *Bo.* Gascongnes, Toulousaines. *Mar.* Ne Gasconnes et Tholozannes. — *Mss. C.* Les concluront. *Mar.* et *aut.* Les conchiroient.—5. *Gd. Niv. Ver.* et *Bo.* Angloises et Valenciennes. — 7. *Gd. Bo.* et *Ver.* Picardes et Beauvoisiennes.

HUIT. CXXXV.

1. *Gd. Niv.* et *Bo.* Regarde n'en, etc. — 6. *Gd.*

Niv. et *Bo.* Oncques ne fist tels jugemens. — 7. *Gd.* et *Bo.* Entens quelque chose en tes rolles. *Niv.* Entens quelque chose en tes robbes. — 8. *Niv.* Ce sont tous enseignemens.

HUIT. CXXXVII.

3. *An.* Gouyères. — 4. *Niv.* En grant allias. — 5. *Mar.* Riens n'y feront. *Mss. C.* Riens n'y font. — 7. *Gd. Niv.* et *Bo.* Puis après sans contredit.

HUIT. CXXXVIII.

4. *Mss. C.* Car tous ont eu servantes. — 6. *Niv.* (Manque lopins.) — 7. *Mss C.* Filles entementes.

HUIT. CXXXIX.

3. *Gd. Niv.* et *Bo.* Si ont ilz l'argent entre eulx. — 4. *Mss. C.* Ont souffrecte. *Mss. C.* Puisqu'ilz en ont telle disecte. — 8. *id.* A peine seroit on dampné.

HUIT. CXL.

3. *An.* Bourlare bigot. *Mss. C.* Brulare bigot. — 8. *Gd. Niv.* et *Bo.* Qui lui laisse ceste ballade

BALLADE XIII.

I.

1. *Gd. Niv.* et *Bo.* Se j'ayme et sers la belle de son bon hait. — 3. *Gd. Niv. Ver.* et *Bo.* Des biens à son souhait. — 4. *Gd.* et *Niv.* Pour elle jointz le bourcier a passot. — 8. *Gd. Niv.* et *Bo..* S'ilz jouent je leur dis que, etc. *An.* S'ilz jouent bien je, etc. — 10. *Gd.* et *Bo.* En ce bourdeau.

II.

1. *Gd. Niv. Bo.* et *Mss. C.* Mais a donc y a grant dehait. *Mss. C.* Deshet. — 3. *Gd. Niv.* et *Bo.* Mon cueur ne la hait. — 4. *Ver.* Sa robe prens, chapperon et surcot. — 8. *Mar.* et *aut.* Que non fera.

III.

1. *Gd. Niv.* et *Bo.* Et me lasche ung pet. — 3. *Niv.* Riens m'assiet le pied sur le sommet. *Gd.* et *Bo.* Puis m'assiet le pied, etc. *Mss. C.* Son poing sur mon sommet. — 4. *Gd. Niv.* et *Bo.* Godo me dit et me fait le jambot. — 5. *Gd. Niv.* et *Bo.* Tous deux ensemble dormant. *Niv.* Dormons. — 8. *Mar.* 1530. Plusqu'ung aiz ne fait. *An.* Soubz elle gémis.

IV.

1. *Niv.* Vente, grisle. — 2. etc. *Mss. C.* La paillarde me suyt. — 3. *id.* Lequel vault mieulx chacun bien s'entressuyt. — 4. *id.* Nous deffuyons honneur il nous deffuyt. — *Gd. Niv.* et *Bo.* Paillardise me suyt. *Ver.* La paillarde me suit. — 4. *Ver. Gd. Bo.* et *Niv.* Ordure nous arruit. — 5. *Gd.* et *Bo.* Nous deffayons honneur et il nous deffayt. — 6. *id.* En ce bourdeau, etc. — 4. *Mar.* Ordure avons et ordure nous suyt. — 5. *id.* Nous deffuyons honneur et il nous fuyt.

HUIT. CXLI.

6. *An.* Grisse de Mehun.

HUIT. CXLII.

1. *Mar.* Item à Noë le jolys. *Mss. C.* A Noel jolys.

Gd. et *Bo.* Item aussi à Noelle jolys. — 5. *An.* Chairité est une belle, etc. *Gd. Niv.* et *Bo.* Charité est belle, etc.

HUIT. CXLIII.

5. *Gd. Niv.* et *Bo.* Leurs os. *Mar.* Leurs aulx.

HUIT. CXLV.

2. *Mss. C.* Mais aux perdus. — 3. *Gd. Niv.* et *Bo.* Si doivent estre retournés. — 4. *id.* Par droit chemin Marion l'ydolle. — 3. *Mss. C.* Sy doivent estre retrouvés. — 4. *id.* Par droict sur, etc. — 8. *Mss. C.* Escoute et vecy la dernière.

BELLE LEÇON.

I.

1. *Mss. C.* Beau frère, etc. — 3. *Mss. C.* Mes clercs apprenans comme glu. *Mar.* Mes cleres pres prenans comme glu. — 4. *Niv. Gd. Bo.* et *Ver.* Se vous allez en mon pipeau. — 5. *id.* Ou à Ruel, etc. — 6. *Gd.* et Car ses batre en, etc. — 8. *Mss. C.* Colin le Cayeux. *Gd. Niv.* et *Bo.* Se pendit Colin à Cayeulx.

II.

3. *Gd. Niv.* et *Bo.* Qu'on pert rien, etc. — 6. *Gd.* et *Bo.* Dido ja royne. — 8. *Gd. Niv.* et *Bo.* Qui pour si peu cache son gaige.

III.

3. *Mar.* 1530. Charreterie. *Aut. éd.* Charretière. — 5. *Mss. C.* Se argent avez, il n'est quicte. — 6. *id.* Mais les despens et tost et vist.

BALLADE XIV.

I.

2. *Gd.* et *Niv.* Hasardeur de dez. — 3. *Mss. C.* Coings et le brusles — 6. *Gd. Niv.* et *Bo.* Soient larrons de croix ou pilles.

II.

2. *Gd. Niv. Bo.* et *Ver.* Dont sont tous aultres, etc. *Mss. C.* Comme fols, faintis eshontez. — 4. *Mar.* Fainctes yeux et moralitez. — 5. *id.* Faictz en villes et en citez. (J'ai suivi le *Mss. C.* mettant *fainctes*, au lieu de *farces*.) — 7. *Mss. C.* Aussi bien va or escoutez. *Gd. Niv.* et *Bo.* Ou tout va or escoutez.

III.

2. *Niv.* Laboure souche champs, etc. — 7. *Mss. C.* Ne tens ton labour. *Mar.* Ne mectz ton. *Gd. Niv. Ver.* et *Bo.* Ne tendz aux labours que as ouvrez.

IV.

1. *Gd.* et *Bo.* Pourpoinctz esguilletés. *Mss. C.* Eguilletez. — 3. *Mss. C.* Ains que vous fassiez pris portez.

HUIT. CXLVI.

1. *Gd. Niv.* et *Bo.* Compaignons. — 2. *Mss. C.* Qui estes de tous bons accors. — 4. *Mss. C.* Qui noircist les gens quant sont mors. — 5. *Mss. C.* C'est ung mal mors — 6. *Mss. C.* Passez-vous au mieulx, etc. — 8. *Mss. C.* Une fois viendra, etc.

HUIT. CXLVII.

4. *Mss. C.* Car a ceulx tenu je me sens. *Mar.* et *aut.*

Car à eulx tenu ne me sens. — 6. *Ver.* Sans les estuis mes grand lunettes. — 8. *Niv.* Les gens de bien pes deshonnestes.

HUIT. CXLVIII.

2. *Mss. C.* Que leur valut autre chevances. *Gd. Niv.* et *Bo.* Que leur vault avoir chevance. — 3. *id.* N'en plus grans lis de parement lieu. — 4. *id.* Engloutir vin en grosses pances. — 6 et 7. *Mss. C.*

« De ce faire prest à toute heure
» Toutes saillent telles plaisances.

HUIT. CXLIX.

3. *Gd. Niv.* et *Bo.* Tant furent. — 4. *Mar.* Au moins de la. *Mss. C. An. Gd. Niv.* et *Ver.* Ou tous de, etc. — 5. *An.* Furent panniers. *Gd. Niv. Bo.* et *Ver.* Furent panetiers.

HUIT. CL.

4. *Gd. Niv.* et *Bo.* Des aultres estoyent serviées. — 5. *id.* La les vis toutes, etc. — 7. *Niv.* Seigneurs leur, etc.

HUIT. CLI.

1. *Gd.* et *Bo.* Ayt les ames. — 2. *Gd. Niv.* et *Bo.* Autant de nous ilz sont bien fournis. *Ver.* Quant est des corps ilz sont bien fournis. — 5. *Gd. Niv.* et *Bo.* Dorée, cresme, fromentée, ris. — 6. *id.* Et les os déclinent en pouldre.

HUIT. CLII.

2. *Mss. C.* Le communique. — 3. *Mss. C.* Sièges et

palaiz. — 6. *Mss. C.* Se seichent les oz et les corps. *Mar.* Cerchent bien les os et les corps —8. *Mss. C.* Quant seront mortz.

HUIT. CLIV.

3. *Mss. C.* Non pas qu'il le gecte habandon. *Mar. et aut.* Qu'il gecte à l'abandon. — 6. *Mss. C.* Par Marion la peau tarde. *Mar. et aut.* Par Marion peau-tarde. — 7. *Mss. C.* Ou donnez vostre, etc. *Mar. et aut.* Ou de ouvrez, etc.

HUIT. CLV.

2. *Gd. Niv. Bo.* et *Ver.* Outre maistre Alain Charretier. — 6. *Niv. et An.* Guipillon. *Mss. C.* Guepillon. — 7. *Mss. C.* Le psaultier.

HUIT. CLVI.

1. *Gd. Niv.* et *Bo.* Pierre Tamès.

HUIT. CLVII.

1. *Gd. Niv.* et *Bo.* Item que aura le, etc. *Mss. C.* Item le Camus Seneschal. — 2. *Gd.* et *Bo.* Payames debtes. *Niv.* Payates debtes. — 4. *An.* Pour ferrer. *Mss. C.* Sera pour ferrer oyes canettes. — 5. *id.* En luy envoyant ses sornettes. — 6. *id.* Pour ce dissimuler combien. — 7. *id.* S'il veut, etc. — 8. *id.* De beauchanter sennuye ou bien.

HUIT. CLVIII.

3. *Gd. Niv.* et *Bo.* Et le gros Marguet. — 4. *id.* Lesquelz servy ont des plus saiges. *Mss. C.* Lesquelz servy dont, etc. — 6. *Mss. C.* Ont le prevost des mareschaulx.

HUIT. CLIX.

1. *Mss. C.* Item à Chappelain. — 2. *Gd. Niv.* et *Bo.* Ma chapelle en simple, etc. — 3. *Gd. Niv.* et *Bo.* D'une simple messe. — 4. *Ver. Gd. Niv.* et *Bo.* De confesser certes n'a cure.

HUIT. CLX.

2. *An.* Jehan de Caillais. — 5. *Gd. Niv.* et *Bo.* De tout c'est testament, etc.

HUIT. CLXI.

2. *Ver.* Et rescripre. *Mss. C.* Et descripre. — 4. *Mss. C.* Ou parcripre. — 8. *Mss. Gd.* et *Bo.* A tout cecy je m'y consens.

HUIT. CLXII.

3. *Gd. Niv. Bo.* et *Ver.* Je vueil et luy donne puissance. — 4. *Gd. Niv. Bo.* et *Ver.* L'ordre soit finie. — 7. *Gd. Niv.* et *Bo.* Sans si appliquer par envie. *Mss. C.* Car envie.

HUIT. CLXIII.

5. *Gd. Niv.* et *Bo.* Mon estature. — 7. *Gd.* et *Bo.* De tombe? rien.

HUIT. CLXIV.

5. *Ver. Gd. Niv.* et *Bo.* De charbon soit ou de, etc. — 8. *Gd. Niv. Ver.* et *Bo.* Telle quelle est d'ung, etc.

HUIT. CLXV.

6. *Gd. Niv.* et *Bo.* Je donne tout. — 8. *Gd. Niv. Ver.* et *Bo.* Au moins dictes en, etc.

RONDEAU. *

I.

* *Mss. C.* Verset. — 2. *Gd. Niv. Bo.* et *Bernier.*
Lumière clarté perpétuelle. — 6. *Bernier.* Rie ou
pelle *Gd. Niv.* et *Ver.* Rée et pelle.

II.

1. *Bernier.* Rigueur le trainit en exil.

HUIT. CLXVI.

2. *Gd. Niv. Ver.* et *Bo.* Qui est de voirre. *Mar.* et
Niv. Qui est de verre. — 5. *Niv.* Saulva et mainte,
etc. — 7. *Ver.* Tonnoire.

HUIT. CLXVII.

2. *Ver.* Et ce c'est pou, etc. *Niv. Gd.* et *Bo.* Et
ce c'est peu. — 3. *Gd. Niv.* et *Bo.* Autant m'en donnent, etc.

HUIT. CLXVIII.

1. *Niv. Gd.* et *Bo.* Pour tout fournir et, etc.

HUIT. CLXIX.

7. *Gd. Niv.* et *Bo.* Michel Journel. — 8. *Gd. Niv.
Ver.* et *Bo.* Et pour tous en charge.

HUIT. CLXX.

1. *Niv.* Mais au cas que me excusassent. *Gd.* et *Bo.*
Que se excusassent. — 6. *Gd. Niv.* et *Bo.* Philippe

Brune. — 7. *Mss. C.* Et l'autre son voysin. — 8. *Mss. C.* Sy est maistre.

HUIT. CLXXI.

1. *An.* Jaques Jaynes. *Mss. C. Gd. Niv.* et *Bo.* Et l'autre maistre Jacques James. *Niv.* Jamais. — 6. *Ver.* Qu'a ceste ordonnance ne baillent. *Niv.* et *Gd.* Ilz faillent. *Mar.* Que ceste ordonnance ne baillent.

HUIT. CLXXII.

3. *Gd.* Ung juste prebstre. — 4. *Gd.* et *Bo.* Colas Tacot. *Ver.* et *Niv.* Tacot.

HUIT. CLXXIII.

5. *Niv.* Qu'oncques ont mais. — 7. *Niv. Gd.* et *Bo.* Mal me presse.

BALLADE.

I.

1. *Gd. Niv.* et *Bo.* A chartreux aussi célestins. — 7. *Gd. Niv.* et *Bo.* Chansons sans mesdaing fauves bottes.

II.

3. *Niv.* A bibleurs, etc. — 6. *Mss. C.* Six à six. — 7. *Ver. Niv. Gd.* et *Bo.* A vefves et à mariottes. *Mss. C.* A vecyes et à mariottes.

III.

1. *Gd. Niv.* et *Bo.* Sinon anx tristes chiens mastins. — 2. *id.* Qui m'ont faict chier dures crottes. — 3. *id.*

Menger mains soirs et mains matins. — 6. *Ver. Gd. Niv.* et *Bo.* Je ne puis car je suis assis. — 7. *id.* Combien pour éviter, etc.

IV.

1. *Gd. Niv.* et *Bo.* S'on leur faisoit.

I.

5. *Mss. C.* Com morillon. — 7. *Niv.* Sur son caignon.

AUTRES ŒUVRES

DE MAISTRE

FRANÇOIS VILLON.

Le quatrain que féit Villon quant il fut jugé à mourir.

Je suis François, dont ce me poise,
Né de Paris, emprès Ponthoise ;
Qui d'une corde d'une toise,
Sçaura mon col, que mon cul poise.

---

(1) *Je suis.* C'est moi qui suis François Villon, ce qui me désole, car il vaudrait mieux que je fusse un autre.

(2) *Emprés.* Auprès de, etc.; il se moque ici de Paris et de Pontoise; de Pontoise, qu'il suppose une ville connue, et de Paris, qu'il suppose un lieu ignoré.

(3) *Qui.* Qui se rapporte à François. C'est le style du temps. M. Formey a supposé, sans raison, que Ménage avoit mis *ou* à la place de *qui*. Ménage a mis *or* comme Marot.

(4) *Que mon.* Ce que mon, etc. Dans le Fabliau du Renart et de

Fauchet découvrit dans un manuscrit de sa bibliotèque l'épitaphe suivante.

Je suis François, dont ce me poise,
Nommé Corbueil en mon surnom;
Natif d'Auvers emprés Ponthoise,
Et du commun nommé Willon.
Or d'une corde d'une toise,
Sçauroit mon col, que mon cul poise,
Se ne fut un joly apel :
Le jeu ne me sembloit point bel.

L'épitaphe en forme de ballade que feit Villon pour luy et pour ses compaignons, s'attendant estre pendu avec eux.

I.

Frères humains, qui après nous vivez,
N'ayez les cueurs contre nous endurciz ;

Piaudoue, fol. 77 (*Mss.* de la Bibl. du Roi, n° 7218), on trouve :
..... Sa goule sot
Combien son cul pesent li fu.
Cette épitaphe a été parodiée par Rabelais. *Pantag.*, l. 4, ch. 67. Garasse, *Recherche des recherches de Pasquier*, p. 460, l'attribue à Clopinel. C'est une erreur de sa part.

(2) *Nommé*, etc. Surnommé Corbueil.
(4) *Et du commun.* Et nomme Villon par le peuple.

* Comme on le voit par nos Leç. div. personne n'a cité Fauchet fidèlement. On diroit que personne ne l'avoit lu : ce qu'on n'ose croire tant la chose paroît singulière.

Car si pitié de nous pouvres avez,
Dieu en aura plustost de vous merciz.
5 Vous nous voyez cy attachez, cinq, six ;
Quant de la chair, que trop avons nourrie,
Elle est pieça dévorée et pourrie ;
Et nous les os, devenons cendre et pouldre :
De nostre mal personne ne s'en rie,
10 Mais priez Dieu, que tous nous vueille absouldre.

II.

Se vous clamons frères, pas n'en devez
Avoir desdaing, quoyque fusmes occis
Par justice ; toutesfois vous sçavez,
Que tous hommes n'ont pas bon sens rassis ;
15 Intercédez doncques de cueur *rassis*,
Envers le Filz de la Vierge Marie ;
Que sa grace ne soit pour nous tarie ;
Nous préservant de l'infernalle fouldre.

---

(4) *Dieu*, etc. Dieu vous fera plus facilement miséricorde.

(7) *Elle est pieça*. Elle est depuis quelque temps.

(9) *De nostre*, etc. Que personne n'insulte à notre malheur.

(11) *Se*. Si nous vous appellons frères, votre délicatesse ne doit pas en être blessée.

(15) Le sens de ce vers est le même que celui de Marot ; nous l'avons préféré à cause de la rime. *De cueur rassis*, sans amertume, sans mauvaise humeur contre nous.

Nous sommes mors, ame ne nous harie,
20 Mais priez Dieu, que tous nous vueille absouldre.

III.

La pluye nous a débuez et lavez ;
Et le soleil desséchez et noirciz ;
Pies, corbeaulx, nous ont les yeux cavez,
Et arraché la barbe et les sourcilz ;
25 Jamais nul temps nous ne sommes rassis ;
Puis ça, puis la, comme le vent varie,
A son plaisir, sans cesser nous charie ;
Plus becquetez d'oyseaulx, que dez à couldre :
Hommes icy n'usez de mocquerie ;
30 Mais priez Dieu que tous nous vueille absouldre.

---

(19) *Ame ne nous*, etc. Il faut lire : Ne vous harie, c'est-à-dire, « ne vous importune pas. » *V.* Ducange au Glossaire sur Villehardouin (Lorière). « Ame ne vous harie » signifieroit que les âmes des morts ne troublent point votre sommeil. Ce qui ne peut pas être la pensée de Villon. Car, outre que la version « ne vous harie » ne se trouve nulle part. Le vers similaire des deux autres dixains annonce que le sens de celui-ci est : Que personne ne nous tourmente, n'insulte à notre mémoire, maintenant que nous sommes morts.

(21) *Débuez et lavez*. Lessivés et lavés, et non pas *Savonnez et lavez*, comme le dit Lorière.

(25) *Rassis*. En repos.

(28) *Plus becquetez*. Nous sommes plus couverts de plaies, faites par les oiseaux, qu'un dé à coudre ne l'est de trous.

(29) *N'usez de mocquerie*. Ne plaisantez pas à notre sujet.

ENVOI.

Prince Jésus, qui sur tous seigneurie,
Garde qu'Enfer n'ayt de nous la maistrie,
A luy n'ayons que faire, ne que souldre;
Ne soyez donc de notre confrairie;
35   Mais priez Dieu, que tous nous vueille
absouldre.

BALLADE.

DE L'APPEL DE VILLON.

I.

Que vous semble de mon appel,
Garnier, feis-je sens, ou follie?
Toute beste garde sa pel,
Qui la contrainct, efforce ou lye,
5   S'elle peult, elle se deslie.
Quant donc, par plaisir voluntaire,

---

(31) *Sur tous.* Souverain de toutes choses.
(32) *La maistrie.* La puissance.
(33) *A luy,* etc. Que nous n'ayons rien à démêler avec lui, ni rien à lui payer.
(34) *Ne soyez,* etc. Ne vous faites pas pendre comme nous.
(2) *Sens ou follie.* Fis-je une démarche sensée ou folle, lorsque j'en appelai.
(4) *Qui la,* etc. S'il est quelqu'un qui lui fasse violence, ou la lie.
(6) *Plaisir voluntaire.* Par caprice.

Chanté me fut ceste homélie,
Estoit il lors temps de me taire?

II.

Se fusse des hoirs Hue Capel,
10   Qui fut extraict de boucherie,
On ne m'eust, parmy ce drapel,
Faict boyre à celle escorcherie :
Vous entendez bien joncherie?
Mais quant ceste peine arbitraire,
15   On m'adjugea par tricherie ;
Estoit il lors temps de me taire?

III.

Cuidez vous que soubz mon cappel,
Ny eust tant de philosophie
Comme de dire, j'en appel?

---

(7) *Chanté*, etc. Me fut lue cette sentence de mort. A Matines, dans les offices de neuf leçons. Les trois dernières sont une homélie ou discours sur l'Evangile du jour.

(9) *Se fusse*, etc. Si j'appartenois à la famille des Capets. — Le Dante (*Purg.* ch. 20.), dit que Hugues Capet fut fils d'un boucher de Paris.

(11) « La question se donnoit à Paris avec l'eau, qui s'entonnoit à
» travers un linge dans lestomach du patient. » (Formey.)

(12) *Escorcherie.* C'est le nom qu'il donne au lieu où il reçut la question.

(13) *Joncherie.* Vous comprenez le mot plaisant dont je me sers.

(15) *Par tricherie.* Contre droit et justice.

(17) *Cuidez-vous.* Pensez-vous que sous mon bonnet.

(18) *N'y eust*, etc. Il n'y avoit pas assez de bon sens pour.

20   Si avoit, je vous certifie :
Combien que point trop ne m'y fie.
Quant on me dit présent notaire,
Pendu serez, je vous affie,
Estoit il lors temps de me taire?

ENVOI.

25   Prince, si j'eusse eu la pepie,
Pieça je fusse ou est Clotaire,
Aux champs debout, comme ung espie;
Estoit il lors temps de me taire?

---

(21) *Combien que*, etc. Quoique je ne comptasse pas trop sur cet appel.

(22) *Présent notaire.* Les notaires du Chatelet remplissaient alors les fonctions de greffiers.

(23) *Je vous affie.* Je vous l'assure.

(25) *Prince.* Bernier a cru que Villon s'adressoit au duc de Bourbon. C'est une erreur. Il s'adresse à Garnier; s'il le qualifie de prince, c'est parce que l'usage étoit de qualifier ainsi dans l'envoi de la ballade, celui à qui elle étoit adressée.

(26) *Pieca.* Depuis quelque temps. — « Montfaucon, où se faisoient » les exécutions, est sur le chemin de l'abbaye Saint-Denis, où est » inhumé Clotaire III. » (*Not.* de MM. Formey et Le Duchat.)

(27) *Aux champs.* « Pendu comme un espion. » (Le Duchat et l'édit. des *Ann. poët.*) Comme un voleur de grand chemin. On nommoit ces voleurs là *épieurs* ou *espies*, parce qu'ils se mettoient en embuscade dans les bois pour surprendre les passants.

LA REQUESTE

De Villon présentée à la Court de Parlement, en forme de ballade.

I.

  Tous mes cinq sens, yeulx, oreilles, et bouche,
  Le nez, et vous, le sensitif aussi ;
  Tous mes membres, où il y a reprouche,
  En son endroit, ung chascun die ainsi :
5 Court souverain, par qui sommes icy,
  Vous nous avez gardé de desconfire ;
  Or la langue seule ne peut suffire,
  A vous rendre suffisantes louenges.
  Si parlons tous, fille au souverain Sire,
10 Mère des bons, et seur des benoistz anges.

---

(2) *Le sensitif.* Le tact, le toucher.

(3) *Où il y a reprouche.* A qui l'on peut reprocher quelque chose.

(4.) *En son endroit.* Que chacun de son côté dise.

(6) *Vous*, etc. Vous nous avez préservé de destruction.

(9) *Si parlons.* C'est parce que la langue ne peut suffire, que nous nous joignons à elle pour vous remercier, vous qui êtes la fille de notre roi, la mère des bons, et la sœur des Saints Anges.

II.

Cueur, fendez vous, ou percez d'une broche,
Et ne soyez, au moins, plus endurcy,
Qu'au desert fut la forte bise roche,
Dont le peuple des Juifs fut adoulcy;
15 Fondez larmes, et venez à mercy,
Comme humble cueur qui tendrement souspire,
Louez la Court, conjoincte au sainct Empire,
L'heur des Françoys, le confort des estranges,
Procreée la sus, au ciel empire;
20 Mère des bons, et seur des benoistz anges.

III.

Et vous mes dentz, chascune si s'esloche;

---

(11) *Ou percez d'une broche.* Ou soyez affecté comme si vous étiez transpercé d'outre en outre.

(12) *Et ne.* Ne vous montrez pas plus dur que le fut la roche dure et aride. C'est le sens de *forte* et *bise.*

(14) *Dont*, etc. Par l'eau de laquelle le peuple juif fut désaltéré.

(17) *Louez*, etc. Louez la cour qui nous gouverne de concert avec le roi.

(18) *L'heur.* Le bonheur des Français, l'appui des étrangers.

(19) *Procreée.* « Il a très bien fait procreée, quadrissyllabe. » (*Not.* de Marot.) Qui a été créée pour nous dans le ciel des cieux.

(21) *S'esloche.* Se déplace.

Saillez avant, rendez toutes mercy,
Plus haultement, qu'orgue, trompe, ne cloche,
Et de mascher n'ayez orez soulcy :
25 Considerez que je fusse transi
Foye, pommon, et rate qui respire ;
Et vous mon corps, ou vil estes et pire
Qu'ours, ne pourceau, qui faict son nid és fanges ;
Louez la court, avant qu'il vous empire,
30 Mère des bons, et seur des benoistz anges.

ENVOI.

Prince, trois jours ne vueillez m'escondire.
Pour moy pourvoir, et aux miens à Dieu dire ;
Sans eulx argent je n'ay, icy, n'aux changes.
Court triumphant, fiat, sans me desdire ;
35 Mère des bons, et seur des benoistz anges.

---

(22) *Saillez avant.* Avancez-vous pour témoigner votre reconnoissance.

(24) *Et de mascher*, etc. Ne vous occupez pas à mâcher dans ce moment.

(26) *Foye*, etc. Vous foie, vous poumon, etc. Considérez que, etc.

(29) *Avant qu'il vous empire.* Avant qu'il vous arrive quelque accident.

LE DÉBAT

Du cueur et du corps de Villon en forme de Ballade.

I.

Qu'est ce que j'oy? — Ce suis je. — Qui? — Ton cueur,
Qui ne tient mais qu'a ung petit filet;
Force n'ay plus, substance, ne liqueur;
Quant je te voy retraict ainsi seulet,
5 Com pouvre chien tappy en recullet.
—Pourquoy est ce? Pour ta folle plaisance.
—Que t'en chault il? —J'en ay la désplaisance.
—Laisse m'en paix. —Pourquoy? — J'y penseray.

---

(1) *Qu'est-ce que.* Qui est-ce que j'entends ? C'est moi.
(2) *Ne tient mais.* Ne tient plus.
(3) *Force,* etc. Il ne me reste ni force, ni vie, ni sang.
(4) *Retraict.* Retiré seul, abandonné de tous.
(5) *Tappy en recullet.* Bloti dans un coin.
(6) *Pourquoy.* Pourquoi es tu dans l'inquiétude, dit Villon, le cœur répond, à cause des extravagances que tu as faites.
(7) *Que t'en,* etc. Pourquoi te mêles-tu de ma conduite ? — J'en éprouve du déplaisir.

—Quant sera ce?—Quant seray hors d'enfance.
10—Plus ne t'en dy, et je m'en passeray.

II.

Que penses tu?—Estre homme de valeur.
—Tu as trente ans.—C'est l'aage d'ung mullet.
—Est ce enfance?—Nenny.—C'est donc challeur
Qui te saisist?—Par où?—Par le collet.
15—Rien ne congnois?—Si fais; mouches en laict:
L'ung est blanc, l'autre est noir.—C'est la distance.
Est ce doncq' tout?—Que veulx tu que je tance?
Si n'est assez, je recommenceray.

---

(11) *Estre homme.* Je pense être homme, et avoir assez de bon sens. (R. de Villon.)

(12) *Tu as.* Au fait tu as trente ans. —Je le sais; c'est l'âge où l'on peut faire les choses, ainsi qu'on l'entend et qu'on le veut, comme le mulet.

(13) *Est ce*, etc. Tomberois-tu dans l'enfance? — Non, c'est donc la folie qui te prend.

(15) *Rien*, ote. Je ne distingue rien. Tu distingues bien cependant les mouches dans le lait.

(16) *C'est là*, etc. C'est l'éloignement que produit cette différence de couleur. (R. de Villon.)

(17) *Est-ce.* N'as-tu pas autre chose à me répondre.— Que veux-tu que je te dise pour prolonger cette discussion.

—Tu es perdu. — J'y mettrai résistance.
20 —Plus ne t'en dy, et je m'en passeray.

III.

J'en ay le dueil, toy le mal et douleur.
Se fusse ung povre ydiot et folet,
Au cueur eusses de t'excuser couleur,
Se n'as tu soing, tout ung, tel bel ou lait.
25 Ou la teste as plus dure q'ung jalet ;
Ou mieulx te plaist qu'onneur ceste meschance.
Que respondras à ceste conséquence ?
—J'en seray hors, quant je trespasseray.
—Dieu, quel confort! quelle saige éloquence !
30 Plus ne t'en dis et je m'en passeray.

---

(19) *Tu es*, etc. Mais ta vie est en danger.

* Ce dixain ne se trouve que dans le Jardin de Plaisance, d'où nous l'avons extrait tel que nous le rapportons en mettant *se* au lieu de *si* dans le second et quatrième vers. Du temps de Villon, il y avoit une différence de signification bien marquée entre *si* et *se* ; le premier étoit à peu près synonyme de *or*; le second étoit la particule conditionnelle que nous écrivons *si*.

(21) *J'en ay*. C'est moi qui suis affligé de ta conduite, c'est toi qui en souffres.

(23) *Au cueur*. Je me sentirois disposé à excuser ton indifférence.

(25) *Jalet*. C'étoit un vase à mesurer le grain.

(26) *Ou mieulx*. Ou bien il faut dire que tu préfères l'accusation qui pèse sur toi, à l'honneur.

IV.

Dont vient ce mal?—Il vient de mon malheur :
Quant Saturne me feit mon fardelet,
C'est maulx y mist, je le croy.—C'est foleur. :
Son seigneur es, et te tiens son valet.
35   Voy que Salmon escript en son roulet,
Homme sage, ce dit il, a puissance
Sur les planete, et sur leur influence.
—Je n'en croy rien, telz qu'ilz m'ont faict, seray.
—Que dis tu dea?—Certe c'est ma créance.
40   —Plus ne t'en dy, et je m'en paseray.

ENVOI.

Veux tu vivre?—Dieu m'en doint la puissance.
— Il te fault.— Quoy?—Remors de conscience,
Lire sans fin.—Et en quoy?—En science.

---

(31) *Dont.* D'où vient que tu es en prison?— Cela tient à ma mauvaise destinée.

(32) *Quant.* Lorsque Saturne fit mon lot.

(33) *C'est foleur.* C'est folie de ta part de croire à la fatalité.

(35) *Voy que.* Rappelle-toi ce que Salomon a écrit dans son petit livre.

(41) *M'en doint.* M'en accorde.

Laisse les folz. — Bien, j'y adviseray.
45 — Or le retiens. — J'en ay bien souvenance.
— N'attends pars tant, que tourne à desplaisance.
Plus ne t'en dy, et je m'en passeray.

LA REQUESTE *

QUE VILLON BAILLA A MONSEIGNEUR DE BOURBON.

I.

Le mien seigneur, et prince redoubté,
Fleuron de lys, royalle geniture,
Françoys Villon, que travail a dompté
A coups orbes, par force de batture;

(46) *N'attends.* N'attends pas pour mettre mes avis à profit, jusqu'à ce qu'il t'en soit mésarrivé.

* Cette ballade et la suivante ne sont point dans le Jardin de Plaisance, où est celle de son appel, ainsi que celle qui contient ses remercîments à la cour, ce qui me donne lieu de penser qu'elles sont postérieures à sa première condamnation, et peut-être à toutes les deux. — Charles I*er*, duc de Bourbon, mourut le 4 décembre 1456. Jean II, qui lui succéda, ne mourut que l'an 1487. — Marot a imité cette ballade dans son Epître à François I*er*. C'est lui qui a fait le titre. Je voudrois bien savoir quel est le motif qui l'a porté à dire qu'elle avoit été *baillée au duc de Bourbon,* plutôt qu'au duc d'Orléans.

(3) *Que travail a dompté.* Qui a été corrigé par les maux qu'il a enduré.

(4) *A coups orbes.* Se rapporte au verbe *dompté.* Villon dit que son naturel a été dompté par la souffrance, qui lui a porté de rudes coups, et l'a soumis à force de le battre.

5   Vous supplie, par ceste humble escripture,
    Que luy faciez quelque gracieux prest.
    De s'obliger en toutes cours est prest ;
    Si ne doubtez que bien ne vous contente,
    Sans y avoir dommage, n'interest,
10 Vous n'y perdrez seulement que l'attente.

II.

    A prince n'a ung denier emprunté,
    Fors à vous seul, vostre humble créature.
    Des six escuz, que luy avez presté,
    Cela pieça il mist en nourriture.
15 Tout se payera ensemble, c'est droicture,
    Mais ce sera légèrement et prest.
    Car se du gland renconstre en la forest
    D'entour Patay, et chastaignes ont vente,

---

(5) *Humble escripture.* Humble requête.

(7) *De s'obliger,* etc. Il est disposé à vous en passer reconnoissance devant la cour que vous désignerez.

(8) *Si ne,* etc. Ainsi n'ayez aucune crainte sur la disposition où il est de vous rembourser.

(9) *Sans y,* etc. Sans éprouver avec lui aucune perte sur le capital, et sans qu'il vous en revienne les intérêts.

(12) *Vostre humble créature.* Dont il est le serviteur et l'humble protégé.

(14) *Cela pieça.* Cela il y a quelque temps.

(15) *C'est droicture.* C'est juste.

(16) *Légièrement,* etc. Sans contrainte et promptement.

(17) *Car se,* etc. S'il rencontre du gland dans la forêt de Patay. Il n'y avoit point de forêt à Patay ; et l'on n'y cueilloit pas de chataignes.

Payé vous tiens, sans delay, n'y arrest :
20 Vous n'y perdrez seulement que l'attente.

III.

Si je peusse vendre de ma santé
A ung Lombard, usurier par nature,
Faulte d'argent m'a si fort enchanté,
Que j'en prendrois, ce croy je, l'adventure.
25 Argent ne pend à gippon, ne ceincture ;
Beau sire Dieux, je m'esbahyz que c'est ;
Car devant moy croix ne se comparoist
Sinon de boys, ou pierre, que ne mente ;
Mais s'une fois la vraye m'apparoist,
30 Vous n'y perdrez seulement que l'attente.

ENVOI.

Prince du lys, qui a tout bien complaist,
Que cuydez vous, comment il me desplaist,

---

(19) *Payé*, etc. Alors vous serez payé sans retard, et il ne sera pas nécessaire qu'un arrêt m'y contraigne.

(22) *Lombard.* (V. G. T., h. 64.)

(23) *Faulte.* Le besoin d'argent m'a si bien persuadé.

(24) *Que j'en*, etc. Que j'en tenterois, je crois.

(25) *Argent.* Je n'ai de l'argent ni dans mon habit, ni dans ma ceinture.

(26) *Je m'esbahyz*, etc. Je ne le connois plus.

(27) *Croix.* Est ici pour monnoye. Je ne vois aucune pièce d'argent.

(28) *Si non de bois.* Il dit qu'en fait de croix, il ne voit que celles qui sont dans les carrefours et sur les chemins, qu'il ne voit plus celles qui sont frappées sur les monnoies.

(29) *La vraye.* Jeu de mot.

(31) *Qui a tout*, etc. Qui te plais à faire toute espèce de bien.

(32) *Que cuidez*, etc. Si vous saviez combien il m'est pénible.

Quant je ne puis venir à mon entente?
Bien entendez; aydez moy, s'il vous plaist;
35 Vous n'y perdrez seulement que l'attente.

SUBSCRIPTION DE LADICTE REQUESTE.

Allez lettres, faictes ung sault,
Combien que n'ayez pied ne langue;
Remonstrez, en vostre harengue,
Que faulte d'argent si m'assault.

BALLADE.

I.

Tant grate chèvre que mal gist;
Tant va le pot à l'eau qu'il brise;
Tant chauffe-on le fer qu'il rougist;
Tant le maille-on, qu'il se debrise;
5 Tant vault l'homme comme on le prise;
Tant s'eslongue-il, qu'il n'en souvient;

---

(33) *Venir à*, etc. Faire ce que je désire.
(34) *Bien entendez.* Vous me comprenez.
(39) *Que faulte.* Dites que le besoin d'argent me presse.
(1) *Mal gist.* Se fait mauvaise couche.
(4) *Tant.* On le bat tant qu'il casse.

Tant mauvais est, qu'on le desprise ;
Tant crie l'on Noël, qu'il vient.

II.

Tant raille-on, que plus on ne rit ;
10 Tant despend-on, qu'on n'a chemise ;
Tant est-on franc, que tout se frit ;
Tant vault tien, que chose promise ;
Tant ayme-on Dieu, qu'on suyt l'Église ;
Tant donne-on, qu'emprunter convient;
15 Tant tourne vent, qu'il chet en bise ;
Tant crie l'on Noël, qu'il vient.

III.

Tant ayme-on chien, qu'on le nourrist ;
Tant court chanson, qu'elle est apprise ;
Tant garde-on fruict, qu'il se pourrist ;
20 Tant bat-on place, qu'elle est prise ;

---

(8) Le peuple crioit Noël à l'arrivée des princes, à leur naissance, et dans quelques autres solennités publiques.

Le verbe *crier* a deux sens ; il signifie *crier* et *appeler*. Le proverbe joue sur cette double signification. Le peuple, dans ses cris de joie, appelle si souvent Noël qu'à la fin il arrive.

(9) *Tant raille.* A force de railler on ennuie.
(10) *Despend-on.* Dépense-t-on.
(11) *Tant est-on franc.* Bon, loyal dans ses procédés.
(13) *Tant ayme.* A force d'aimer Dieu, on fréquente, etc
(15) *Tant tourne.* A force de varier, le vent se trouve à la bise.
(18) *Tant court.* La chanson est chantée si souvent, etc.

Tant tarde-on, qu'on fault à l'emprise ;
Tant se haste-on, que mal advient ;
Tant embrasse-on, que chet la prise ;
Tant crie l'on Noel, qu'il vient.

ENVOI.

25   Prince tant vit fol qu'il s'advise ;
Tant va-il, qu'après il revient ;
Tant le matte-on, qu'il se radvise ;
Tant crie l'on Noel, qu'il vient.

AUTRE BALLADE.

I.

Je congnois bien mouches en laict ;
Je congnois à la robe l'homme ;
Je congnois le beau temps, du laid ;
Je congnois au pommier, la pomme ;
5 Je congnois l'arbre, à veoir la gomme ;
Je congnois, quant tout est de mesmes ;

---

(21) *Fault à l'emprise.* Qu'on perd le moment favorable.
(22) *Que mal advient.* Qu'on gâte tout.
(23) *Tant embrasse.* On veut enfermer tant de choses dans ses bras, que ce qu'on tenoit déjà tombe.
(25) *Qu'il s'advise.* Qu'il devient sage.
(26) *Tant va-il.* Il fait tant de folies.
(27) *Tant le.* A force d'être puni, d'être frappé.
(6) *Quand tout est de mesmes.* Lorsqu'il y a uniformité.

Je congnois qui besongne, ou chomme ;
Je congnois tout, fors que moy-mesme.

II.

Je congnois pourpoinct, au collet ;
10 Je congnois le moyne, à la gonne ;
Je congnois le maistre, au valet ;
Je congnois au voyle, la nonne ;
Je congnois quant pipeur jargonne ;
Je congnois folz, nourriz de cresmes ;
15 Je congnois le vin, à la tonne ;
Je congnois tout, fors que moy-mesme.

III.

Je congnois cheval et mullet ;
Je congnois leur charge et leur somme ;
Je congnois Bietrix et Bellet ;
20 Je congnois gect, qui nombre et somme ;

---

(7) *Qui besongne*, etc. Qui travaille, ou ne fait rien.

(8) *Fors que*. Excepté.

(9) *Pourpoinct*. Vêtement qui couvroit la partie supérieure du corps de l'homme. Nous en avons à peu près la forme dans l'ancien habit de cour.

(10) *Gonne*. Habit.

(13) *Quant pipeur*. Lorsqu'un charlatan bavarde.

(14) *Folz*. Ceux qui font le métier de fou auprès des grands, et qui sont délicatement nourris.

(18) *Somme*. La quantité de marchandise qu'ils peuvent porter.

(19) *Bietrix et Bellet*. Sans doute, filles publiques.

(20) *Qui nombre*, etc. Qui compte et augmente les points du joueur.

Je congnois vision, en somme ;
Je congnois la faulte des Boesmes ;
Je congnois le povoir de Romme ;
Je congnois tout, fors que moy-mesme.

ENVOI.

25 Prince, je congnois tout en somme ;
Je congnois coulorez et blesmes ;
Je congnois mort qui nous consomme ;
Je congnois tout, fors que moy-mesme.

ESPITRE.

I.*

Aiez pitié, aiez pitié de moy,
A tout le moins, si vous plaist, mes amis.
En fosse giz, non pas soubz houz ne may,
En ceste exil, ou quel je suis transmis.

---

(21) *Vision en somme.* Rêve qui vient durant le sommeil.

(22) *Boesmes.* Je connois le tort des bohémiens sectateurs de Jean Hus et de Jérome de Prague.

* Cette ballade est tirée du *Mss. C.* (V. Mém., 1re pag., n° 15.)

(1) Imitation du verset que l'on chante quelquefois aux messes des morts, *Miseremini*, etc.

(3) *En fosse.* Je suis couché dans un cachot, ce qui n'est pas aussi agréable que d'être, avec son amie, couché sous un houx ou sous un may.

(4) *En ceste.* Ceste pour cet. *Transmis.* Condamné.

5 Par fortune, comme Dieu l'a permis.
Filles, amans, jeunes gens et nouveaulx ;
Danceurs, saulteurs, faisans les piez de veaux,
Vifs comme dars, aguz comme aguillon;
Gousiers tintans clercs comme gastaveaux
10 Le lesserez là, le povre Willon ?

II.

Chantres, chantans à plaisances, sans loy ;
Galans rians, plaisans en faiz et diz :
Coureux, alans francs de faulx or, d'aloy ;
Gens d'esperit, ung petit estourdiz,
15 Trop demourez ; car il meurt entandiz.
Faiseurs de laiz, de motes et rondeaux ;
Quant mort sera vous lui ferez chandeaux.

---

(6) *Nouveaulx*. Nouveaux mariés.

(7) *Faisans*, etc. Faisans des salamalecks, des gambades.

(9) *Gousiers*, etc. Gosiers qui rendez un son rauque ; un son aussi clair que celui du grelot.

(11) *Chantres*, etc. Qui chantez par plaisir, sans obligation.

(12) *Galans*, etc. Bon vivans, toujours rians, ou disant ou faisant quelque chose pour rire.

(13) *Coureux*. Vagabond, vous qui courez le monde, n'ayant ni or vrai, ni or faux à votre service.

(14) *Ung petit*, etc. Qui êtes un peu, etc.

(15) *Il meurt entandiz*. Il meurt, tandis que vous différez de venir le secourir.

(16) *Laiz*, etc. Le lais étoit un petit poëme, le motes une pièce fugitive, comme madrigal, triolet, etc.

(17) *Quant mort*, etc. Lorsqu'il sera mort, vous ferez des vers à sa louange.

Il n'entre, où gist, n'escler, ne tourbillon,
De murs espoix, on luy a fait bandeaux :
20 Le lesserez là le povre Willon ?

III.

Venez le veoir en ce piteux arroy,
Nobles hommes, francs de quars et de dix,
Qui ne tenez d'empereur, ne de roy ;
Mais seulement, de Dieu de Paradiz.
25 Jeuner lui fault dimenches et mardiz :
Dont les dens a, plus longues que ratteaux,
Après pain sec, non pas après gasteaux.
En ses boyaulx, verse eaue à gros boullon.
Bas en terre, table n'a, ne tresteaulx.
30 Le lesserez là, le povre Willon ?

---

(18) *Il n'entre.* Il est renfermé dans un lieu où ne peut pénétrer ni vent, ni éclair, faute d'ouverture.

(19) *De murs*, etc. On l'a enfermé sous des murs épais.

(21) *Piteux arroy.* Triste état.

(22) *Nobles*, etc. Nobles, qui n'avez à payer ni la dîme, ni la taxe.

(23) *Qui ne tenez.* Qui ne relevez ni de roi, ni d'empereur ; mais qui possédez vos seigneuries et vos titres par la grâce de Dieu.

(25) *Jeuner*, etc. Il est contraint de jeûner tous les jours de la semaine. Le mercredi, le vendredi et le samedi étoient des jours d'abstinence, et même de jeûne pour certaines personnes pieuses.

(27) *Après*, etc. Il meurt de faim faute d'avoir non des gâteaux, mais du pain sec.

(28) *En ses*, etc. Il ne boit que de l'eau.

(29) *Bas en*, etc. Il n'a ni table pour manger, ni siége pour s'asseoir dans le cachot souterrain où il est renfermé.

ENVOI.

Princes nommez, anciens, jouvenciaulx,
Impétrez moy, graces et royaulx seaulx ;
Et me montez en quelque corbillon,
Ainsi le font l'un à l'autre pourceaux ;
35 Car où l'un brait, ilz fuyent à monceaux.
Le lesserez là, le povre Willon?

BALLADE VILLON *.

I.

Je meurs de soif, auprès de la fontaine ;
Chault comme feu, et tremble dent à dent ;
En mon païs, suis en terre loingtaine ;
Lez un brazier, friçonne tout ardent ;
5 Nu comme un ver, vestu en président ;
Je riz en pleurs et attens sans espoir ;

---

(31) *Princes*, etc. Princes que j'ai nommés, vieillards, jeunes gens qui me portez quelque intérêt.

(32) *Impétrez*, etc. Obtenez-moi des lettres de grâce.

(33) *Et me*, etc. Et trouvez moyen de me sortir d'ici.

* Ballade tirée du *Mss.* des poésies de Charles d'Orléans. Villon y raconte les angoisses de son exil. (V. Mém., 1re p., n° 17, et 3e p., § 1er, n° 1.)

(2) *Dent à dent*. Dent contre dent.

(3) Villon avoit été banni de Paris. — Dans ce vers se trouve l'explication de toute la ballade.

(4) *Tout ardent*. Tout brûlant.

(6) *En pleurs*. L'ame accablée de tristesse.

Confort reprens, en triste desespoir ;
Je m'esjouys, et n'ay plaisir aucun ;
Puissant je suis sans force et sans povoir ;
10 Bien recueilly, débouté de chascun.

II.

Rien ne m'est seur que la chose incertaine :
Obscur, fors ce qui est tout évident ;
Doubte ne fais, fors en chose certaine ;
Science tiens, à soudain accident ;
15 Je gaigne tout et demeure perdent ;
Au point du jour diz, Dieu vous doint bon soir ;
Gisans envers, j'ay grant paour de cheoir ;
J'ay bien de quoy et si n'en ay pas un ;
Eschoite attens, et d'omme ne suis hoir ;
20 Bien recueilly, débouté de chascun.

---

(7) *Confort*, etc. J'espère là où il n'y a point d'espoir.

(8) *Je m'esjouis*. Je me réjouis.

(10) *Bien*, etc. Bien accueilli et méprisé d'un chacun.

(11) *Rien*, etc. Mon esprit est tellement troublé que je ne regarde comme certain que les choses qui sont le plus incertaines.

(14) *Science*, etc. Ce qui est le produit du génie je le regarde comme le produit du hasard.

(15) *Je gaigne*, etc. L'arrêt qui m'a condamné à l'exil est pour moi un bénéfice, et avec cela je suis en perte.

(17) *Gisans*, etc. Etant couché sur le dos, je crains vivement de tomber, me figurant que le ciel est au-dessous de moi.

(18) *J'ai bien*, etc. J'ai bon nombre de choses à ma disposition, et je n'en ai pas une qui attache mon cœur.

(19) *Eschoite*, etc. Je m'attends à recueillir une succession, et je ne suis cependant l'héritier d'aucun homme.

III.

De riens n'ay soing, si metz toute ma paine
D'acquérir biens, et n'y suis prétendent.
Qui mieulx me dit, c'est cil qui plus m'attaine,
Et qui plus vray, lors plus me va bourdent :
25 Mon ami est, qui me fait entendent,
D'ung c gne blanc, que c'est un corbeau noir ;
Et qui me nuyst, croy qui m'aide à povoir.
Vérité, bourde ; aujourduy m'est tout un.
Je retiens tout ; riens ne scay concepvoir.
30 Bien recueilly, débouté de chascun.

IV.

Prince clément, or vous plaise savoir
Que j'entens moult, et n'ay sens ne savoir ;

---

(21) *De riens.* Je ne prends intérêt à rien, cependant je m'efforce, etc.

(23) *Qui mieulx.* Celui qui me dit les choses les plus désobligeantes, c'est, à mon avis, celui qui me dit les choses les plus agréables.

(24) *Et qui*, etc. Je tiens pour plus véridique celui qui se joue le plus grossièrement de moi.

(25) *Qui me fait entendent.* Qui me fait accroire.

(27) *Et qui.* Je crois que celui qui me nuit, me seconde de tout son pouvoir.

(28) *Vérité, bourde.* Vérité ou mensonge.

(29) *Je retiens*, etc. Je retiens tout ; mais je ne comprends rien.

(32) *Que j'entens*, etc. Que j'ai connaissance de plusieurs choses, et que je suis néanmoins comme un homme qui n'auroit ni bon sens, ni savoir.

Parcial suis, à toutes lois commun :
Que sais-je plus ? — Quoy ? — Les gaiges ravoir.
Bien recueilly, débouté de chascun.

LES POVRES HOUSSEURS, BALLADE *.

I.

On parle des champs labourer ;
De porter chaulme contre vent ;
Et aussi de ce marier,
A femme qui tance souvent :
5 De moyne de povre couvent ;
De gens qui vont souvent sur mer ;

---

(33) *Parcial*, etc. Je suis un être à part, et cependant je suis contraint d'obéir à toutes les lois.

(34) Il est possible qu'il y ait une faute de copiste dans ce vers, qui, tel qu'il est, nous paraît inintelligible, à moins qu'on ne l'explique de cette manière ? Que dirai-je de plus ? Que je désirerois recevoir encore les gages, que vous me donniez (si gage peut être pris dans le sens de pension ou de bienfaits pécuniaires).

* Voyez pour cette ballade, que nous avons cru pouvoir intituler *les Povres housseurs*, notre Mém. (3ᵉ part. § 1, nᵒ 6) ; elle est extraite du Jardin de Plaisance.

(1) *On parle*. On parle comme d'une chose bien pénible.
(2) *De porter*, etc. D'aller contre vent, les épaules ou la tête chargée de chaume.
(3) *De ce*. De se.
(4) *Qui tance*. Qui gronde.
(5) *De moyne*. On parle comme ayant beaucoup à souffrir, etc.

De ceulx qui vont les bledz semer ;
Et de celluy qui l'âne maine :
Mais, à trestout considérer,
10 Povres housseurs ont assez peine.

II.

A petits enfans gouverner,
Dieu scait, ce c'est esbatement.
De gens d'armes doit-on parler?
De faire leur commandement?
15 De servir Malchus chauldement?
De servir dames et aymer?
De guerrier et bouhourder?
Et de jouster à la quintaine?

---

(9) *Mais à*, etc. Mais, tout bien considéré, je pense que les povres housseurs ont encore beaucoup à souffrir. — *Housseurs*. Porteurs de housseaux ou de houseaux. Villon alloit ordinairement pieds et jambes nus, faute de pouvoir se fournir de houseaux, chaussure alors en usage, et qui ressembloit un peu aux bottes d'à présent.

(11) *A petits*, etc. Dieu sait si c'est une chose agréable que d'avoir de petits enfans à conduire, à surveiller.

(14) *De faire*, De ce qu'ils souffrent pour faire leur service.

(15) *De servir*. Faut-il dire combien il en coûte pour servir chauldement Malchus. Je crois que Malchus est ici pour Momus, c'est-à-dire pour faire le rôle de sot. Autrement Malchus étant le nom de celui à qui S. Pierre coupa l'oreille, il faudroit donner à ce vers un sens nul.

(17) *De guerrier*, etc. Pour faire la guerre et suivre les exercices chevaleresques nommés *bouhours*.

(18) La quintaine étoit un simulacre de chevalier contre lequel on s'exerçoit à manier la lance. *Jouster à la quintaine*. Joûter, combattre contre la quintaine.

Mais à trestout considérer,
20 Povres housseurs ont assez peine.

III.

Ce n'est que jeu de bled soyer;
Et de prez faulcher vrayement;
Ne d'orge batre, ne vanner;
Ne de plaider en Parlement;
25 A danger emprunter argent;
A maignans leurs poisles mener;
Et à charretiers desjeuner;
Et de jeusner la quarantaine :
Mais, à trestout considérer
Povres housseurs ont assez peine.

---

(21) *Ce n'est.* C'est un badinage de moissonner.

(25) *A danger.* D'emprunter de l'argent en engageant ses biens et sa personne.

(26) *A maignans.* De porter les chaudrons, poêle, etc., que les chaudronniers vont vendre. *A* signifie *avec*, en compagnie du.

(27) *Et à charretiers.* Et de déjeuner avec des charretiers. — J'ai corrigé ce vers qui est ainsi dans le Jardin de Plaisance : *Et à chartiers à desjeuner.*

(28) *La quarantaine.* Les quarante jours de carême.

BALLADE.*

I.

Rencontré soit de beste feu gectant
Que Jason vit, quérant la toison d'or ;
Ou transmué d'homme en beste, sept ans,
Ainsi que fut Nabugodonosor ;
5 Ou bien ait perte, aussi griefve et villaine,
Que les Troyens pour la prinse d'Héleine ;
Ou avallé soit avec Penthalus ;
Ou plus que Job, soit en griefve souffrance ;
Tenant prison avecque Dédalus ;
10 Qui mal vouldroit au royaume de France.

---

* Cette ballade se trouve dans un *Mss.* de la Bibliothèque royale. (V. Mém., 3ᵉ p., § 1, nº 3, et 1ʳᵉ p., nº 19.)

(1) *Rencontré*, etc. La Toison-d'Or étoit gardée par des taureaux qui jetoient du feu par les narines.

(3) Nabuchodonosor se crut changé en bête et demeura sept ans dans cette folie. Voy. les prophéties de Daniel (ch. 4, v. 30), et surtout le 33ᵉ, où, pour annoncer la fin de sa maladie, il est dit que son bon sens lui revint. Des commentateurs ont eu la bonhomie de croire qu'il avoit été réellement changé en bête.

(5) *Griesfve et villaine*. Désastreuse et honteuse.

(7) Je ne sais ce que c'est que ce *Penthalus* dont la fin a dû être misérable.

(8) Job, connu par ses malheurs et sa résignation.

(9) Dédale fut enfermé dans le labyrinthe qu'il avoit construit.

Il manque un vers à cette stance, qui devroit en avoir onze comme les deux suivantes.

II.

Quatre mois soit en un vivier chantant,
La teste au fons ainsi que le butor;
Ou au grant Turc, vendu argent contant,
Pour estre mis au harnois com' bug for;
15 Ou trente ans soit, comme la Magdeleine,
Sans vestir drap de linge, ne de leine;
Ou noyé soit, comme fut Narcisus;
Ou aux cheveux, comme Absalon pendus;
Ou comme fut Judas par despérance;
20 Ou puist mourir, comme Simon Magus;
Qui mal vouldroit au royaume de France.

---

(12) *Butor.* Oiseau aquatique qu'on nomme aussi le *héron paresseux.*

(14) *Bug for.* Buffle; dans l'Orient on les fait servir au labourage. Dans le *Mss.* il y a *comme bug for*, c'est une faute de copiste.

(15) Certaines chroniques disent que Marie-Madeleine pleura ses péchés pendant trente ans dans le désert, n'ayant que la terre pour lit, ses cheveux pour vêtemens, et ses larmes pour breuvage.

(17) *Narcisus.* Narcisse : ses aventures sont connues.

(18) Absalon, fils de David, fut, dans sa fuite, suspendu à un arbre par sa chevelure, et tué par Joab.

(19) *Par despérance.* Judas, l'apôtre, qui avoit livré Jésus-Christ aux Juifs, se pendit de désespoir.

(20) *Symon Magus.* On raconte que Simon le Magicien, s'étant fait élever de terre par les démons pour prouver aux Romains qu'il étoit véritablement la vertu de Dieu, tomba et se rompit les jambes, lorsque S. Pierre se fut mis en prière pour demander à Dieu que cet hérésiarque fût confondu.

III.

D'Octovien puisse venir le temps;
C'est qu'on luy coule au ventre son trésor;
Ou qu'il soit mis, entre meules flotans,
25 En ung moulin, comme fut saint Victor;
Ou transgloutis en la mer sans aleine,
Pis que Jonas ou corps de la Baleine;
Ou soit banny, de la clarté Phébus,
Des biens Juno, et du soulas Vénus,
30 Et du grant Dieu, soit mauldit à oultrance,
Ainsi que fut roy Sardanapalus;
Qui mal vouldroit au royaume de France.

ENVOI.

Prince, porté soit ès désers Eolus,
En la forest où domine Glocus;

---

(22) *D'Octovien*. Caïus-Julius-César Octavianus, empereur de Rome, plus connu sous le nom d'Auguste. Le temps dont Villon souhaite le retour pour les ennemis de la France, est celui du triumvirat.

(24) *Meules flotans*. Meules tournans.

(25) Saint Victor fut mis sous une meule pour y être écrasé.

(27) Jonas le prophète fut avalé par un poisson.

(28) *Clarté Phébus*. La lumière, la clarté du soleil.

(29) *Biens Juno*. Junon étoit la déesse des honneurs et des richesses. *Soulas Vénus*. Douceurs de l'amour.

(30) *A oultrance*. Sans qu'il puisse espérer de pardon. *Sardanapalus* est un quiproquo. C'est Antiochus le Furieux, roi de Syrie, qui périt misérablement sous l'anathème du Dieu d'Israel.

(33) *Desers Eolus*. Lieux où règne Eole, Dieu des vents.

(34) *En la forest*. Dans la forêt où règne Glaucus; c'est la mer.

35 Ou privé soit de paix et d'espérance :
Car digne n'est de possesser vertus,
Qui mal vouldroit au royaume de France.

PROBLÈME.*

I.

Fortune fuz par clercz jadis nommée,
Que toy françoys crie et nomme meurtrière,
Qu'il n'y a hom' d'aucune renommée.
Meilleur que toy faiz user en plastrière,
5 Par povreté, et fouyr en carrière.
S'a honte viz, te dois tu doncques plaindre.
Tu n'es pas seul; si ne te dois complaindre.
Regarde et voy, de mes faiz de jadiz,

---

(36) *Possesser.* Posséder.

* Cette ballade est tirée du *Mss. C.* (V. Mém., 3ᵉ part. § 1ᵉʳ nº 4, 1ʳᵉ p., nº 17.)

(1) *Fortune*, etc. Je fus nommée par les savans favorable, heureuse, comme l'exprime mon nom.

(2) *Que toy*, etc. Moi, la même que tu accuses et que tu appelles meurtrière.

(3) *Qu'il, avec.* Plus d'humeur que n'a jamais fait l'homme le plus célèbre.

(4) *Meilleur*, etc. Il y en a qui valent mieux que toi, et que j'ai rendus si misérables, qu'ils ont été forcés d'aller cacher leur pauvreté dans les carrières, où ils travaillent à gagner leur vie.

(5) *S'a honte*, etc. Si tu es dans un dénûment honteux, faut-il pour cela m'adresser des plaintes.

(8) *De mes faiz*, etc. Ce que j'ai fais autrefois.

Mains vaillans homs, par moy mors et roidiz.
10 Et n'eusse-tu envers eulx ung soullon,
Appaise toy, et mect fin en tes diz :
Par mon conseil, prens tout en gré Villon.

II.

Contre grans roys me suis bien arrinée
Le temps qui est passé; car en arrière,
15 Priame occis, et toute son armée.
Ne lui valut tour, donjon, ne barrière.
Et Hannibal demoura-il derrière?
En Cartaige par moy le feiz actaindre;
Et Scypion l'affricquain feiz estaindre ;
20 Julius César au sénat je vendiz ;
En Egipte Pompée je perdiz ;
En mer noyay Jazon, en ung boullon ;
Et une fois Romme et Rommains ardiz :
Par mon conseil, prens tout en gré Villon.

---

(9) *Mains vaillans*, etc. Vois grand nombre d'hommes valeureux que j'ai fait périr misérablement.

(10) *Et n'eusse-tu*, etc. Et comparé à eux n te resteroit-il un méchant chiffon.

(13) *Contre*, etc. Je me suis bien courroucée contre, etc.

(14) *Car en arrière.* Car jadis, autrefois.

(15) *Priame occis.* Je donnai la mort à Priam.

(16) *Ne lui*, etc. Il ne lui servit de rien d'avoir pour sa défense.

(17) *Et Hannibal.* Et Annibal fut-il oublié.

(19) *Feiz estaindre.* Mourir.

(20) *Je vendiz.* Je livrai.

(22) *En ung boullon.* Dans les flots, en un tournant d'eau.

(23) *Ardiz.* Je consumai par le feu.

III.

25 Alexandre, qui tant fist de hémée,
Qui voulut voir l'estoille poucynière ;
Sa personne par moy fut enlimée.
Alphasar roy, en champ, sur la bannière,
Ruay jus mort ; cela est ma manière :
30 Ainsi l'ay fait, ainsi le maintendray ;
Autre cause, ne raison, n'en rendray.
Holofernes l'ydolastre, mauldiz,
Qu'occist Judic, et dormoit entandiz,
De son poignart, dedens son pavillon ;
35 Absallon ; quoy ? En fuyant le pendiz :
Par mon conseil, prens tout en gré Villon.

ENVOI.

Povre Françoys, escoute que tu diz :

___

(25) *De hémée*. Qui livra tant de batailles.

(26) *L'estoille poucynière*. Les pléiades. Le sens de ce vers est qui voulut s'élever aussi haut que les astres.

(27) *Fut enlimée*. Il y a dans le Mss. *fut envelimée*. La mesure du vers et le sens m'ont paru demander *enlimée*, abaissée, enlevée.

(28) *Alphasar*. C'est Arphaxad, roi des Mèdes, défait et tué dans une bataille par Holophernes. (V. Hist. Judith., ch. 1er.)

(29) *Cela est*, etc. C'est ainsi que j'en agis.

(30) *Ainsi le maintendray*. Je continuerai à agir ainsi.

(33) *Et dormoit entandiz*. Et il dormoit durant ce temps-là.

(35) *Absalon* dans sa fuite demeura suspendu à un arbre par les cheveux.

(37) *Escoute que tu dis*. Fais bien attention à ce que tu dis lorsque tu te plains.

Se riens peusse, sans Dieu de Paradiz,
A toy n'aultre, ne demouroit haillon :
40 Car pour ung mal, lors j'en feroye dix :
Par mon conseil, prens tout en gré Villon.

Fragment d'une ballade contre les Taverniers.

D'un jet de dart, d'une lance acérée,
D'un grand faussant, d'une grosse massue,
D'une guiserme et d'une vieille espée,

---

(38) *Se*, etc. S'il étoit en mon pouvoir d'agir sans me conformer à la volonté de Dieu.

(39) *A toy*. Je dépouillerois tout le monde, toi comme les autres.

(40) *Car pour*, etc. Car je serois alors dix fois plus mauvaise que je ne le suis.

* « Feu M. Baluze communiqua à M. de La Monnoye un fragment d'une ballade de Villon, de laquelle les vers n'ont jamais été imprimés. On ne sera pas fâché de trouver ici ce fragment, tel que je l'ai reçu copié de la propre main de cet illustre académicien. Le papier sur lequel cette ballade étoit écrite, étoit demi rongé, et ne contenoit que le morceau qui suit ; c'est le premier couplet de la ballade. » (M. Le Duchat.)

(1) *D'un jet*, etc. D'un coup, c'est-à-dire qu'il soit frappé d'un dard.

(2) *Faussant*. Peut-être faut-il lire *faussart*, sorte de grand javelot, ainsi appelé, parce qu'il faussoit les meilleurs haubers. (Hist. Bert. Du Guesclin.)

(3) *Guiserme*. Guisarme.

D'un braquemart, d'une hache émolue,
5 D'un grant penard, et d'une besaiguë,
D'un fort espieu et d'une saqueboute ;
De mau-brigans, puissent trouver tel route,
Que tout leur corps leur soit mis par mor-
    ceaux :
Le cœur fendu, déchirez les boyaux,
10 Le col coupé d'un branc achierin
Et voisent drus, aux Stygiens caveaux ;
Les Taverniers qui brouillent nostre vin.

---

(4) *Hache émolue.* Bien tranchante, fraîchement passée sur la meule.

(5) *Penard.* Pennard, flèche garnie de plumes. — *Besaiguë.* Epée à double tranchant.

(6) *Saqueboute.* Lance armée d'un fer crochu dont on se servoit pour désarçonner un cavalier. (Le Duchat.)

(7) *De mau brigans,* etc. Puissent-ils rencontrer une bande de brigands qui leur fendent le cœur, etc.

(10) *Branc.* Grande et largée épée qui ne manchoit que d'un côté. (Le Duchat.) — Il a voulu dire sans doute qui ne tranchoit que d'un côté. *Achierin.* D'acier, j'ai corrigé *Acherin.*

(11) *Voisent drus.* Aillent en foule aux cavernes du Styx.

(12) *Qui brouillent.* Frelatent.

AUTRES OEUVRES

DE MAISTRE

FRANÇOIS VILLON.

LEÇONS DIVERSES.

EPITAPHE I.

1. *Gd. Niv.* et *Bo.* Dont me poyse.—2. *Gd. Niv. Bo. Abbé Massieu et Garasse.* Près de Pontoise.—3. *Gd. Niv. Bo. An.* et *Mss. R.* Qui d'une corde. *Mar.* et *aut.* Or d'une, etc.—4. *Abbé Massieu.* Scaura mon cou que mon cu poise. *Garasse.* Scaura mon col combien je poise.

EPITAPHE II.

1. *Bernier.* Dont me poise. — 2. *id.* Nommé Corbeille.— 3. *Bernier. Mervesin.* Né de Paris, près de Pontoise. (Bernier ajoute : « J'ai vu une note ma-
» nuscrite dans la croix du Maine, d'un des plus sa-
» vants hommes de notre siècle, qui dit : *Emprès Paris,*
» *né de Pontoise.* » Ce savant avoit probablement voulu corriger l'épitaphe pour la mettre en harmonie avec l'article biographique de la croix du Maine. (V. Mém. 1ʳᵉ p. N° 4.) *Coustellier* et *Formey.* Né de Paris emprès

Pontoise.—4. Tous les éditeurs mettent *Villon*, au lieu de *Willon*, qu'on trouve dans Fauchet.—5. Dans Fauchet il y a *or une corde*; faute d'impression. *Ménage.* Ou d'une corde, etc.—6. *Tous les édit.* Scaura. *Abb. Massieu.* Scaura mon cou que mon cu poise. — 7. *Tous les édit.* Si ne fut un joly appel. (Ce vers et le suivant manquent dans Mervesin.)—8. *Tous les éd.* Ce jeu ne, etc.

BALLADE.

II.

1. *Niv.* Ses frères vous, etc. *Mss. C.* Se vous clamons frères, etc. *Mar. et aut.* Si frères vous clamons pas ne devez.—3. *Mss. C.* Toutesfois vous scavez. *Mar. et aut.* Car vous mesmes scavez.—5. *Mss. C.* Intercédez doncques de sens rassis. *Mar. et aut.* Excusez-nous puisque sommes transis.

III.

1. *Mss. C.* Debuez et lavez. *Mar. et aut.* Buez et lavez.—3. *J. P.* Puis les corbeaulx.—5. *J. P.* Nous ne sommes assis.—6. *Bo.* Comme le vent varie.—7. *J. P.* Nous chérie.—9. *Bo.* Hommes icy n'a point de mocquerie. *Massieu.* Partant n'usez icy de mocquerie. *J. P.* Ne soyez donc de nostre confrairie. *Mss. C.* Ne serez donc de nostre confrairie. *Mar.* Hommes icy n'usez de mocquerie.

IV.

1. *J. P.* « Prince Jésus qui sur tous as maistrie
   » Garde qu'enfer n'ayt de nous seigneurie
   » De luy n'ayons que faire ne que souldre
   » De nostre mal personne ne se rie
   » Mais, etc.

(345)

2. *Mss. C.* De nous n'ait seigneurie. —3. De luy n'ayons, etc. —4. Hommes icy n'a point de mocquerie.

BALLADE.

I.

1. *J. P.* Qve dictes vous de mon appel. —2. *J. P.* Garnir. —4. *Bernier.* Qui la contrainct, ou force, ou lye. —6. *J. P.* Quant dont par plaisir voulantaire. *Ver.* et *Niv.* Quant en ceste peine arbitraire. —7. *Ver.* et *Niv.* On me jugea par tricherie.

II.

1. *Pasquier.* (Rech., liv. 6., chap. 1.) Des hoirs de Capet. — 3 et 4. *Bo.*

« On m'eut parmy ce drapel
» Fait boire de l'escorcherie.

—3. *Gd. Niv.* et *Bo.* On meust, etc. —4. *Gd. Niv.* et *Bo.* Faict boire de celle, etc. *J. P.* Faict boire en ceste escorcherie. —6 et 7. *Gd. Niv.* et *Bo.*

« Ce fut son plaisir voluntaire
» De moy juger par tricherie.

—7. *J. P.* On me jugea, etc.

III.

2. *J. P.* N'eust autant de, etc.

IV.

2. *J. P.* Pieca feusse ou, etc.

LE DÉBAT.

I.

3. *J. P.* Force n'ay plus licence, ni liqueur. —6. *J. P.* Par ta folle plaisance. —8. *J. P.* Gi penseray

II.

3. *An.* Nennil. *J. P.* Nennyl.—5. *J. P.* Riens n'y congnois?—Si fais.—Quoy?—Mouches en lait. *Niv.* Mouches à laict.—6. *J. P.* L'ung blanc l'autre noir c'est en peu distance.

IV.

1. *J. P.* Il vient de mon malheur. *Mar.* et *aut.* Il vient de malheur.—3. *J. P.* Ces mots mist.—5. *J. P.* Salomon.... roolet.—6. *J. P.* Se dit-il.—7. *J. P.* Sur les estoilles et sur leur enfluence. *Mar.* et *aut.* Sur les planètes.—9. *J. P.* Que dis-tu?—Riens. Certes, etc.

ENVOI.

3. *J. P.* Lire sans fin.—Et quoy?—Lire en science. —4. *J. P.* Laisser les folz.—5. *J. P.* Or les tiens dont—6. *J. P.* N'attends pas trop qu'il ne tiengne à toy.

LA REQUÊTE.

I.

2. *Bo.* Le Lentif aussi.—3. *J. P.* Ou il n'y a reproche.—4. *J. P.* Et son endroit.—5. *J. P.* Souveraine court.—9. *J. P.* Fille du souverain sire. *Ver.* Si prie pour vous fille du souverain sire.

II.

5. *J. P.* Fondez en larmes, etc.—6 et 7. *J. P. Tendrement soupir* rime avec *sainct empir.*—9. *J. P. Procréee lassus*, etc. *An.* Preciée lassus, au ciel empire. *Niv.* et *Gd.* Priez la sus, etc.

III.

1. *J. P.* Si esloche.—4. *J. P.* N'ayez ores soussy.
—6. *J. P.* Rate que respire.—8. *J. P.* Qu'ours ne pourcel qui faict son nic, etc. — 9. *J. P.* Devant qu'il vous empire.

ENVOI.

4. *J. P.* Cy fait sans me desdire. *Ver.* et *Niv.* Court triumphant, bienfaisant, sans mesdire.

LA REQUÊTE.

I.

4. *Gd. Niv.* et *Bo.* A coustz orbs. *An.* Corps obes.
—8. *Gd. Niv.* et *Bo.* Si vous doubtez.—9. *Gd. Niv.* et *Bo.* Sans avoir dommage, etc.

II.

1. *Gd. Bo. et Niv.* A prince n'ay.—2. *Gd.* et *Niv.* Fors à ung seul.—7. *Gd.* et *Niv.* Rencontre en la forest. *Mar.* et *aut.* Rencontre la forest.

III.

1. *Gd.* et *Niv.* Se je pensoye vendre, etc.—5. *Gd.* et *Niv.* Argent ne peult n'a gipon, etc.—7. *An.* Car devant moy croist, etc. — 9. *Gd. Niv.* et *An.* Mais se une fois la voye me apparoist.

ENVOI.

4. *Gd. Niv.* et *Ver.* Bien m'entendez aidez m'en s'il vous plaist.

BALLADE.

I.

4. *Gd.* Tant le maille on qu'il brise. — 6. *Gd.* et *Niv.* Tant eslongne qu'il, etc. — 8. *An.* Tant crie on le Noel qu'il vient.

II.

1. *Mar.* et *aut.* Tant raille l'on. (J'ai fait disparoître *l'* qui allongeoit inutilement le vers.) — 5. *Gd.* et *Niv.* Qu'on faict l'Eglise.

III.

7. *Gd.* C'est la prise.

ENVOI.

3. *Gd.* et *Niv.* Tant le crist on qu'il se avise.

I.

4. *An.* Au voyle la grome. — 5. *J. P.* Je congnoys l'oyseau qui gergonne. *Gd. Niv.* et *Mss. Coisl.* Je congnois pipeur qui jargonne. *Marot.* Je congnois quant pipeur jargonne. — 6. *J. P.* Je congnois sotz nourris, etc.

II.

1. *Ve.* Cheval du mullet. — 4. *J. P.* Gect qui nombre assomme. — 5. *J. P.* Vision en somme. *Mar.* et *aut.* De somme. — 6. *J. P.* La faulte des Boesmes. *Mar.* et *aut.* Des Bresmes.

JARGON
ET JOBELIN DE VILLON.*

BALLADE I.

I.

A Parouart, mathe gaudie,
Où accolez, dupez, noircis
Par angels, suivant paillardie,
Sont greffis et prins, cinq ou six;

---

* Le Jargon de Villon avoit été plus maltraité encore que le reste de ses Œuvres. Nous l'avons en quelque sorte refait; prenant dans chacune des trois versions que nous avons eues sous les yeux, les expressions qui nous ont paru convenir le mieux avec la mesure, la rime et le bon sens. Nous avons raccourci les vers qui étoient trop longs, et allongé ceux qui étoient trop courts.

Nous avons accompagné de quelques notes la première ballade. Elles ne reposent que sur des conjectures : c'est pour cette raison, et parce qu'il auroit fallu se livrer à des recherches pénibles et fort peu utiles, que nous avons renoncé à l'idée de faire pour le Jargon ce que nous avons fait pour les autres poésies de Villon.

Le Jargon ne se trouve dans aucun des *Mss.* que nous avons lus. La version la moins défectueuse étoit celle de l'édit. *An.*

(1) *Parouart.* Nom de lieu. — *Mathe-Gaudie.* Rabat-joie. — *Angels.* Exécuteurs des hautes-œuvres. — *Greffis et prins.* Pendus et attachés.

5   Là sont bleffeurs plus haut assis
Pour louagie et mis au vent.
Vendengeurs, d'ances circoncis,
S'en brouent du tout à néant.
Eschecquez ces coffres massifz ;
10 Eschec, eschec pour le fardis.

II.

Brouez moy sur ces gours passans;
Advisez moy bientost le blanc,
Et pietonnez sur les tirans,
Qu'au mariaige sur le banc
15 Soies com' sac de plastre blanc.
Si gruppez estes des carieux,
Rebignez-moy ces entreveux
Et leur monstrez le trois, le bis :
Qu'enclaves ne soiés des deux.
20 Eschec, eschec pour le fardis.

III.

Plantez aux hurmes voz picons.

Bleffeurs, chefs de bandits. — *Pour louagie*. Par honneur pendus plus haut. — *Vendengeurs*, etc. Ils sont mangés des oiseaux qui vendangent là sans paniers. — *Coffres massifs*. Les cachots. — *Pour le fardis*. Pour votre personne.

(11) *Brouez*. Tombez, exercez-vous. — *Le blanc*. L'argent. — *Tirans*. Agens de la justice. — *Pietonnez*. Prenez le large. — *Au mariaige*. Devant le juge. *Gruppez*. Pris. — *Carieux*. Amis, ironie. *Rebignez*. Travaillez, corrigez. — *Entreveux*. Curieux. *Qu'enclaves*. Ne vous laissez pas lier les deux mains.

(21) *Plantez*, etc. Travailler la nuit. *Bisans*. Vents. — *Les joncz*.

De paour des bisans si très durs
Et aussi d'estre sur les joncz,
Emmanchez en coffre et gros murs,
25 Escharricez, ne soyez durs :
Que l'en ne vous face essorer.
Songears ne soies pour dorer,
Et rebignez tousjours aux ys
Des sires, pour les desbourer.
30 Eschec, eschec pour le fardis.

ENVOI.

Prince *Roart*, dis *Arcqs-Petis*,
Sire, ne soies endormis :
Levez, que ne soies greffis
Et que voz emps n'en ayent du pis.
35 Eschec, eschec pour le fardis.

BALLADE II.

I.

Coquillars narvans à Ruel,
Meny, vous chante que gardes
Qui n'y laissez ne corps, ne pel,
Comme fist Colin l'Escailles.

La paille. — *Emmanchez.* Enfermés dans le cachot. *Escharricez.*
Filez doux. *Essorer.* Prendre l'air, pendre. — *Songears.* Paresseux. —
Rebignez aux ys. Travaillez aux portes.
(34) *Voz emps.* Vos ans, votre vie.

5   Devant la roe de babiller.
    Il babigna pour son salut.
    Pas ne scavoit ongnons peller,
    Dont Lemboureux luy rompt le suc.

II.

    Changés et andossés souvent
10 Et tirez toujours droit au temple :
    Et eschequez tost en brouant :
    Qu'en la jarte ne soies emple.
    Montigny y fut, par exemple,
    Bien attaché au halle-grup.
15 Et y jargonnast-il le temple,
    Dont Lemboureux luy rompt le suc.

III.

    Gaillieurs faitzenpiperie
    Pour ruer les ninars au loing,
    A l'assault tost, sans suerie ;
20 Que les mignons ne soient au gaing.
    Tous farcis d'ung plombis à coing
    Qui griefve et garde le duc.
    Et de la dure si très loing
    Dont Lemboureux luy rompt le suc.

ENVOI.

25 Prince, arrière de Ruel,
    Et n'eussiez vous denier ne pluc;
    Qu'au giffle ne laissiés la pel
    Pour Lemboureux qui rompt le suc.

BALLADE III.

I.

Spélicans
Qu'en tous temps
Avancez dedans les pougois,
Gourde piarde,
5 Sur la tarde,
Débousez les povres niais.
Et pour soustenir vostre pois
Les dupes sont privez de caire,
Sans faire haire,
10 Ne hault braire,
Mais plantez y sont comme joncz,
Par les sires qui sont si longs.

II.

Souvent aux arques
A leurs marques,
15 Se laissent tousjours desbouser
Pour ruer,
Enterver
Pour leur contre que lors faisons.
La faée aux arques vous respond
20 Que ruez deux coups, ou troys
Aux gallois.
Deux, ou troys

Mineront trestout aux frontz
Pour les sires qui sont si longs.

III.

25   Et Béroars,
          Coquillars,
Rebequez vous de la mont joye,
        Qui desvoye
        Vostre proye.
30 Et vous fera du tout brouer;
  Pour joncher et enterver
Ce qui est aux pigons bien cher.
        Pour rifler
     · Et placquer
35 Les angels de mal tous rondz
Pour *les sires* qui sont si longs.

ENVOI.

      Peur des hurmes
       Et des grumes,
Rasurez-vous en droguerie
40   Et faerie;
Et ne soyez plus sur les joncz
Pour les sires qui sont si longs.

BALLALE IV.

I.

Saupicquetz brouans aux arques
Pour debouser beau sire dieux,
Allez ailleurs planter vos marques.
Béroars vous estes rouges gueux.
5 Ménard s'en va sur les joncheurs
Et babine qu'il a plongis.
Mes frères soies embrayeurs
Et gardez des coffres massis.

II.

Se gruppez estes, desgruppez
10 De ces angels graveliffez
Incontinant, manteaulx et cappes.
Pour Lemboureux ferez eclipses ;
De voz farges serez besifles,
Tout debout et non pas assis.
15 Pour ce gardez d'estre greffis
Dedens ces gros coffres massis.

III.

Nyais qui seront attrapez
Bientost seront brouez au halles.
Plus n'y vault que tost ne happez.
20 La baudrose de quatre talles.

Des tiers faire la hirenaille
Quánt le geolier est assegis,
Et si hurcque la pirenaille
Au saillir des coffres massis.

ENVOI.

25   Prince des gayeux à leurs marques
Que voz contre ne soient greffis.
Pour doubtes de frouer aux arques,
Gardez-vous des coffres massis.

BALLADE V.

I.

Joncheurs jonchans en joncherie,
Rebinez bien ou joncherez :
Qu'Ostac n'embroue vostre arerie
Ou acollez sont voz aisnez.
5   Poussez de la quille et brouez,
Car tost vous seriez roupieux,
Eschec, qu'acollez ne soyez
Par la poue du maricux.

II.

Bandez-vous contre la faerie,
10 Quanques vous aurez desbousés ;

M'estant a juc la riflerie
Des anges et leurs assosez.
Beroards se povez renverses.
Se greffir laissez vos carrieux,
15 La dure bientost n'en verres
Par la poue du marieux.

III.

Entervez à la flaterie,
Chantez leurs troys sans point songer.
Qu'en esté ne soyez en suerie
20 Blanchir vos cuirs et essurger.
Bignes la mathe sans targer ;
Que vos ans ne soyent rubieux.
Plantez ailleurs contre assiéger,
Par la poue du Marieux.

ENVOI.

25 Prince, Béroard en Esterie,
Quérez coupeaulx pour Lemboureux,
Et au tour de vos ys tuerie
Pour la poue du maricux.

BALLADE VI.

I.

Contres de la gaudisserie ;
Entervez tousjours blanc pour bis,
Et frappez, en la hurterie,
Sur les beaulx sires bas assis.
5 Ruez de feuilles cinq ou six
Et vous gardez bien de la roue,
Qui aux sires plante du gris
En leur faisant faire la moue.

II.

La giffle gardez de rurie
10 Que vos corps n'en ayent du pis,
Et que point à la turterie
En la hurme soyes assis,
Prenez du blanc, laissez du bis
Ruez par les fondes la poue
15 Car le bizart, a mon advis,
Faict aux Béroars faire la moue.

III.

Que plantes de la mouargie
Puis ça, puis là pour l'artis,
Et n'espargnez point la fogie
20 Des doulx dieux sur les patis.

Que vos ens soyent assez hardis
Pour leur avancer la droue;
Mais soyez mémoradis
Qu'on ne face faire la moue.

ENVOI.

25   Prince cil qui na bauderie
Pour se eschever de la soue
Dangier du grup, en arderie
Faict aux sires faire la moue.

FIN *

DES ŒUVRES DE MAISTRE FRANÇOIS VILLON.

* Au moment où cette feuille va être livrée à l'impression, je découvre un petit poëme de Villon, fort intéressant. On le trouvera à la fin de ce Recueil.

OEUVRES

QUI ONT ÉTÉ ATTRIBUÉES A

FRANÇOIS VILLON.

LES REPEUES FRANCHES.

PRÉAMBULE.

Vous qui cerchez les repeues franches,
Tant jours ouvriers que dimenches,
N'avez pas plante de monnoye,
Affin que chascun de vous oye,
5   Comment on les peut recouvrer,
Vueillez vous au sermon trouver,
Qui est escript dedans ce livre.
Et mettez tous, peine délivre,
Entre vous, jeunes perrucatz,

---

* Nos corrections sont faites d'après les *anc. éd.*, et surtout d'après l'éd. *An.* (V. *Mém.*, 3 p., § 2 et § 3.)

(3) *N'avez plante.* N'avez pas beaucoup.

(5) *Les peut recouvrer.* Comment on peut se procurer les repues franches.

(8) *Peine delivre.* Occupation de côté. Les éd. mod. portent *Peines de lire*, ce qui est un contre sens.

10　Procureurs, nouveaulx advocatz
　　Aprenans aux despens d'aultruy.
　　Venez-y tost, sans nul estrif,
　　Clercz de praticque diligens ;
　　Qui congnoissez si bien voz gens ;
15　Sergens à pied et à cheval,
　　Venez y d'amont et d'aval.
　　Les hoirs du deffunct Pathelin ;
　　Qui sçavez jargon jobelin ;
　　Capitain' du pont-à-Billon ;
20　Tous les subjetz Françoys Villon ;
　　Soyez à ce coup reveillez.
　　Pas ne debvés estre oubliez,
　　Tous gallans à pourpointz sans manches,
　　Qui ont besoing de repeues franches ;
25　Et tous ceulx, tant yver qu'esté,
　　Qui en ont grant nescessité,
　　Venez, vous apprendrez comment
　　Les maistres anciennement
　　Sçavoyent bien de ce, tous les tours.
30　Messire chascun poic denare,

---

(9) *Perrucatz*. Jeunes élégans. La mode étoit de porter perruque.
(12) *Sans nul estrif*. Sans vous faire prier, sans regimber.
(16) *D'amont et d'aval*. De là haut et de là bas, de tous côtés.
(18) *Jargon, jobelin*. Le jargon, l'argot des charlatans.
(19) *Capitaine*, etc. Les crocheteurs, gueux et mendians se mettoient sur le pont au Change, nommé alors *Pont à Billon*.
(25) *Et tous*, etc. Ce vers et le suivant ont été pris dans l'éd. *An*.
(29) Les éd. mod. *Sçavoyent bien tous les tours*. Le vers n'y est pas.

Qui de livres sçait les usaiges,
Et veult lire tous les passaiges,
De ce luy est prins appetis;
Venez y donc grans et petis,
35 Car, de la science sçavoir,
Vous ne porrez que mieulx valoir.
Venez chevaucheurs d'escuyrie;
Serviteurs de gran seigneurie.
Venez y sans dilation,
40 Tous gens sotz et toutes gens sottes:
Venez y bigotz et bigottes;
Venez y toutes Truppelines
Et Cordeliers et Jacoppines;
Venez aussi toutes prestresses,
45 Qui sçavez pieçà les adresses
Des prébitaires hault et bas;
Gardez que vous n'y faillez pas.
Venez gorriers et gorrières,
Qui faictes si bien les manières
50 Que c'est une chose terrible,

---

(30) *Messire.* Messieurs les légers-d'argent.
(39) *Sans dilation.* Sans retard.
(40) *Sotz et sottes.* Baladins et baladines, comédiens.
(42) *Truppelines.* Tiercelines, Sœurs du tiers-ordre de Saint-François.
(44) *Prestresses.* Femmes qui courez après les prêtres.
(46) Les éd. mod. *Des prestres*, etc.
(47) *Gardez.* Ayez soin de ne pas y manquer.
(48) *Gorriers.* Elégans et elégantes.

Pour bien faire tout le possible ;
Toutes manières de farseurs ;
Anciens et jeunes mocqueurs.
Venez tous vrays macquereaulx
55 De tous estatz vieulx et nouveaulx ;
Venez y toutes macquerelles,
Qui, par voz subtilles querelles,
Avez tousjours en voz maisons
Pour avoir en toutes saisons,
60 Tant jours ouvriers que dimenches,
Souvent les bonnes repeues franches.

Venez y tous bons pardonneurs,
Qui sçavez faire les honneurs
Aux villages de bons pastez,
65 Avecques ces gras curatez,
Qui ayment bien vostre veneue,
Pour avoir la franche repeue ;
Affin que chascun d'eulx enhorte
Les parroissiens, qu'on apporte
70 Des biens aux pardons de ce lieu,
Et qu'on face du bien pour Dieu.
Tant que le pardonneur s'en aille,
Le Curé ne despendra maille,
Et aura maistre Jehan Laurens,

---

(62) *Pardonneurs*. Prêcheurs de pardons, d'indulgences.
(65) *Curatez*. Bénéficiers curés. Ed. mod. *Gens curatez*.
(70) *Aux pardons*. Aux indulgences qui peuvent être gagnées.

75 Fermement payé les despens,
Et quarte de vin simplement
Au Cure à son département.

De tout estat soit bas ou hault,
Venez-y qu'il n'y ait deffault.
80 Venez-y varletz, chamberières,
Qui sçavés si bien les manières,
En disant mainte bonne bave,
D'avoir du meilleur de la cave,
Et puis joyeusement preschez,
85 Après que voz gens sont couchez ;
Ceulx qui cerchent banquetz ou festes
Pour dire quelque chansonnette,
Affin d'atrapper la repeue
Que chascun de vous se remue,
90 D'y venir bien legièrement ;
Et vous pourrez ouyr comment
Ung grant tas de bonnes commères,
Sçavent bien trouver les manières
De faire leurs marys coqus.
95 Venez y, et n'attendez plus,
Entre vous prebstres sans séjour,
Qui dictes deux messes pour jour

---

(75) *Fermement payé.* Ce sera maître Laurent, le fermier, qui aura bonnement payé, etc. Ed. mod. *Fermement payens.*

(82) *Bave.* Mensonge tromperie.

(92) Ed. mod. *Vieilles commères.*

A sainct Innocent, ou ailleurs;
Venez-y pour sçavoir plusieurs
100 Des passaiges et des adresses,
De maintes petites finesses,
Que l'en faict bien facillement;
Qu'advient par faulte d'argent,
En maint lieu la franche repeue,
105 Qui ne doit à nul estre teue.
Par tel, cil qui vcue ne l'aura,
Paiera, et celuy qui fera
De ceste repeue le présent,
De l'escot s'en yra exent,
110 Moyennant qu'il monstre ce livre,
Par ce moyen sera delivre :
En lieu ou n'aura esté veu,
Il sera franchement repeu;
Ainsi qu'on orra plus à plain;
115 Qui de l'entendre prendra soing.

---

(105) Ed. mod. *Estre tenue.*
(106) Ed. mod. *Par tel sy qui veue n'y aura.*—*Til qui.* Celui qui, etc. *Par tel.* Par tant, en conséquence.
(107) Ed. mod. *Payera à,* etc.
(111) *Sera délivré.* Dispensé de payer.
A la suite de ce vers il y avoit pour titre: *L'Acteur,* et à la suite du du vers 154 *Ballade des escoutans.* C'étoit une transposition.

LA BALLADE DES ESCOUTAXS.

I.

Quant j'euz ouy faire ce mandement;
Qu'on semonnoit venir de par l'acteur
Le dessusdict, j'ay pensé fermement
De moy trouver, et en prins l'adventure,
120 Comme celuy qui de droicte nature
Vouloit de ce, faire narration;
A celle fin qu'il en fust mention,
A ung chascun, pour le temps advenir,
Qui s'attendent et ont intention
125 Que les repeues les viendront secourir.

II.

Mais ce secours est d'anciennement
De tous repas le chieft, et par droicture;
Parquoy aulcuns, qui on entendement,
En treuvent bien aultres, s'il en ont cure,
130 Et ne cerchent tant que l'argent leur dure;
Mais font du leur si grant destruction,
Qu'ilz en entrent en la subjection
De faire aux dens l'arquemie, sans faillir.

---

(116) Nous avons refait les vers 116 et 117. Le premier n'avoit que
et le second que 7 pieds.
(120) *De droicte nature.* Qui se sentoit naturellement disposé.
(124) Ed. mod. *Qui s'entendent.*
(125) Ed. mod. *Les viendroyent.*

Attendant, pour toute production,
135 Que les repeues les viendront secourir.

III.

J'en ay congneu que souvent largement
Donnoyent à tous repeues outre mesure,
Que despuis ont continuellement
Servy le pont-à-Billon, par droicture,
140 Dont la façon a esté à maint dure
En leur grant dueil et tribulation;
Mais lors n'avoyent nulle rémission,
Combien que ce leur fist le cueur frémir,
Ilz n'attendoyent aultre succession,
145 Que les repeues les viendront secourir.

ENVOI.

Prince, pour ce que ne me puis tenir
Que de telz faitz ne face mention,
Puisque à mon temps les ay veu avenir :
J'en vueil faire quelque narration,
150 Et escripre, soubz la correction
Des escoutans, affin d'en souvenir,
La présente nouvelle invention;
Que les repeues les viendront secourir.

---

(133) *De faire*, etc. De n'avoir infailliblement rien à manger. Littéralement, faire de l'alchimie avec les dents.

(136) Ed. mod. *Largement souvent.*

(139) *Servy.* Ils ont été réduits ensuite, et cela pour bonne cause, à faire le métier de gueux, de mendians.

(146) Ed. mod. *Prince, puisque ne me puis secourir,*
  Que de telz faitz ne face mention,
  De ce qu'en mon temps ay veu advenir.

(152) *Nouvelle invention.* Nouveau poëme où je montre que, etc.

L'ACTEUR.

    Qui en a, il est bien venu,
155 Qui n'en a point, l'en n'en tient compte ;
    Cil qui en a, est bien congneu,
    Et cil qui n'a rien, vit à honte.
    Qui paye l'en l'exauce et monte
    Jusque au tiers ciel pour impétrer,
160 Son honneur tout aultre surmonte,
    Par force de bien caquester.

    Quant entendismes les estatz,
    De telz dissimulations,
    Congnoissant les haulx et les bas ;
165 Par toutes abréviations,
    Nous mismes sans sommations,
    Aux champs, par bois et par taillis,
    Pour congnoistre les fictions,
    Qui se font souvent à Paris.

---

  (156) Ed. mod. *Celuy qui en a il est*, etc.
  (157) Ed. mod. *Et cil qui n'en a point vit à grant honte.* — *Vit à honte.* Vit dans le mépris, dans l'opprobre.
  (161) Ed. mod. *Bien acquester.* Par force, etc.; à force de le vanter.
  (162) *Les estatz.* Lorsque nous eûmes entendu le détail.
  (165) *Abréviations.* Chemins les plus courts.
  (166) Ed. mod. *Nous vismes.*

170   Pource que chascun maintenoit
Que c'estoit la ville du monde
Qui plus de peuple soustenoit,
Et ou maintz estranges abonde,
Pour la grant science parfonde
175 Renommée en icelle ville.
Je partis et veulx qu'on me tonde,
S'a l'entrée avois croix ne pille.
Il estoit temps de se coucher,
Et ne sçavoye ou béberger;
180 D'ung logis me vins approcher,
Sçavoir s'on m'y vouldroit loger,
En disant : avez à menger ?
L'hoste me respondit : si ay.
Lors luy priay, pour abréger,
185 Apportez le donc devant moy ?

Je fus servy passablement,
Selon mon estat et ma sorte,
Et pensant à par moy comment
Je cheviroye avec l'hoste,
190 Je m'avise que, soubz ma coste,
Avoit une espée qui bien trenche,
Je la lairray qu'on ne me l'oste,

---

(170) *Maintenoit.* Assuroit.
(177) *S'a.* Si j'avois un sou lorsque j'entrai dans Paris.
(189) *Je cheviroye.* Je traiterois, je m'arrangerois.
(190) *Soubz ma coste.* Sous mon habit.

En gaige de la repeue franche.
L'espée estoit toute d'acier,
195 Il ne s'en failloit que le fer ;
Mais l'hoste la me fist machier
Fourreau et tout sans friscasser ;
Puis après me convint penser,
De repaistre se fain avoye,
200 Rien n'y eust valu le tencer,
De léans partis sans monnoye.

Lendemain m'aloye enquérant,
Pour encontrer Martin Gallant,
Droit en la salle du palays.
205 Rencontray pour mon premier mès
Tout droit soubz la première porte,
Plusieurs mignons d'estrange sorte,
Qui sembloit bien à leur habit,
Qu'ilz fussent gens de grant acquit.
210 Lors vins pour entrer en la salle,
L'ung y monte, l'aultre devalle ;
Là me pourmenoye, de par dieu,
Regardant l'estat de ce lieu
Et quant je l'euz bien regardée,
215 Tant plus la veoye et plus m'agrée ;

---

(196) Ed. mod. *Fist machier.*
(200) *Le tencer.* Il n'eut servi de rien de murmurer.
(201) *De léans.* De là dedans ; de cet hôtel je sortis sans argent.
(205) *Rencontray.* Je trouvai, j'eus pour mon premier plat.
(216) *Mirelificques.* Nouveautés, objets de mode.

  Je vis là tant de mirlificques,
  Tant d'ameçons et tant d'afficques,
  Pour attraper les plus huppez,
  Les plus rouges y sont gruppez :
220 A l'ung convient vendre sa terre,
  Maint sans sainctir, là se detterre;
  Partie ou peu en demourra.
  Et tout ce que vaillant aura,
  Cuydant destruyre son voysin,
225 De Poytou, ou de Lymousin,
  Ou de quelque aultre nation
  Maint en est en destruction,
  Et fault, ains partir de léans,
  Qu'ilz facent l'arquemye aux dens,
230 Ou emprunte qui a credit,
  Tout ainsi que devant est dict.
  Quant leur argent fort s'appetisse,
  Lors leur est la repeue propice,

---

(217) *Afficques.* Clinquans, petits objets forts jolis.

(219) *Gruppez.* Pris.

(221) *Maint.* Plusieurs sont là déterrés, c'est-à-dire, dépouillés de leur terre, sans que pour cela ils soient Saints. Ed. mod. *Mais sans sentir la, s'en desserre.* Jeu de mots. Les Saints sont tirés de terre pour être exposés à la vénération des fidèles.

(222) *Partie.* Il ne leur en restera que fort peu de chose, ou même rien.

(223) *Vaillant aura.* Aura en valeur.

(228) *Ains partir.* Avant de, etc.

(229) *Larquemye aux dens.* (Voy. not., vers 133.)

Et lors cerchent, plus n'en doubtez,
235 Hault et bas de tous costez,
Com' l'on verra par démonstrance,
En ce traicté, des repeues franches.
Et quant au regard de plusieurs
Aultres repeues aussi escriptes,
240 Affin qu'on preigne les meilleurs,
En lisant grandes ou petites,
Vous orrez maintz moyens licites
Comme ilz ont esté happez,
Hault et bas, par bonne conduicte,
245 De ceulx qui les ont attrappez.

PREMIÈRE PARTIE.

LA REPEUE DE VILLON ET DE SES COMPAINGNONS.

Qui n'a or, ne argent, ne gaige,
Comment peult-il faire grant chère ?
Il fault qu'il vive davantaige,
La façon en est coustumière.

---

(236) Ed. mod. *Comme l'on*, etc.
(239) Ed. mod. *Assez escriptes.*
(242) Ed. mod. *Vous aurez.*
(246) *Ne gaige.* Ni chose qu'il puisse engager.
(248) *Il fault.* Il faut qu'il mange plus que les autres. C'est l'ordinaire.

250 Sçaurions nous trouver la manière
De tromper quelq'ung pour repaistre?
Qui le fera sera bon maistre ;
Ainsi parloyent les compaignons
Du bon maistre Françoys Villon,
255 Qui n'avoient vaillant deux ongnons,
Tentes, tapis, ne pavillons.
Il leur dist ; ne nous soucions ;
Car aujourd'huy, sans nul deffault,
Pain, vin, et viande à grant foison
260 Aurez, avecque du rost tout chault.

§ I.

La manière comment ilz eurent du poysson.

Adoncques il leur demanda
Queles viandes vouloyent macher.
L'ung de bon poysson souhaita,
L'autre demanda de la cher ;
265 Maistre Françoys ce bon archer,
Leur dist : ne vous en soulciez,

---

(254) Ed. mod. *De maistre.*
(255) Ed. mod. *Qui n'a*, etc.
(259) Ed. mod. *Pain et viande à grant foyson.*
(262) Ed. mod. *Vouloyent manger.* La rime n'y est pas.
(269) *Lors partit.* Alors il se sépara d'eux.

Seullement voz pourpointz laschez,
Car nous aurons viandes assez.
  Lors partit de ces compaignons,
270 Et vint à la poyssonnerie,
Et les laissa dela les pontz,
Quasy plains de mélencolie.
Il marchanda à chère lye,
Ung pannier tout plain de poysson,
275 Et sembloit je vous certiffie
Qu'il fust homme de grant façon.
Maistre Françoys fut diligent
D'achapter, non pas de payer,
Et dist qu'il bailleroit l'argent
280 Tout comptant, au porte pannier.
Ils partent, sans plus plaidoyer,
Et passèrent par Nostre Dame,
Là ou il vit le Penancier,
Qui confessoit homme, ou femme.
285 Quant il le vit, à peu de plait
Il luy dist, Monsieur, je vous prie
Que vous despechez, s'il vous plaist,
Mon nepveu ; car je vous affie,

---

(276) *De grant façon.* De qualité.
(279) Ed. mod. *Dist qu'il bailleroit de l'argent.*
(283) *Le penancier.* Le grand pénitencier.
(285) *A peu de plait.* Sans hésiter, sans différer.
(286) Ed. mod. *Je luy dist.*
(287) Ed. mod. *Despecher.* Expédier, confesser promptement.

Qu'il est en telle resverie,
290 Vers Dieu il est fort négligent ;
Il est en tel mérencolie.
Qu'il ne parle rien que d'argent.
  Vrayement, ce dit le Penancier,
Très voulentiers on le fera.
295 Maistre Françoys print le pannier,
Et dit, mon amy, venez ça,
Vela qui vous dépeschera,
Incontinent qu'il aura faict.
Adonc maistre Françoys s'en va,
300 A tout le pannier en effect,
Quant le Penancier eut parfaict
De confesser la créature,
Gaigne-denier, par dit parfaict,
Acourut vers luy, bonne alleure,
305 Disant, monsieur je vous asseure,
S'il vous plaisoit prendre loysir
De me despécher à ceste heure,
Vous me feriez ung grant plaisir.
  Je le vueil bien en vérité,
310 Dist le Penancier, par ma foy ;
Or dictes *Benedicite*,
Et puis je vous confesseray,

---

(291) Ed. mod. *Il est en telle mélencolie.* Il y a un pied de trop. Il est un peu malade, il ne parle que d'argent.

(297) *Depeschera.* Expédiera.

(305) Ed. mod. *Monseigneur.*

Et en après vous absouldray,
Ainsi comme je doy le faire,
315 Puis pénitence vous bauldray,
Qui vous sera bien nécessaire.
　　Quel confesser, dist le povre homme,
Fus-je pas à Pasques absoulz?
Que bon gré sainct Pierre de Romme,
320 Je demande cinquante soulz.
Qu'esse cy? à qui sommes nous?
Ma maistraisse est bien arrinée,
A coup, à coup, despéchez vous?
Payez mon panier de marée.
325 　　Ha! mon amy, ce n'est pas jeu,
Dist le Penancier, seurement,
Il vous fault bien penser à Dieu,
Et le supplier humblement.
Que bon gré en ayt mon serment,
330 Dist cest homme, sans contre dit,
Despéchez moy légièrement,
Ainsi que le Seigneur a dit.
　　Adonc le Penancier vit bien

---

(313) Ed. mod. *En après je vous*, etc. Et ensuite je vous, etc.
(314) Ed. mod. *Ainsi que je doy faire.*
(315) *Bauldray.* Baillerai, imposerai.
(319) *Que bon gré.* Que Saint Pierre de Rome n'en soit pas fâché.
(322) *Arrinée.* Courroucée.
(323) *A coup.* Allons, allons. A cette heure.
(324) Ed. mod. *Payez-moy.*
(331) *Légièrement.* Sans faire de difficultés.

Qu'il y eut quelque tromperie.
335 Quant il entendit le moyen,
Il congneut bien la joncherie.
Le povre homme je vous affie
Ne prisa pas bien la façon,
Car il n'eut, je vous certifié,
340 Or, ne argent de son poysson.
  Maistre François par son blason,
Trouva la façon et manière,
D'avoir marée à grant foyson,
Pour gaudir et faire grant chère.
345 C'estoit la mère nourricière
De ceulx qui n'avoyent point d'argent,
A tromper devant et derrière,
Estoit ung homme diligent.

---

§ II.

La manière comment ilz eurent des trippes.

  Que fist il ? lors à peu de plet,
350 S'advisa de grant joncherie :

---

(335) *Quant*, etc. Lorsqu'on lui eut donné des explications.
(336) *Joncherie*. La tromperie, la ruse.
(338) *Ne prisa*. Ne fut pas content du tour qu'on lui jouoit.
(344) *Gaudir*. Se divertir.
(349) Ed. mod. *Que fist-il à peu de plet.* — *A peu*. Sans attendre beaucoup.

Il fist laver le cul bien net
A ung gallant, je vous affie,
Disant, qu'il convient qu'on espie
Quant sera devant la trippière.
355 Monstre ton cul par raillerie,
Puis après nous ferons grant chière.
Le compaignon ne faillit pas,
Foy que doy sainct Remy de Rains,
A Petit-Pont vint par compas ;
360 Son cul descouvrit jusque aux rains.
Quant maistre Françoys vit ce train,
Dieu sçet s'il fit piteuses lippes,
Car il tenoit entre ses mains
Du foye, du polmon et des trippes.
365 Comme s'il fust plain de despit,
Et courroucé amèrement,
Il haulsa la main ung petit,
Et le frappa bien rudement
Des trippes, par le fondement,
370 Puis, sans faire plus long quaquet,

---

(352) *Je vous affie.* Je vous le certifie.

(353) *Qu'on espie.* Qu'on guette.

(355) *Par raillerie.* Pour insulter.

(357) *Ne faillit pas.* Ne manqua pas de faire ce qu'on lui avoit recommandé.

(358) *Foy.* Je vous le jure par le respect que je dois à.

(359) *Par compas.* Comme on en étoit convenu.

(362) *Piteuses lippes.* S'il ne fut pas content.

(370) *Puis, sans,* etc. Puis, pour abréger.

Les voulut, tout incontinent,
Remettre dedans le baquet;
La trippière fut courroucée
Et ne les voulut pas reprendre,
375 Maistre Françoys, sans demourée,
S'en alla sans compte luy rendre.
Par ainsi vous povez entendre,
Qu'ilz eurent trippes et marée,
Mais après, il fault du pain tendre,
380 Pour ce disner à grant risée.

§ III.

La manière comment ilz eurent du pain.

Il s'en vint chez ung boulanger,
Affin de mieulx fornir son train,
Contrefaisant de l'escuyer,
Ou maistre d'hostel pour certain,
385 Et commanda que, tout souldain,
Cy pris, cy mis, on chappellast

---

(373) Ce vers manque dans les éd. mod.
(374) Ed. mod. *La trippière ne les voulut reprendre.*
(375) *Sans demourée:* Sans retard.
(379) Ed. mod. *Mais après fault du*, etc. Pain frais.
(380) *A grant risée.* Si drôlement composé.
(386) *Chappelast.* Entassa ; compta en les entassant.

Cinq ou six douzaines de pain,
Et que bien tost on se hastast.
Quant la moytié fut chappellé,
390 En une hotte le fist mettre,
Comme s'il fust de près hasté,
Il pria et requist au maistre,
Qu'aucun se voulsist entremettre
D'apporter, après luy courant,
395 Le pain chappelé en son estre,
Tandis qu'on fist le demourant.
Le varlet le mist sur son col,
Après maistre François le porte
Et arriva, soit dur ou mol,
400 Emprès une grant vielle porte,
Le varlet descharga sa hotte,
Et fut renvoyé, tout courant,
Hastivement traynant sa hotte,
Pour requerir le demourant.
405   Maistre Françoys, sans contredit,
N'attendit pas la revenue.
Il eut du pain par son édit,

---

(391) *De près hasté.* Vivement pressé.
(393) *Entremettre.* Charger.
(395) *En son estre.* Dans sa boutique, sur son établi.
(396) *Qu'on fist.* Qu'on compteroit le reste.
(399) *Soit dur.* Que le fardeau fût lourd ou léger, il arriva.
(402) Ed. mod. *Et fut envoyé.*
(403) Ed. mod. *Tenant sa hotte.*
(407) *Par son édit.* Par son invention, son adresse.

Pour fornir sa franche repeuc.
Le boulengier, sans attendue
410 Revint, mais ne le trouva point.
Son maistre de dueil en tressue,
Qu'on l'avoit trompé en ce point.

§ IV.

La manière comment ilz eurent du vin.

Après qu'il fut fourny de vivres,
Il fault bien avoir la mémoire,
415 Que s'ilz vouloyent ce jour estre yvres,
Il failloit qu'ilz eussent à boire.
Maistre Françoys, debvez le croire,
Emprunta deux grans brotz de boys,
Disant qu'il estoit nécessaire
420 D'avoir du vin par ambagoys.
L'ung fist emplir de belle eaue clère
Et vint à la pomme de pin,

---

(409) *Sans attendue.* Sans se faire attendre.

(411) Ed. mod. *De dueil tressue.* Est dans une tristesse qui le fait suer, etc.

(414) Ed. mod. *Il fault avoir la mémoire.* Il faut se rappeler.

(416) *Il failloit.* Il étoit nécessaire.

(417) Ed. mod. *Debvez croire.* Vous pouvez le croire.

(420) *Par ambagoys.* En faisant quelque mic mac auquel on ne comprenne rien.

Portant ses deux brocs sans renchère,
Demandant s'ilz avoient bon vin,
425 Et qu'on luy emplist du plus fin,
Mais qu'il fust blanc et amoureux.
On luy emplist, pour faire fin,
D'ung très bon vin blanc de Baigneux.
Maistre Françoys print les deux brocs,
430 L'ung emprès l'autre les bouta ;
Incontinent par bon propos,
Sans se haster, il demanda
Au varlet quel vin est cela,
Il luy dist vin blanc de baigneux,
435 Ostez, ostez, ostez cela,
Car par ma foy point je n'en veulx.
Qu'esse cy estes vous bejaulne ?
Vuidez moy mon broc vistement,
Je demande du vin de Beaulne,
440 Qui soit bon et non aultrement.
Et en parlant subtillement
Le broc qui estoit d'eaüe plain,
Luy changea, à pur et à plain.

---

(423) *Sans renchère.* Sans bâton, les portant à la main comme s'ils eussent été tous les deux vuides.

(426) Ed. mod. *Bon et amoureux.* Blanc et doucereux.

(427) *Pour faire fin.* Pour abréger.

(430) Ed. mod. *Lung après.* L'un près de l'autre.

(431) *Par bon propos.* En causant de choses indifférentes.

(437) *Bejaulne.* Niais, imbécile.

Par ce point ilz eurent du vin
445 Par fine force de tromper,
Sans aller parler au devin;
Ilz repurent per ou non per.
Mais le beau jeu fut à souper,
Car maistre Françoys à brief mot
450 Leur dist; je me vueil occuper,
Que mangerons ennuyt du rost.

§ V.

La manière comment ilz eurent du rost.

Il fut appointé qu'il yroit
Devant l'estal d'ung rotisseur,
Et de la chair marchanderoit,
455 Contrefaisan du gaudisseur,
Et pour trouver moyen meilleur,
Faignant que point on ne se joue;
Il viendroit ung entrepreneur,

---

(445) *Par fine force.* Par la subtilité de leur tromperie.

(447) *Ilz repurent.* Ils mangèrent sans examiner s'ils étoient à table douze ou treize.

(451) Ed. mod. *Que nous mangerons du rost.* — *Ennuyt.* Aujourd'hui, en ce jour.

(452) *Appointé.* Convenu.

(455) *Contrefaisant.* Faisant le plaisant.

(458) *Ung entrepreneur.* Surviendroit quelqu'un qui se mêleroit à leur conversation.

Qui luy bailleroit sur la joue.
460 Il vint à la rostisserie,
En marchandant de la viande,
L'autre vint de chère marrie,
Qu'est-ce que ce paillart demande?
Luy baillant une buffe grande,
465 En luy disant mainte reproche.
Quant il vit qu'il eut ceste offrande,
Empoigna du rost plaine broche.
Celuy qui bailla le soufflet
Fuist bien tost: et à motz exprès.
470 Maistre Françoys sans plus de plet,
A tout son rost courut après.
Ainsi, sans faire long procès,
Ilz repurent de cueur dévot,
Et eurent, par leur grant excès,
475 Pain, vin, chair et poisson, et rost.
Et pour la première repeue,
Dont après sera mention,
Bien digne d'estre ramenteue,

---

(462) *De chère marie.* De mauvaise humeur.

(464) *Une buffe.* Un soufflet, une tape.

(469) Ed. mod. *Fuist bien tost à motz exprès.* — *Et à motz exprès.* Et comme ils l'avoient réglé d'avance.

(473) *De cueur dévot.* Avec un joyeux appétit.

(474) *Grant excès.* Par leur subtile adresse.

(475) Ed. mod. *Pain, vin, chair, poisson et rost.*

(478) *Ramenteue.* Racontée, rappelée.

Et mise en révélation.
480 Et pourtant sans correction,
Affin que l'en en parle encore,
Comme nouvelle invention,
Redigé sera par mémoire.

DEUXIÈME PARTIE.

§ I.

Or advint, de coup d'aventure,
485 Que les suppostz devant nommez
Ne cherchoyent rien que, par droicture,
En richesses gens renommez.
Ung jour qu'ilz estoyent affamez,
En la porte d'ung bon logis
490 Virent entrer, sans estre armez,
Embassadeurs de loing pays.
Si pensèrent à eulx, comment
Ilz pourroyent pour l'heure repaistre,
Et selon leur entendement,
495 L'ung d'iceulx s'aprocha du maistre

---

(486) *Ne.* Ne cherchoient naturellement autre chose.
(494) *Selon.* Comme ils en étoient convenus.
(495) Ed. mod. *L'ung d'eulx.*

(387)

D'hostel, et se fist acongnoistre,
Disant qu'il luy enseigneroit
Le hault, le bas marché, pour estre
Par luy conduyt, s'il luy plaisoit.
500 Je croy bien que monsieur le maistre
Qui du bas mestier estoit tendre,
Fist ce gallant très bien repaistre,
Et luy commenda charge prendre
De la cuysine, d'y entendre,
505 Tant que leur train départira,
Et bien payera, sans attendre,
A son gré, quant il s'en yra.
Lors s'en vint à ses compaignons,
Dire nostre escot est payé,
510 Je suis jà l'ung des grans mignons
De léans et mieulx avoyé,
Car le maistre m'a envoyé
Par la ville pour soy sortir;
Mais se mon sens n'est desvoyé,
515 Bien brief l'en feray repentir.

(498) Le haut marché, c'est le marché aux provisions, et le bas, c'est celui aux filles publiques.
(500) Ed. mod. *Monseigneur le.*
(501) *Bas mestier.* Qui aimoit les filles publiques.
(504) *D'y entendre.* D'en prendre soin.
(505) *Tant.* Jusqu'à ce que.
(506) *Sans attendre.* Sans le faire attendre.
(511) *Et mieulx avoyé.* Et le plus accrédité, le mieux venu.
(513) *Pour soy sortir.* Pour lui faire ses fournitures.

Va, luy dirent ses compaignons,
Et esguise tout ton engin
A nous rechauffer les rongnons,
Et nous fais boire de bon vin.
520 Passe tous les sens Pathelin,
De Villon et pauque denaire
Car se venir peulx en la fin,
Passé seras maistre ordinaire.

Ce gallant vint en la maison,
525 Où estoyt logé l'embassade,
Où les seigneurs par beau blason,
Devisoyent rondeau ou ballade.
Il estoit miste, gent et sade
Bien abitué, bien empoint,
530 Robbe fourrée, pourpoint d'ostade ;
Il entendoit son contrepoint.

Le principal ambassadeur
Aymoit ung peu le bas mestier,
Dont le gallant fut à honneur ;
535 C'estoyt quasi tout son mestier.
Et luy compta que, à son quartier,
Avoit de femme largement

---

(526) *Beau blason*. Belle conversation.

(527) *Dévisoyent*. Parloient.

(528) *Il estoit*, etc. Il étoit joli de figure, agréable dans ses manières et dans ses discours.

(529) *Bien*. Il étoit bien élevé, honnête et bien dressé.

(530) *Robbe*. Il étoit bien et élégamment vêtu.

Qui estoyent, s'il estoit mestier,
A son joly commendement.
540 Le gallant fut entretenu
Par ce seigneur venu nouveau,
Et léans il fut retenu,
Pour estre fin franc macquereau.
Le jeu leur sembla si très beau ;
545 Aussi il fist si bonne mine,
Qu'il fut esleu, sans nul appeau,
Pour estre varlet de cuysine.
 Les embassadeurs convoyèrent
Seigneurs et bourgeois à disner,
550 Lesquelz voulentiers y allèrent
Passer temps, point n'en fault doubter.
Toutesfoys vous debvez sçavoir,
Quelque chose que je vous dye,
Que l'ambassadeur pour tout veoir
555 Craignoit moult fort l'Epidimie.
Ce gallant en fut adverty,
Qui non obstant fist bonne mine,
Et quant il fut près de midi,
A l'heure qu'il est temps qu'on disne,
560 Il entra dedans la cuysine,
Manyant toute la viande,
Comme docteur en médecine

---

(546) *Sans nul appeau.* Sans contredit.
(548) *Convoyèrent.* Invitèrent.

Qui tient malades en commande.
Tous les seigneurs le regardèrent
565 Son train, ses façons et manières,
Mais après luy pas ne tastèrent :
Aussi ne luy challoit-il guères.
Après il print les esguières,
Le vin, le clairé, l'ypocras,
570 Darioles, tartes entières,
Il tasta de tout par compas.
Et pour bien entendre son cas,
Quant il vit qu'il estoit saison,
A bien jouer ne faillit pas,
575 Pour faire aux seigneurs la raison,
Si bien, que dedans la maison
Demoura tout seul pour repaistre,
Soustenant, par fine achoison,
Qu'il se douloit du cousté destre.
580 Lors y avoit une couchette
Où il failloit faire la feste,

---

(563) *Qui.* Qui a des malades sur lesquels il peut largement opérer.

(566) *Pas ne tastèrent.* Ils ne mangèrent aucune des choses qu'il avoit touchées.

(567) *Aussi.* Mais cela l'inquiétoit fort peu.

(570) *Darioles.* Espèce de pâtisserie.

(571) *Il tasta.* Il goûta de tout à dessein.

(573) *Qu'il estoit saison.* Qu'il en étoit temps.

(574) *A bien.* Il ne manqua pas de bien jouer son rôle.

(579) *Qu'il se.* Qu'il souffroit du côté droit. Ed. mod. *Qui se douloit.*

Et n'a dent qui ne luy cliquette.
Là ce mist, commençant à braire
Que l'en fuist au presbytaire,
585 Pour faire le prebstre acourir,
A tout dieu, et l'autre ordinaire
Qui fault pour ung qui veult mourir.
Quant les seigneurs virent le prebstre,
Avec ses sacremens venir,
590 Chascun d'eulx eust bien voulu estre
Dehors, je n'en veulx point mentir,
Si grant haste eurent d'en sortir,
Que là demourèrent les vivres,
Dont les compaignons du martir
600 Furent troys jours et troys nuytz yvres.
Par ce point eurent la repeue
Franche, chascun des compaignons,
La finesse le prebstre a teue
Affin de complaire aux mignons;
605 Mais les seigneurs dont nous parlons,
Eurent tous pour ce coup l'aubade,
Chascun d'eulx fut, nous ne faillons,
De la grant peur, troys jours malade.

---

(586) *A tout Dieu.* Avec le viatique et tout ce qu'il faut pour administrer un mourant.

(603) Ed. mod. *Le prebstre la teue.*

(607) Ed. mod. *Que nous ne faillons.*

§ II.

La repüe franche du Lymousin.

  Ung lymousin vint à Paris,
610 Pour aulcun procès qu'il avoit.
  Quant il partit de son pays
  Pas grammant d'argent il n'avoit,
  Et toutesfoys il entendoit
  Son faict, et avoit souvenance,
615 Que son cas mal se porteroit
  S'il n'avoit une repeue franche.
   Ce lymousin, c'est chose vraye,
  Qui n'avoit vaillant ung patac,
  Se nommoit seigneur de Combraye,
620 Sans qu'on le suyvist à son trac.
  Plus rusé estoit q'ung vieil rat
  Et affamé comme ung vieil lou,
  Avec monsieur de Penessac,
  Et le seigneur de Lamesou
625 Les troys seigneurs s'entretrouvèrent
  Car ilz estoyent tous d'ung quartier,
  Et Dieu sçait s'ilz se saluèrent,

---

(618) *Patac.* Monnoie de la plus petite valeur.
(620) *Sans.* Sans que pour cela il eut des serviteurs à sa suite.
(625) Ed. mod. *S'en retournèrent.*

Ainsi qu'il en estoit mestier,
Toutesfoys ce bon escuyer
630 De Combraye, propos final,
Fut esleu leur grant conseillier,
Et le gouverneur principal.
Ilz conclurent pour le meilleur,
Que ce bon notable seigneur
635 Yroit veoir s'il pourroit trouver,
Quelque bon lieu pour soy loger,
Et selon qu'il le trouveroit,
Aux aultres le racompteroit.
Or advint environ midy,
640 Qu'ilz estoyent de fain estourdis,
S'en vint à une hostellerie,
Rüe de la Mortellerie,
Où pend l'enseigne du Pestel,
A bon logis et bon hostel,
645 Demandant s'on a que repaistre.
Ouy vrayment, ce dist le maistre,
Ne soyez de rien en soucy;
Car vous serez très bien servy,
De pain, de vin, et de viande.
650   Pas grant chose je ne demande,

---

(630) *Propos final.* Pour abréger.
(637) Ed. mod. *Qu'il trouveroit.*
(642) Ed. mod. *En la rue de la,* etc.
(644) *A bon logis.* Avec bon logement et bonne table. C'étoit la partie obligée de toutes les enseignes.

Dist le bon seigneur de Combrayè.
Il n'y a guère que j'avoye
Bien desjuné, mais toustesfoys,
Si ay-je disné maintesfoys,
655 Que n'avoye pas tel appetit.
Ce seigneur menga ung petit,
Car il n'avoit guère d'argent,
Commendant qu'on fust diligent,
D'avoir quelque chose de bon,
660 Pour son soupper ; ung gras chapon :
Car il pensoit bien que le soir,
Il devoit avec luy soupper
Des gentilz hommes de la court.
L'hostesse fut bien à son gourt,
665 Car quant vint à compter l'escot,
Le seigneur ne dist oncques mot,
Mais tout ce qu'elle demanda
Ce gentil homme luy bailla,
Disant vous comptez par raison.
670 Bouta son sac soubz son esselle,
Et vint racompter la nouvelle
A ces compaignons, et comment
Il failloit faire saigement.
Il fut dit à peu de parolles,

---

(653) Ed. mod. *Desjuné mais toutes foys.*

(664) *L'hostesse.* L'hôtesse fut bien à son aise, fut sans doute bien contente. Ed. mod. *A son court.*

(669) Ed. mod. *Vous compterez.*

675 Pour éviter grans monopolles,
Que le seigneur de Penessac
Yroit devant loüer l'estat,
Et blasonner la suffisance
De ce seigneur, car sans doubtance,
680 La chose le valoit très bien.
Et pour trouver meilleur moyen,
Il menroit en sa compaignie
Lamesou; il ne faillit mye.
Si vint demander à l'hostesse,
685 S'ung seigneur remply de noblesse,
Estoit logé en la maison.
L'hostesse respondit que non,
Et que vrayement il n'y avoit
Q'ung lymousin lequel debvoit
690 Venir au soir souper léans.
Ha! dist-il, dame de céans,
C'est celuy que nous demandons;
Par ma foy c'est le grant baron
Qui est arrivé au matin.
695 Je n'entens point vostre latin
Dist l'hostesse, vous parlez mal,

---

(677) *Louer l'estat.* La condition, et parler de la fortune de.

(683) *Il ne.* Il n'y manqua pas. Ed. mod. *En la maison*, la seigneurie.

(685) Ed. mod. *Seigneur plain.*

(690) *Souper léans.* Chez elle.

(691) *De ceans.* De l'hôtel.

Il n'a ne jument, ne cheval,
Il va à pied par faulte d'asne.
  Lors Penessac dit à la dame,
700 Il vient icy pour ung procès,
Il est appellant des excès
Qu'on luy a faictz en Lymousin,
Et va ainsi de pied, affin
Que son procès soit plustost faict.
705 L'hostesse le creut en effaict.
  Alors le seigneur de Combraye
Arrive et Dieu sçait quelle joye,
Ces deux seigneurs icy luy firent :
Et le genoil embas tendirent
710 Aussi tost comme il fut venu,
Et par ce point il fut congneu
Qu'il estoit seigneur honnorable.
  Le bon seigneur se sist à table,
En tenant bone gravité,
715 Vis-à-vis de l'autre costé
S'assist le seigneur de l'hostel,
Et eurent du vin Dieu sçait quel
Il ne failloit point demander.
  Quant ce vint à l'escot compter,
720 L'hostesse assez hault comptoit,

―――――――――――

(697) Ed. mod. *Il n'a jument ne cheval.*
(699) Ed. mod. *Dit la dame.*
(701) *Des excès.* Des injustices, passe-droits.

Mais au seigneur il n'en challoit,
Faignant qu'il fust tout plain d'argent.
Lors il dist qu'on fust diligent
De penser à faire les litz,
725 Car il vouloit en ce logis
Coucher : puis après, par exprès,
Il print son sac à ses procès,
Et le bailla léans en garde,
Disant ; qu'on le me contregarde,
730 Si de l'argent voulez avoir
Il ne fault que le demander,
L'hostesse ne fut pas ingrate :
En disant, je n'en ay pas haste
N'espargnez rien qui soit céans.
735 Ces seigneurs couchèrent léans,
L'espace de cinq ou six moys
Sans payer argent toutesfoys,
Non obstant ce qu'il demandoit,
A l'hostesse s'elle vouloit
740 Avoir de l'argent, bien souvent ;
Mais il n'estoit point bien content
De mettre souvant main en bource.
L'hostesse n'estoit point rebource,

---

(721) Ed. mod. *Mais au seigneur n'en.*
(724) Ed. mod. *De penser faire.*
(729) Ed. mod. *Qu'on le contregarde.*
(739) Ed. mod. *A son hostesse.*
(743) *Rebource.* Sévère, exigeante.

Et dist ne vous en soucyez,
745 Dieu merci, j'ay argent assez
A vostre bon commandement.
Ces mignons pensèrent comment
Ilz pourroyent retirer leur sac,
Et lors monsieur de Penessac
750 Dist à ce baron de Combraye,
Qu'il se boutast bien tost en voye,
Faignant qu'il est embesongné.
Ce seigneur vint tout refrongné
Vers l'hostesse, par bon moyen
755 Et luy dit : mon cas va très-bien,
Mon procès est ennuyt jugé.
A coup qu'il n'y ait plus songé,
Baillez-moi mon sac, somme toute ;
Car j'ay peur, et si fays grant doubte,
760 Que les seigneurs soyent départis.
Il print son sac : à dieu vous dis,
Je reviendray tout maintenant.
Il s'en alla diligemment,
A tout ces procès et son sac ;
765 Et le seigneur de Penessac,

---

(746) Ed. mod. *A vostre commandement.*
(749) Ed. mod. *Monseigneur de.*
(753) *Refrongné.* Tout affairé.
(756) Ed. mod. *Cejourd'huy jugé.*
(757) *A coup.* Pour qu'enfin il n'en soit plus question.
(760) *Que.* Que l'audience ne soit finie lorsque j'arriverai, que les juges ne soient séparés.

Et de Lamesou l'attendóyent;
Lesquelz seigneurs si s'esbatoyent,
A recueillir les torches culz
Des seigneurs qui estoyent venus
770 Aux chambres, et bien se pensoyent
Qu'à quelque chose serviroyent.
Ilz ostèrent tous ces procès,
De ce sac et, par motz exprès,
L'emplirent de ces torche-culz;
775 Puis au soir quant furent venuz
A leur logis, fut mis en garde,
Et pour mieulx mettre en sauvegarde
Il fut bouté par grant humblesse
Avec les robbes de l'hostesse,
780 Qui sentoyent le muguelias.
Au soir, firent grant ralias,
Le landemain, il fut raison
De départir, et fut saison,
Pour s'en aller sans revenir.
785 On cuydoit qu'ilz deussent venir
Lendemain, soupper et disner,
Pour leurs offices resiner,

---

(771) Ed. mod. *Servoyent.*
(773) *Par motz exprès.* Avec dessein.
(780) *Le muguelias.* Le muguet.
(781) *Grant ralias.* Un bon repas, régal.
(782) *Il fut raison.* Il fut question de s'en aller.
(783) Ed. mod. *De partir il fut saison.*
(787) *Pour leurs offices resiner.* Pour payer leurs dépenses.

Mais ilz ne vindrent onque puis.
Ils faillirent cinq ou six nuitz
790 Dont l'hostesse fut eschet mac.
Elle n'osoit ouvrir le sac,
Sans avoir le congé du juge,
Auquel avoit piteux déluge ;
Telment qu'il estoit nécessaire,
795 Qu'on envoyast ung commissaire
Pour ouvrir ce sac, somme toute.
Quand il fust venu, sans nul doubte,
Il lava ses mains à bonne heure,
De peur de gaster l'escripture,
800 Car à cela estoit expert.
Toutesfoys le sac fut ouvert ;
Mais quant il le vit si breneux,
Il s'en alla tout roupieux,
Cuydant que ce fust mocquerie,
805 Car il n'entendoit raillerie.
Ainsi partirent ces seigneurs
De Paris, joyeulx en couraige.
De tromper furent inventeurs,

---

(791) Ed. mod. *Car elle.*
(793) *Au quel.* Chez lequel il y avoit une affluence extraordinaire.
(796) *Somme toute.* Enfin.
(797) Ed. mod. *Quant il est.*
(802) *Si breneux.* Si sali de., etc.
(803) *Tout roupieux.* En grondant, tout de mauvaise humeur.
(805) Ed. mod. *Car il entendoit.*

Cinq moys vesquirent d'aventaige.
810 De blasonner ilz firent raige ;
Leur hoste fut par eulx vaincu.
Ilz ne laissèrent pour tout gaige
Qu'un sac tout plain de torchecu.

§ III.

Le repeue franche du souffreteux.

Ou prend argent qui n'en a point ?
815 Remède : vivre daventaige.
Qui n'a ne robbe ne pourpoint,
Que pourroit il laisser pour gaige ?
Toutesfoys qui auroit l'usaige
De dire quelque chansonnette,
820 Qui peust deffrayer le passaige,
Le payement ne seroit qu'honneste.
— Ainsi parloit le souffreteux
Qui estoit fin de sa nature,
Moytié triste, moytié joyeulx.
825 Du palays partit, bonne alleure,
En disant qui ne s'adventure,
Il ne fera jamais beau fait,
Pour pourchasser sa nourriture ;

(810) *De blasonner.* De broder, de tenir des discours trompeurs.
(815) *Remède.* Le moyen : faire meilleure chère.
(825) *Du palays.* Il partit du palais de justice avec un air décidé.

Car il estoit de fain deffaict.
830 Pour trouver quelque tromperie,
Le gallant se voulust haster :
En la meilleure hostellerie,
Ou taverne, s'alla bouter,
Et commença à demander,
835 S'on avoit rien pour luy de bon ;
Car il vouloit léans disner,
Et faire chère de façon.
Lors on demanda quelle viande,
Il failloit à ce pélerin.
840 Il respondit, je ne demande
Q'une perdrix ou un poussin,
Avec une pinte de vin
De Beaulne, qui soit frais tirée.
Et puis après pour faire fin,
845 Le cotteret et la bourrée.
Tout ce qui luy fut nécessaire
Le varlet luy alla quérir,
Le gallant s'en va mettre à table,
Affin de mieulx se resjouyr,
850 Et disna là, tout à loisir,
Maschant le sens, trenchant du saige ;

---

(837) *Chère de façon.* Bonne chère.

(841) Ed. mod. *Ou poussin.*

(845) *Le cotteret.* Je pense que *cotteret* est le nom d'un vin de dessert, et *bourrée* celui d'une pâtisserie.

(851) *Maschant le sens.* Sérieux.

Mais il falut, ains que partir,
Avoir ung morceau de fromage,
Adonc, dist le clerc, mon amy,
855 Il fault compter, car vous devez,
Tout par tout, sept solz et demy,
Et convient que les me payez.
— Je ne sçay, comment les aurez,
Dist le gallant, car par sainct Gille,
860 Je veulx bien que vous le saichez,
Je ne soustiens ne croix, ne pille.
— Qui n'a argent, si laisse gaige,
N'est-ce pas le faict droicturier?
Voulez-vous vivre davantaige?
865 Et n'avez maille ne denier?
Estes-vous larron, ne meurtrier?
Par Dieu, ains que d'icy je hobe,
Vous me payrés, pour abréger,
Ou vous y laisserez la robbe.
870 — Quant est d'argent je n'en ay point,
Affin de le dire tout hault,
Comment! m'en iray-j'en pourpoint,
Et desnué comme ung marault?
Dieu mercy, je n'ay pas trop chault;

---

(855) Ed. mod. *Vous avez.*
(859) Ed. mod. *Dist le gallant par St. Gilles.*
(861) *Je ne soustiens.* Je ne porte, je n'ai pas un sou.
(865) La maille et le denier étoient deux espèces de monnoie.
(867) *Ains que.* Avant que je me retire d'ici.

875 Mais s'il vous plaisoit m'employer,
Je vous serviray sans deffault,
Jusques à mon escot payer.
— Et comment que sçavez vous faire ?
Dictes le moy tout plainement.
880 — Quoy! toute chose nécessaire,
Point ne fault demander comment ;
Je gaige que tout maintenant,
Je vous chanteray ung couplet,
Si hault et si cler, je me vant,
885 Que vous direz : cela me plaist.
— Lors le varlet voyant cecy,
Fut content de ceste gaigeure,
Et pensa à luy mesmes ainsi,
Qu'il attendroit ceste adventure ;
890 Et s'il chantoit bien d'adventure
Il luy diroit, pour tous débats,
Qu'il payast l'escot, bon alleure ;
Car son chant ne luy plaisoit pas.
L'accord fut dit, l'accord fut faict,
895 Devant tous, non pas en arrière
Lors le gallant tire de faict,
De dedens sa gibecière,

---

(883) Ed. mod. *Que je chanteray.*
(884) *Je me vant.* Je me flatte de cela.
(890) Ce vers manque dans les éditions mod.
(891) *Pour tous débats.* Pour toute discussion.
(892) *Bon alleure.* Gaillardement.

Une bource, d'argent legière,
Qui estoit pleine de Mereaulx.
900 Et chanta par bonne manière
Haultement, ces mots tous nouveaulx;
De sa bourse dessus la table
Frappa, affin que je le notte,
Et comme chose convenable,
905 Chanta ainsi à haulte notte.
«Fault payer ton hoste, ton hoste.»
Tout au long chanta ce couplet,
Le varlet estant coste à coste,
Respondit cela bien me plaist;
910 Toutesfoys il n'entendoit pas
Qu'il en fust de l'escot payé,
Parquoy il failloit sur ce pas,
De son sens fut moult desvoyé.
Devant tous fut notiffié,
915 Qu'il estoit gentil compaignon,
Et qu'il avoit par son traicté,
Bien disné pour une chanson.

---

(899) *De mereaulx.* De jetons.
(900) *Par bonne manière.* Gracieusement.
(906) Ed. mod. *Il faut payer ton hoste.*
(911) Ed. mod. *Qu'il n'en fust.*
(912) *Il failloit.* Il se trompoit sur cet article.
(913) *De son sens.* Il arriva bien autre chose que ce qu'il avoit pensé.
(915) *Qu'il.* Le chanteur.
(916) *Par son traicté.* En vertu de la gageure.

Cest bien disné quant on eschappe,
Sans desbourcer pas ung denier,
920 Et dire à Dieu au tavernier,
En torchant son nez à la nappe.

§ IV.

La repeue du Pelletier.

Ung jour advint q'ung Pelletier,
Espousa une belle femme,
Qui appetoit le bas mestier,
925 En faisant recorder sa game.
Le Pelletier sans penser blasme,
Ne s'en soussioit q'ung petit,
Mieulx aymoit du vin une dragme
Que coucher dedans ung beau lict.
930   Ung curé voyant cest'affaire,
De la femme fut amoureulx,
Et pensa qu'à son presbytaire
Il maineroit ce maistre gueulx.
Il s'en vint à luy tout joyeulx,
935 A celle fin de le tromper,
En disant : mon voysin, je veulx,
Vous donner annuyt à soupper.

---

(924) *Qui appetoit.* Qui aimoit à se prostituer.
(928) Je pense que la dragme étoit une mesure.
(937) *Annuyt.* Aujourd'hui.

Le Pelletier en fut contant,
Car il ne vouloyt que repaistre,
940 Et alla tout incontinent
Faire grant chère avec le prestre,
Qui luy joua d'ung tour de maistre,
Disant ma robbe est deffourrée,
Il vous y convient la main mettre
945 Affin qu'elle soit reffourrée.

Et bien, ce dist le Pelletier,
Monseigneur j'en seray content,
Mais que vous m'en vueillez payer;
Je suis tout vostre seurement.
950 Il firent leur appoinctement,
Qu'il auroit pour tout inventoire,
Dix solz tournois entièrement,
Et du vin largement pour boire.

Par ainsi la despecheroit
955 Car el luy estoit nécessaire,
Et que toute nuyt veilleroyt
Avec son clerc au presbitaire.
Il fut content de cest' affaire.
Mais le Curé les enferma,

---

(943) *Deffourrée.* Dégarnie de fourrures.

(950) *Appoinctement.* Accord.

(954) Ed. mod. *Par ainsi qu'il la.*

(955) Ed. mod. *Car il estoit nécessaire.*

960 Soubz la clef, sans grant noyse faire,
Puis hors de la maison alla.
Le Curé vint en la maison
Du Pelletier, par ses sornettes,
Et trouva si bonne achoyson,
965 Qu'il fist très bien ses besongnettes.
Ilz firent cent mille chosettes,
Car ainsi comme il le me semble,
Ce fourreur pour la repeue franche,
Fut faict coqu bien fermement;
970 Et luy chargea la dame blanche
Qu'il y retournast hardiment,
Et que par son sainct sacrement,
Jamais nul jour ne l'oublira;
Mais luy fera hébergement,
975 Toutes les foys qu'il lui plaira.
Et pourtant se donne soy garde
Chascun qui aura belle femme,
Qu'on ne luy joüe telle aubade,
Pour la repeue, c'est grant diffame;
980 Quant il est sçeu ce n'est que blasme,
Et reproche au temps advenir.
Vela de la repeue grant gaigne,
Pourtant ayez en souvenir.

---

(960) *Sans grant noyse.* Sans faire grant bruit.
(982) *Grant gaigne.* Grand profit.

§ V.

La repeue franche des gallans sans soulcy.

  Une assemblée de compaignons
985 Nommez les gallans sans soucy,
  Se trouvèrent entre deux pontz,
  Près le palays, il est ainsi ;
  D'aultres y en avoit aussi
  Qui aymoyent bien besoigne faicte,
990 Et estoient de franc cueur transi,
  A l'abbé de saincte souffrette.
  Ces mignons ainsi assemblez
  Ne demandèrent que repas ;
  D'argent ilz n'estoyent pas comblez,
995 Non pourtant ne faillirent pas.
  Ilz se boutèrent tous à tas,
  A l'enseigne du plat d'estaing,
  Où ilz repurent par compas,
  Car ilz en avoyent grant besoing.
1000 Quant ce vint à l'escot compter,

---

(991) *A l'abbé.* Avec l'abbé de Sainte-Souffrète. Le roi des gueux.
(992) Ed. mod. *Ces compaignons.*
(995) *Non.* Et cependant ils ne manquèrent pas de dîner. — Ed. mod. *Non pourtant ils ne dormoyent pas.*
(998) *Par compas.* Comme ils en étoient convenus.

Je crois que nully ne ce cource;
Mais le beau jeu est au païer
Quant il n'y a denier en bource.
Nul d'eulx n'avoit chère rebourse,
1005 Pour de l'escot venir au bout.
Dist ung gallant de plaine source,
Il n'en fault q'ung pour payer tout.
Ilz appointèrent tous ensemble,
Que l'ung d'iceulx on banderoit,
1010 Par ainsi, selon qui me semble,
Le premier qu'il empoignéroit,
Estoit dit que l'escot payroit.
Mais en iceulx eut grand discord,
Chascun bandé estre vouloit,
1015 Dont ne peurent estre d'acord.
Le varlet voyant ces debatz
Leur dit, nul de vous ne s'esmoye,
Je suis content que par compas
Tout maintenant bandé je soye.
1020 Les gallans en eurent grant joye,
Et le bandèrent en ce lieu,
Puis chascun d'eux si print la voye,
Pour s'en aller sans dire à dieu.

(1004) *Nul d'eulx.* Aucun d'eux ne se refusoit à payer.
(1006) *Dist.* Alors un de ces messieurs dit tout naturellement.
(1008) *Ilz appointèrent.* Ils convinrent.
(1018) *Par compas.* Que par accord, c'est-à-dire qu'il vous convienne que, etc.

Le varlet qui estoit bandé
1025 Tournoyoit parmy la maison.
Il fut de l'escot prebendé
Par ceste subtile achoison.
Affin d'avoir provision
De l'escot, l'hoste monte en hault,
1030 Quant il vit ceste invention,
A peu que le cueur ne luy fault.
En montant l'hoste fut happé
Par son varlet sans dire mot,
Disant je vous ay attrapé,
1035 Il faut que vous payez l'escot,
Ou vous laisserez le surcot.
Dequoy il ne fut pas joyeulx,
Cuydant qu'il fust mathelineux.
Quant le varlet se desbenda,
1040 La tromperie peult bien congnoistre.
Fut estonné quant regarda,
Et vit bien que c'estoit son maistre.
Pensés qu'il en eut belle lettre,
Car il parla lors à baston,
1045 Et pour sa peine sans rien mettre,
Il eut quatre coups de baston.

(1025) Ed. mod. *Tournoit parmy.*
(1026) *Prebendé.* Gratifié, chargé.
(1027) *Achoison.* Invention.
(1028(*Affin.* Afin de retirer l'écot.
(1038) *Mathelineux.* Soupçonnant qu'il étoit trompé, dupé.
(1044) *Car.* Car le maître parla alors avec le bâton.

Ainsi furent, sans rien payer,
Les povres gallans, délivrez
De la maison du tavernier,
1050 Où ilz s'estoyent presque enyvrez
De vin qu'on leur avoit livrez,
Pour boire à plain gobelet,
Que paya le povre varlet.
Et que ce soit vray ou certain,
1055 Ainsi que m'ont dit cinq ou six,
Le cas advint au Plat d'estain
Emprès sainct Pierre de Arsis.
Bien escheoit ung grant mercis
A tout le moins pour ce repas,
1060 Et si ne le payèrent pas.
Aussi fut si bien aveuglé,
Le povre varlet malheureulx,
Qui fut de tout cela sanglé,
Et faillust qu'il payast pour eulx ;
1065 Et s'en allèrent tous joyeulx
Les mignons torchant leur visaige
Qui avoyent disné davenlaige.

(1060) Ed. mod. *Et si ne payèrent pas.*

§ VI.

La repeue faicte auprès de Montfaulcon.

  Pour passer temps joyeusement,
  Racompter vueil une repeue,
1070 Qui fut faicte subtillement
  Près Montfaulcon, c'est chose sçeüe,
  Et diray la desconvenüe
  Qu'il advint de fins ouvriers,
  Aussi y sera ramenteue
1075 La finesse des escolliers.

  Quant compaignons sont desbauchez
  Ilz ne cerchent que compaignie,
  Plusieurs ont leurs vins vendangez,
  Et beu quasy jusqu'à la lye.
1080 Or advint que grant mesgnie
  De compaignons se rencontrèrent,
  Et sans trouver la saison chère,
  Chascun d'eulx se resjouyssoit
  Disant bons motz, faisant grant chère,
1085 Par ce point le temps se passoit.

  Mais l'ung d'iceulx promis avoit

(1074) *Ramentue.* Racontée.
(1075) Ed. mod. *De ces escolliers.*
(1080) *Grant mesgnie.* Grande réunion.
(1087) *La saison chère.* Le temps mauvais.
(1085) *Par ce point.* De cette manière.

De coucher avec une garce,
Et aux aultres le racomptoit
Par jeu, en manière de farce.
1090 Tant parlèrent du bas mestier
Qui fut conclud par leur façon
Qu'ilz yroyent ce soir la coucher
Près le gibet de Montfaulcon,
Et auroyent pour provision
1095 Ung pasté de façon substille,
Et menroyent en conclusion
Avec eulx chasc'un une fille.
Ce pasté, je vous en respons,
Fut faict sans demander qu'il couste,
1100 Car il y avoit six chapons
Sans la chair que point je ne boute.
On y eust bien tourné le coute,
Tant estoit grant, point n'en doubtez.
Le prince des sotz et sa roùtte,
1105 En eussent esté bien souppez.
Deux escolliers voyant le cas,
Qui ne sçavoyent rien de tromper;

(1098) Ed. mod. *Je vous respons.*
(1099) *Sans demander*, etc. Sans regarder au prix.
(1101) *Que point.* Dont je ne parle pas.
(1102) *On y eust.* Le coude y seroit tourné dedans.
(1103) Ed. mod. *Tant estoit grant n'en doubtez.*
(1104) *Le prince.* Le chef des comédiens et la bande toute entière.
(1107) *Qui.* Qui n'étoient que peu rusés. Antiphrase.

Sans prendre conseil d'advocatz,
Ilz se voullurent occuper,
1110 Pensant à eulx, comme atrapper
Les pourroyent d'estoc ou de trenche ;
Car ilz voulloyent ce soir soupper
Et avoir une repeue franche.
Sans aller parler au devin,
1115 L'ung prist ce pasté de façon,
L'autre emporta un broc de vin,
Du pain assez selon raison
Et allèrent vers Montfaulcon
Ou estoit toute l'assemblée.
1120 Filles y avoit à foyson,
Faisant chère desmesurée.
Aussi juste comme l'orloge,
Par devis, par bonne manière,
Ilz entrèrent dedans leur loge,
1125 Espérant de faire grant chière ;
Et tastèrent devant, derrière,
Les povres filles hault et bas.
Les escolliers, sans nulle fable,
Voyant ceste desconvenüe,

(1110) *D'estoc ou de trenche.* C'est ainsi que j'ai corrigé ; il y avoit *d'estoc ou de hence. De trenche.* De taille.

(1122) *Aussi.* A l'heure précise.

(1123) *Par devis.* En causant et badinant.

(1124) *Leur loge.* Leur chambre, leur cabinet.

(1128) *Sans nulle fable.* Sans mentir je le dis.

(1129) *Desconvenue.* Incongruité, scandale.

1130 Vestirent habitz de diable
Et vindrent là sans attendüe ;
L'ung ung croc, l'aultre une massüe,
Pour avoir la franche repüe,
Vindrent assaillir les gallans,
1135 Disant à mort, à mort, à mort,
Prenez à ces chesnes de fer
Ribaulx, putains par desconfort,
Et les amenez en enfer ;
Ilz seront, avec Lucifer,
1140 Au plus parfond de la chauldière ;
Et puis pour mieulx les eschauffer
Gettez seront en la rivière.
 L'ung des gallans, pour abbreger,
Respondit, ma vie est finée
1145 En enfer me fault héberger,
Vecy ma dernière journée,
Or suis je bien ame dampnée,
Nostre peché nous a attains,
Car nous yrons, sans demouree,
1150 En enfer avec ces putains.
 Se vous les eussiez veu foüyr,
Jamais ne vistes si beau jeu,

(1131) *Sans attendue.* Sans être attendus.
(1136) *A ces.* Avec ces chaînes.
(1137) *Par desconfort.* Pour abattre un peu leur joie.
(1145) *Héberger.* Loger.
(1149) *Sans demouree.* Sans tarder.

Lung à mont, l'autre à val courir,
Chasc'un d'eulx ne pensoit qu'à Dieu.
1155 Ilz s'en fouyrent de ce lieu,
Et laissèrent pain, vin et viande,
Criant sainct Jehan et sainct Mathieu
A qui ilz feroyent leur offrande.
Noz escolliers voyant cecy,
1160 Non obstant leur habit de diable,
Furent alors hors de soulcy,
Et s'assirent trestous à table ;
Et Dieu sçait si firent la galle
Entour le vin et le pasté ;
1165 Et repeurent, pour fin finalle,
De ce qui estoit appresté.
C'est bien trompé qui rien ne paye,
Et qui peut vivre d'adventaige,
Sans desbourcer or, ne monnoye,
1170 En usant de joyeulx langaige.
Les escolliers de bon couraige,
Passèrent temps joyeusement,
Sans payer ne argent, ne gaige,
Et si repeurent franchement.
1175 Se vous voullez suyvre l'escolle

(1162) *Trestous.* Tous.
(1163) *La galle.* S'ils firent fête.
(1165) *Pour fin finalle.* Pour tout dire en un mot.
(1167) Ed. mod. *C'est bien trop.*
(1168) *D'aventaige.* Mieux.

De ceulx qui vivent franchement,
Lisez en cestuy prothecolle,
Et voyez la façon comment ;
Mettez y vostre entendement
1180 A faire comme ilz faisoyent,
Et s'il n'y a empeschement,
Vous vivrez comme ilz vivoyent.

(1176) *Franchement.* Sans rien dépenser.
(1177) *Prothecolle.* Protocolle.
(1178) *La façon.* La manière.

FIN DES REPEUES FRANCHES.

S'ENSUIT

LE MONOLOGUE

DU FRANC ARCHIER DE BAIGNOLLET,

AVEC SON ÉPITAPHE.

§ I.

1 C'est à meshuy, j'ay beau corner ;
Or ça, il s'en fault retourner,
Maulgré ses dentz, en sa maison.
Si ne vis-je pieça saison,
5 Ou j'eusse si hardy couraige,
Que j'ay. Par la mor bieu, j'enraige
Que je n'ay à qui me combattre...
Y-a-il homme ? Qui à quatre,
Dy-je ? y-a-il quatre qui veullent
10 Combatre à moy ? se tost recueillent
Mon gantelet ; vela pour gaige.
Par le sang bieu, je ne crains paige,
S'il n'a point plus de quatorze ans.

---

(1) *C'est à meshuy.* C'est inutilement que j'appelle des combattans.
(8) *Qui a quatre d'y-je ?* Que dis-je, veut-on venir avec quatre.

J'ay autresfoys tenu les rencz,
15 Dieu mercy, et gaigné le pris
Contre cinq Angloys que je pris,
Povres prisonniers desnuez,
Si tost que je les eu ruez.
Ce fut au siège d'Alençon.
20 Les troys se misrent à rançon,
Et le quatriesme s'enfuit.
Incontinent que l'autre ouyt
Ce bruit, il me print à la gorge.
Se je n'eusse crié sainct George,
25 Combien que je suys bon Françoys,
Sang bieu il m'eust tué, ançoys
Que personne m'eust secouru.
Et quant je me senty feru,
D'une bouteille qu'il cassa
30 Sur ma teste, venez va ça,
Dis je lors, que chascun s'appaise,
Je ne quiers point faire de noise,
Ventre bieu, et beuvons ensemble.
Posé soit ores que je tremble,
35 Sang bieu! je ne vous crains pas maille.

---

(26) *Ançoys.* Avant que, etc.
(34) *Posé soit.* Quoique en ce moment je tremble de peur.
(35) *Pas maille.* Pas le moins du monde.

§ II.

Cy dit ung quidem par derrière les gens,
Coquericoq.

    Q'uesse cy ? j'ay oüy poullaille
    Chanter chez quelque bonne vielle ;
    Il convient que je la resveille.
    Poullaille font icy leurs nidz !
40 C'est du demourant d'Ancenys,
    Par ma foy, ou de Champ-toursé.
    Hélas ! que je me vis coursé,
    De la mort d'ung de mes nepveux !
    J'euz d'ung canon par les cheveux,
45 Qui me vint cheoir tout droit en barbe ;
    Mais je m'escriay saincte Barbe,
    Vueille moy ayder, à ce coup,
    Et je t'ayderay l'autre coup.
    Adonc le canon m'esbransla ;
50 Et vint ceste fortune là
    Quant nous eusmes le fort conquis.
    Le Baronnet et le Marquis,

---

  (40) *C'est.* C'est quelqu'un qui a survécu à la bataille d'Ancenis, ou, etc.
    (42) *Helas.* Hélas ! que je fus ce jour-là affligé.
    (44) *J'euz.* Je reçus dans les cheveux une balle.
    (45) *Qui.* Laquelle vint tomber devant moi.

Cran, Curso, l'Aigle et Bressoyère,
Acoururent pour veoir l'histoire,
55 La Rochefouquault, l'Amiral,
Aussi Benil son atirail,
Pontièvre, tous les capitaines
Y deschaussèrent leurs mitaines
De fer, de peur de m'affoler ;
60 Et si me vindrent acoler
A terre, ou j'estoye meshaigné.
De peur de dire il n'a daigné,
Combien que je fusse malade
Je mis la main à la salade,
65 Car el' m'estouffoit le visaige,
Ha ! dist le Marquis, ton outraige
Te fera une foys mourir ;
Car il m'avoit bien veu courir
Oultre l'ost, devant le chasteau.
70 Hélas ! g'y perdy mon manteau ;
Car je cuidoye d'une poterne,
Que ce fust l'huys d'une taverne.
Et moy tantost de pietonner,

---

(56) *Aussi*, etc. Benil vint aussi avec sa suite.

(58) *Y*, etc. Quittèrent leurs gantelets de fer lorsqu'ils vinrent me relever.

(59) *De peur.* Crainte de me blesser.

(66) *Ton outraige.* Ton courage téméraire.

(69) *Oultre l'ost.* Hors du camp.

(72) *Que ce fust l'huys.* Que ce fut la porte.

Car quant on oyt clarons sonner,
75 Il n'est couraige qui ne croisse.
Tout aussi tost; ou esse? ou esse?
Et à brief parler, je m'y fourre
Ne plus, ne moins qu'en une bourre.
Si ce n'eust esté la brairie,
78 Du costé devers la prairie,
Qui disoit, Pier'que faictes vous?
De nos gens qui crioient trestous,
N'assaillez pas la basse court
Tout seul, je l'eusse prins tout court
85 Certes; mais s'eust esté outraige.
Et se ce n'eust esté ung paige,
Qui nous vint trencher le chemin,
Mon frère d'armes, Guillemin
Et moy, Dieu luy pardoint pourtant;
90 Car quoy il nous en pend autant
A l'œil, eussions sans nulle faille,
Frappé au travers la bataille
Des Bretons, mais nous apaisames
Noz couraiges et recullames:
95 Que dy-je? non pas reculer:
Chose dont on ne doybt parler.
Ung rien jusque au lyon d'Angiers,

---

(78) *Ne plus*, etc. Avec la même ardeur que si c'eût été la boutique d'un pâtissier. Je ne suis pas assuré que telle est la signification de *bourre*.

Je ne craignoye que les dangiers
Moy, je n'avoye peur d'aultre chose;
100 Et quant la bataille fut close
D'artillerie grosse et gresle,
Vous eussez ouy pesle, mesle,
Tip, tap, sip, sap à la barrière
Aux esles, devant et derrière.
105 J'en eu d'ung parmy la cuirace.
Les dames qu'estoyent en la place,
Si ne craignoyent, que le coullart.
Certes j'estoye ung bon paillart :
J'en avoye ung si portatif,
110 Se je n'eusse esté si hastif
De mettre le feu en la pouldre,
J'eusse destruit et mis en fouldre
Tout quanque avoit de damoiselles.
Il porte deux pierres jumelles
115 Mon coullart, jamais n'en a meins.
Et dames de joindre les mains,
Quant ilz virent donner l'assault.
Les ungs si servoyent du courtault
Si dru, si net, si sec que terre.
120 Et puis quoy? parmy ce tonnerre,

---

(107) *Si ne*, etc. Elles ne craignoient que d'être violées.

(112) Je me crois dispensé d'expliquer ce vers et quelques-uns de ceux qui suivent.

(113) *Tout quanque*. Tout ce qu'il y avoit.

Eussez ouy sonner trompilles,
Pour faire dancer jeunes filles,
Au son du courtault haultement.
Quant g'y pense, par mon serment,
125 C'est vaine guerre qu'avec femmes ;
J'avoye tousjours pitié des dames.
Veu q'ung courtault tresperce ung mur,
Ilz auroyent le ventre bien dur
S'il ne passoit oultre. Pensez
130 Qu'on leur eust faict du mal assez,
Se l'en n'eust eu noble couraige.
Mesmes ces pehons de villaige,
J'entens pehons de plat pays,
Ne se fussent point esbahis
135 De leur mal faire; mais nous sommes
Tousjours, entre nous gentilz hommes,
Au guet dessus la villenaille.
J'etoye pardeça la bataille
Tousjours la lance, ou boutaille,
140 Sur la cuisse : c'étoit merveille ;
Merveille de me regarder.

---

(121) *Trompilles.* Instrumens de musique bourgeoise.

(123) *Au son du courtault.* Le courtaud étoit un instrument de musique qui servoit, dit-on, de basse aux musettes. C'étoit aussi le nom d'un instrument de guerre. Le poëte jouant sur ce mot lui donne encore une nouvelle signification.

(132) *Ces pehons.* Ces vilains, ces manans.

(137) *Au guet.* Surveillant cette canaille de paysans.

(139) *Boutaille.* Espèce d'arme offensive.

Il vint ung Breton estrader,
Qui faisoit rage d'une lance :
Mais il avoit de jeune enfance
145 Les rains rompus, c'estoit dommaige.
Il vint tout seul, par son oultrage,
Estrader par mont et par val,
Pour bien pourbondir ung cheval
Il faisoit feu, et voire flambe.
150 Mais je luy tranchy une jambe
D'ung revers, jusques à la hanche.
Et fis ce coup là au Dimenche.
Que dy-je? ung lundy matin.
Il ne servoit que de satin,
155 Tant craignoit à gréver ses reyns.
Voulentiers frappoit aux chamfrains
D'ung cheval, quant venoit en jouste
Ou droit à la queüe, sans doubte.
Point il ne frappoit son roussin,
160 Pource qu'il avoit le farcin,
Que d'ung baston court et noailleux,
Dessus sa teste et cheveulx,

---

(142) *Estrader.* Courir, galopper devant nous.
(146) *Oultrage.* Courage téméraire.
(148) *Pourbondir.* Faire caracoller.
(149) Ed. mod. *Voire et fiambe.*
(154) *Il ne servoit.* Il ne s'armoit, ne se vêtoit que de satin.
(155) *A grever.* De fatiguer ses reins qui étoient rompus.
(156) *Voulentiers.* Lorsqu'il joutoit il portoit ses coups de lance assez ordinairement de travers.

De peur de le faire clocher.
Aussi de peur de tresbucher,
165 Il alloit son beau pas tric, trac,
Et ung grant panon de bissac
Voulentiers portoit sur sa teste.
D'ung tel homme fault faire feste,
Autant que d'ung million d'or.
170 Gens darme, c'est ung grant trésor ;
S'il vault riens il ne fault pas dire.
J'ay fait raige avec la Hire.
Je l'ay servy, trestout mon aage.
Je fus gros vallet, et puis page,
175 Archier, et puis je pris la lance :
Et la vous portoye sur la pense,
Tousjours troussé comme une coche.
Et puis monseigneur de la Roche
Qui Dieu pardoint, me print pour paige.
180 J'estoye gent et beau de visaige,
Je chantoye et brouilloye des flustes ;

_____

(166) *Panon de bissac*. Sa tête étoit couverte d'un quartier de toile.

(168) *D'ung tel*. Quand on rencontre un chevalier si fort et si bien armé, il faut se réjouir.

(172) Ed. mod. *J'ay fait raige.*—La Hire, vaillant capitaine, sous Charles VII.

(177) *Tousjours troussé*. Toujours appliquée, disposée comme si c'eût été une coche. La coche étoit une baguette de bois applatie, dont les femmes se servoient alors en guise de busc et de corset pour faire leur taille.

Et si tiroye entre deux butes :
A brief parler, j'estoye ainsi
Mignon comme cest enfant s'y ;
185 Je n'avoys pas grammént plus d'aage.
Or ça, ça, par ou assauldray-je
Ce coc que j'ay ouy chanter ?
A petit parler, bien vanter ;
Il fault assaillir cest hostel.

§ III.

Adonc apperçoit le franc archier ung espoventail de chenevière faict en façon d'ung gendarme, croix blanche devant, et croix noire derrière, en sa main tenant une arbaleste.

(A part.)
190   Ha ! le sacrement de l'autel,
Je suis affoibli, qu'esse c'y !
(A l'épouvantail.)
— Ha ! monseigneur, pour Dieu, mercy !
Hault le trait ! qu'aye la vie franche !
Je voy bien, à vostre croix blanche,

---

(182) *Et si.* Et je savois tirer aux butes sans les atteindre.
(185) Ed. mod. *Je n'avois grammént*, etc.
(188) *A petit parler.* Parlons peu, et vantons, etc.
(190) *Le sacrement de l'autel.* Serment. Jésus-Christ dans l'hostie.
(191) *Je suis.* Mes forces m'abandonnent.
(193) *Hault le trait.* Cesser de viser sur moi.

195 Que nous sommes tout d'ung party.
  (A part.)
 —Dont tous lez diables est il sorty
Tout seulet, ainsi effroyé.
  (A l'épouventail.)
 —Comment estes vous desvoyé?
Mettez jus, je gage l'amende.
200 Et pour Dieu, mon amy, desbende,
Au hault ou au loing ton baston.

§ IV.

Adonc il advise sa croix noire.

Par le sang bieu, c'est ung Breton,
Et je dy que je suis Françoys!
Il est fait de toy ceste foys.
  (A l'épouventail.)
205 —C'est Pernet, du party contraire.
Hen! Dieu, et ou voulez vous traire?
Vous ne sçavez pas que vous faictes,

---

(195) *Que nous.* Nous sommes l'un et l'autre soldats du même prince.

(197) *Ainsi effroyé.* Effarouché avec cet air menaçant.

(198) *Desvoyé.* Comment se fait-il que vous ayez quitté votre bannière.

(198) *Mettez.* Déposez vos armes, c'est moi qui payerai l'amende.

(201) *Ton baston.* Ton arme.

(203) *Et je dy.* Et moi je suis français.

(205) *C'est Pernet.* Je suis Pernet comme vous du parti ennemi.

(206) *Hen!* Hola! Et sur qui voulez-vous tirer.

Dea je suis Breton, si vous l'estes,
Vive sainct Denis, ou sainct Yve,
210 Ne m'en chault qui, mais que je vive.
Par ma foy monseigneur, mon maistre,
Se vous voulez sçavoir mon estre,
Ma mère fut née d'Anjou,
Et mon père je ne sçay d'ou,
215 Sinon que j'ouy reveller,
Qu'il fut natif de Montpelier.
Comment sçauray-ge vostre nom ?
Monseigneur Rollant, ou Yvon ?
Mort seray quant il vous plaira.
(A part.)
220 —Et comment! il ne cessera
Meshuy de me persécuter,
Et si ne me veult escouter.
(A l'épouventail.)
—En l'honneur de la passion
De Dieu, que j'aye confession ;
225 Car je me sens ja fort malade.
Or tenez, vela ma salade,
Qui n'est froissée ne couppée,
Je la vous rens et mon espée,
Et faictes prier Dieu pour moy.
230 Je vous laisse, sur vostre foy,

---

(212) *Mon estre.* Qui je suis, ce que je suis.
(226) *Ma salade.* Mon casque.
(230) *Je vous.* Si vous me tuez je laisse sur votre conscience l'acquit d'un vœu que, etc.

Ung veu que je doibs à sainct Jacques.
Pour le faire prendrez mon jacques,
Ma ceinture et mon cornet.
(A part.)
—Tu meurs bien maulgré toy, Pernet,
235 Voire maulgré toy et à force,
Puis qu'endurer fault ceste force.
(Au public.)
—Priez pour l'ame s'il vous plaist
Du franc archier de Baignolet,
Et m'escripvez, à ung paraphe,
240 Sur moy ce petit épitaphe.

Cy gist Pernet le franc archier,
Qui c'y mourut sans desmarcher,
Car de faire n'eut onc espace.
Lequel Dieu, par sa saincte grace,
245 *Mette ès cieulx avecques les ames*
Des francs archiers, et des gens d'armes
Arrière des arbalestriers.
Je les hay tous, ce sont meurdriers,
Je les congnois bien de pieça,
250 *Et mourut l'an qu'il trespassa.*

---

(235) *Voire maulgré toy.* Oui vraiment malgré toi.
(236) *Ceste force.* Cette violence.
(239) *A ung paraphe.* Avec une paraphe.
(241) Ed. mod. *Cy gist Pernet, le franc archier.*
(242) *Sans desmarcher.* Sans reculer.

Vela tout, les motz sont très beaux.
Or vous me lairrez mes hoseaulx;
Car se j'alloye en paradis
A cheval, comme fist jadis
255 Sainct Martin, et aussi sainct George,
J'en seroye bien plus prest. Or je
Vous laisse gantelet et dague;
Car au surplus je n'ay plus bague
De quoy je me puisse deffendre.
(A l'épouventail.)
260 —Attendez, me voulez vous prendre
En desaroy, je me confesse
A Dieu, tandis qu'il n'y a presse,
A la vierge et à tous sainctz.
(A part.)
—Or meurs-je les membres tous sains,
265 Et tout en bon point, ce me semble.
Je n'ay mal, sinon que je tramble
De peur, et de malle froidure,
Et de mes cinq cens de nature.
Cinq cens, ou prins qui ne les emble;
270 Je n'en veiz onques cinq cens ensemble

---

(255) *J'en seroye.* Si je devois aller en paradis à cheval, je serois mieux équipé pour le voyage ayant mes bottes.

(261) *En désaroy.* Avant que j'aie mis ordre à mes affaires.

(267) *Malle froidure.* Glacé par la peur.

(269) *Cinq cens.* Il joue sur le mot de cent, qui dans le vers précédent signifie *sens*, et dans celui-ci signifie : cinq fois cent. — *Ou prins.* Où les prend-on quand on ne les vole pas.

Par ma foy, n'en or n'en monnoye,
Pour néant m'en confesseroye;
Oncques ensemble n'en veiz deux.
Et de mes sept péchez morteux,
275 Il fault bien que m'en supportez,
Sur moy je les ay trop portez;
Je les metz jus, avec mon jacques.
J'eusse attendu jusques à pasques,
Mais vecy ung avancement.
280 Et du premier commendement
De la loy, qui dit : qu'on doibt croire,
Non pas l'estoc, quant on va boire,
Cela s'entend, en ung seul Dieu.
Jamais ne me trouvay en lieu,
285 Ou g'y creusse mieulx, qu'a ceste heure;
Mais qu'a ce besoing me secueure.

(A l'épouventail.)

Ne desbendez je ne me fuys.

(A part.)

Hélas! je suis mort où je suis.
Je suis aussi simple, aussi coy
290 Comme une pucelle; car quoy
Dit le second commendement
Qu'on ne jure Dieu vainement.

---

(275) *Il fault*. Il faut bien que vous me donniez le temps de m'en confesser.

(282) *Non pas l'estoc*. Non à la vigne quand on va boire du vin, mais en Dieu, cela s'entend.

(289) *Je suis*. Je suis aussi innocent, aussi tranquille.

Non ay-je en vain, mais très ferme,
Ainsi que fait ung bon genderme ;
295 Car il n'est rien craint s'il ne jure.
Le tiers nous enjoingt et procure,
Et advertist et admonneste,
Que on doit bien garder la feste ;
Tant en hyver que en esté;
300 J'ay tousjours faict voulentiers feste,
De ce ne mentiray-je point.
Et le quatriesme nous enjoingt!
Qu'on doit honnorer père et mère :
J'ay tousjours honnoré mon père,
305 En moy congnoissant gentilhomme
De son costé, combien qu'en somme
Sois villain, et de villenaille.
   (A l'épouventail.)
—Et pour Dieu, mon amy, que j'aille
Jusques amen; miséricorde !
310 Relevez ung peu vostre corde,
Ferez que le traict ne me blesse.
   (A part.)
—Item morbieu, je me confesse
Du cinquiesme, sequentement :
Deffend-il pas expressément
315 Que nul si ne soit point meurtrier ?
   (A l'épouventail.)
—Las ! mon seigneur l'arbalestrier,

---

(311) *Ferez.* Tirez de manière à ce que la flèche ne blesse pas.

(455)

Gardez bien ce commendement ;
Quant à moy, par mon sacrement,
Meurdre ne fis onc qu'en poulaille.
(A part.)
320 —L'aultre commendement nous baille
Qu'on n'emble rien : ce ne fis oncque,
Car en lieu, n'en place quelquoncques
Je n'euz loysir de rien embler.
J'ay assez à qui resembler :
325 En ce point je n'ay point meffait ;
Car se l'en m'eust pris sur le fait,
Dieu sçet comme il me fust mescheu.

§ V.

Cy laisse tomber à terre l'espoventail celluy qui le tient.

(A l'épouventail.)
Las monseigneur ! vous estes cheu !
Jésus ! et qui vous a bouté ?
330 Dictes, se n'ay-je pas esté
Vrayement, ou diable ne m'emporte.
Au cas, dictes : je m'en raporte,
A tous ceulz qui sont c'y, beau sire,
Affin que ne vueillez pas dire,

---

(321) *Qu'on n'emble rien.* Qu'on ne vole rien.
(329) *Et qui.* Et qui est-ce qui vous a poussé.
(330) *Dictes.* Dites : ce n'est pas moi, je vous l'assure.
(332) *Au cas.* Au reste, si vous en doutez, parlez.

335 Que c'est demain, ou pour demain.
Au fort baillez moy vostre main,
Je vous ayderay à lever.
Mais ne me vueillez pas grever,
J'ay pitié de vostre fortune

§ VI.

Cy apperçoyt le franc archier, de l'espoventail que ce n'est pas ung homme.

340 Par le corps bieu! j'en ay pour une;
Il n'a pié, ne main, il ne hobe,
Par le corps bieu! c'est une robe
Plaine, de quoy? charbieu! de paille.
Qu'esse c'y morbieu, on se raille,
345 Se cuiday-je, des gens de guerre;
Que la fièvre quartaine serre
Celluy qui vous a mis icy.
Je le feray le plus marry
Par la vertu bieu, qu'il fût oncques.
350 Se mocque-on de moy quelconques.

---

(335) J'ai mis *c'est* au lieu de *ts*. — *Que c'est. Que c'est* résistance de ma part, ou que je cherche à vous résister?
(336) *Au fort.* Au reste, donnez-moi.
(341) *Il ne hobe.* Il ne bouge.
(343) *Charbieu.* Chair de Dieu. Jurement.
(348) *Le plus marry.* Le plus triste.
(350) *Quelconques.* Est-il quelqu'un qui, etc.

Et ce n'est, j'advoue sainct Pierre,
Qu'espoventail de chenevière
Que le vent a c'y abatu.
La mort bieu, vous serez batu
355 Tout au travers de ceste espée.
Quant la robbe seroit couppée,
Ce seroit ung très grant dommaige.
Je vous emporteray pour gaige,
Toutesfoys après tout hutin.
360 Au fort ce sera mon butin,
Que je rapporte de la guerre.
On s'est bien raillé de toy, Pierre,
La charbieu saincte et béniste,
Vous eussiez eu l'assault bien viste
365 Se j'eusse sçeu vostre prouesse :
Vous eussiez tost eu la renverse,
Voire quelque paour que j'en eusse.
Or pleust à Jésus que je fusse
A tout cecy en ma maison.
370 Qu'il poise! mengié à foison
De paille, elles chiet par derrière.
C'est paine pour la chamberière
De la porter hors de ce lieu.

---

(351) *J'advoue saint Pierre.* Comme il est vrai que je reconnois la primauté de saint Pierre.

(359) *Toustesfoys.* Pourvu cependant qu'on ne vienne pas vous retirer.

(369) *A tout.* Avec tout ceci.

(Au public.)

—Seigneurs, je vous comment à Dieu,
375 Et se l'on vous vient demander,
Qu'est devenu le franc archier;
Dictes qu'il n'est pas mort encor,
Et qu'il emporte dague et cor
Et reviendra par c'y de brief.
380 A dieu; je m'en vois au relief.

---

(380) *Je m'en vois.* Je vais au.

FIN DU MONOLOGUE DU FRANC ARCHIER DE BAIGNOLLET.

DIALOGUE

DE MESSIEURS

DE MALLEPAYE ET DE BAILLEVANT. *

M. Hée! monsieur de Baillevant? B. Quoy
De neuf? M. On nous tient en aboy,
Comme despourveux, malureux.
B. Si j'avoye autant que je doy;
5   Sang bieu! je seroye chez le Roy,
Un page après moy : M. Voire deux.
B. Nous sommes francs; M. Adventureux.
B. Riches ; M. Bien aisés. B. Plantureux;
M. Voire, de souhais : B. C'est assez.
10 M. Gentilz hommes. B. Hardis; M. Et preux :
B. Par l'huys. M. Du joly souffreteux
Héritiers. B. De gaiges cassez.

---

* *Baillevant.* Qui donne du vent, des paroles au lieu d'argent à ses créanciers. *Mallepaye.* Qui paye mal.

(2) *On nous tient.* On pense que nous sommes dans le besoin.

(8 et 9) *Plantureux.* Bien fournis. — Oui, de souhaits.

(11) *Par l'huys.* Quand nous sommes derrière la porte. — *Du joly.* Héritiers du gentilhomme gueux.

M. Nous sommes puis troys ans passez,
Si mainces; B. Si mal compassez.
15 M. Si simples; B. Ligiers comme vent.
M. Si esbaudiz. B. Si mal tapiz.
M. De donner pour Dieu, dispensez,
Car nous jeusnons assez souvent.
20 B. Hée monsieur de Mallepaye
Qui peult trouver, soubz quelque amant,
Deux ou troys mille escus : quel proye!
M. Nous ferions bruyt. B. Toutalesment.
M. Le quartier en vault l'arpent,
25 B. Pardieu! monsieur de Mallepaye.
M. J'escriptz contre ces murs. B. Je raye,
Puis de charbon et puis de croye.
M. Je raille. B. Je fays chère à tous.
M. Nous avons beau coucher en raye,
30 L'oreille au vent, la guelle baye,
On ne faict point porchatz de nous.
B. Hélas, seront nous jamais soulx.
M. Il ne fault que deux ou troys coups,

---

(14) *Si mal compassez.* Si mal habiles.
(16) *Esbaudiz.* Si gais. — Si mal logez. — Il manque un vers.
(21) *Soubz quelque amant.* Sous quelque tas de pierres.
(26) *Je raye.* Je raie tantôt avec, etc.
(28) *Je raille.* Je plaisante. *Je fays chère.* Je fais la mine à tout le monde, c'est-à-dire je suis triste avec tous.
(29) *Coucher en raye.* Aux rayons du soleil.
(30) *La guelle baye.* Bouche béante, ouverte.
(31) *Porchatz.* Estime, cas.

Pour nous remonter. B. Droictz ;

M. Drutz ; B. Doux.

35 M. Pour fringuer. B. Pour porter le houx.

M. Gens : B. A dire dont venez vous ?

M. Francs. B. Fins. M. Froictz. B. Fors. M. Grans. B. Gros. M. Escreux.

B. Et si n'avons nulz biens acreux.

M. Nous debvons. B. On nous doibt ; M. Fourraige.

40 B. Entretenus : M. Comme pour creux.

B. Jurons sang bieu, nous serons creux.
Arrière piettons de village.

M. Ne suis-je pas beau personnaige ?

B. J'ay train de seigneur : M. Pas de saige.

45 B. Ressourdant, comme bel alain.

M. Pathelin en main, dire raige.

B. Et par la mort bieu, c'est dommaige
Que ne mettons villains en run.

M. Hée cinq cens escus ! B. C'est egrun.

---

(35) *Pour fringuer.* Pour nous rendre fringant et nous faire.

(36) *Gens.* Pour faire de nous des hommes.

(37) *Escreux.* Bien développés, bien faits.

(38) *Et.* Et cependant nous n'avions rien acquis, gagné.

(40 et 41) Le premier *creux* est pour *vide* ; le second pour *cru*.

(44) *Pas.* Démarche.

(45) *Ressourdant.* Revenant.

(48) *Que.* C'est désagréable qu'on ne tienne pas compte de nous.

(49) *Hée.* Hé si nous avions 500 écus. *C'est egrun.* C'est pénible. Ces mots font suite aux deux vers qui précèdent.

50 M. Quant j'en ay j'en offre à chascun,
Et suis bien aise quant j'en preste.
B. Mes rentes sont sur le commun,
Mais povres gens n'en ont pas ung,
J'y romproye pour néant la teste.
55 M. S'il povoyt venir quelque enqueste,
Quelque mandement ou requeste,
Ou quelque bonne commission.
B. Mais en quelque banquet honneste
Faire acroire à cest ou à ceste,
60 La pramatique sanction.
M. Et si elle y croit? B. Promision.
M. Si elle promect? B. Monicion.
M. Si on l'admoneste? B. Qu'on marchande.
M. Si on faict marché? B. Fruiction.
65 M. Se on fruict? B. La petition,
En forme de belle demande
D'ung beau cent escus. M. Quelle viande!
B. Qui l'auroit quant on la demande!
On feroit. M. Quoy? B. Feu: M. S. Jehan voire.
70 B. On tauxeroit bien grosse admende
Sur le faict de ceste demande,
Se j'en quictoye le pétitoire.

---

(52) *Sur le commun.* Sur le peuple, ce qui est cause que je suis mal payé.

(59) *A cest.* Si je pouvois faire croire à celui-ci ou à celle-là qu'en vertu de la pragmatique-sanction je puis donner des bénéfices.

м. Quel bien ! в. Quel heur ! м. Quel acces-
soire !

в. Je me raffroichiz la mémoire
75 Quant il m'en souvient. м. Quel plaisir !
в. S'on nous bailloit, par inventoire,
Deux mil escuz en une armoire,
Ilz n'auroient garde d'y moysir.
м. Qui peult prendre ! в. Qui peult choisir !
80 м. Gaigner ! в. Espargner ! м. Se saisir !
Nous serions par tout bien venu.
в. Ung songe. м. Mais quel ? в. De plaisir.
м. Nous prendrons si bien le loisir
De compter ne sçay quantz escuz.
85 в. Nous sommes bien entretenuz ;
м. Aymez ; в Portez ; м. Et soustenuz.
в. De noz parens : м. De bonne race :
в. Rentes assez et revenuz :
Et s'aprésent n'en avons nulz,
90 Ce n'est que malheur qui nous chasse.
м. Je n'en faix compte. в. Se reimasse.
м. Je volle par coups. в. Je tracasse
Puis au poil, et puis à la plume.
м. Je gaudis, et si je rimasse ?
95 Que voulez vous, il ne tient qu'ad ce
Que je ne l'ay pas de coustume.

---

(74) *Je me.* Mon esprit est soulagé, je jouis lorsque, etc.
(79) *Qui.* Heureux celui qui, etc.
(92) *Je tracasse.* Je vais chasser tantôt, etc.

B. D'honneur assez. M. Chascun en hume,

B. Je destains le feu. M. Je l'allume.

B. Je mesbas. M. Je passe mon dueil.

100 B. Le plus souvent quant je me fume,

Je batteroye comme fert d'enclume,

Si je ne me trouvoye tout seul.

M. Je ris. B. Je bave sur mon seuil.

M. Je donne à quelqu'un ung guin doeil.

105 B. Je m'esbas à je ne sçay quoy.

M. J'entretiens. B. Je faiz bel acueil.

M. On me fait tout ce que je veuil,

Quant nous sommes mon paige et moy.

B. Je ne demande qu'avoir. M. Quoy?

110 B. Belle amye, et vivre à requoy,

Faire tousjours bonne entreprise,

Belles armes, loyal au Roy.

M. Mais, trois poulx rempans en à boy,

Pour le gibier de la chemise.

115 B. Je porteroye pour ma devise

La marguerite en or assise,

---

(98) *Je destains.* J'éteins le feu.

(99) *Je m'esbas.* Je me divertis. *Je passe mon dueil.* Et moi je dissipe mes ennemis.

(100) *Le plus souvent.* La plupart du temps quand je suis contrarié.

(103) *Seuil.* Seuil de ma porte.

(104) *Ung guin d'œil.* Un clin, un coup-d'œil. *Dueil* étoit une faute du copiste, je l'ai corrigée.

(110) *Vivre à reqnoy.* Dans la retraite; en paix.

(113) *Mais.* Plus, etc.

Et le houlx par tout estandu.

M. Vostre cry, quel? B. Nouvelle guise.

M. Riens en recepte, tout en mise,
120 Et toute somme, item perdu.

B. Je vous feroye, au résidu,
Ung gorgias sur le hault verd,
Le bel estomac d'alouette,

M. Robbe? B. De gris blanc, gris perdu.
125 M. Bien emprunté et mal rendu :

B. Payé d'une belle estiquette.

M. Puis la chaîne d'or, la baguette,
Le latz de soye, la cornette?

B. De velours. M. C'est bel affiquet.
130 B. Quant nous aurions fait nostre emplète,
La porte seroit bien estroicte
Se ne passions jusqu'au ticquet.

M. Nectelet; B. Gorgias; M. Friquet:

B. De vert. M. Tousjours quelque bouquet.
135 B. Selon la saison de l'année.

M. Et de paige? B. Quelque naquet.

M. S'il vient hasart en ung banquet.

---

(121) *Je vous feroy.* Je vous ferois avec le reste.
(122) *Gorgias.* Un gorgeret du plus beau vert.
(123) *Le bel.* Imitant le cou de, etc.
(131) *La porte.* Nous ne serions refusés dans aucune maison.
(133) *Nectelet, gorgias, friquet.* Etant mis proprement, richement, élégamment.
(136) *Naquet.* Jeune et joli garçon.
(137) *Hasard.* Une bonne fortune.

  B. Le prendre entre bont et volée.

  M. Aux survenans? B. Chère meslée.

140 M. Aux povres duppes? B. La havée.

  M. Et aux rustes? B. Le jobelin.

  M. Aux mignons de court? B. L'accollée.

  M. Aux gens de mesmes? M. La risée.

  B. Et aux ouvriers? B. Le pathelin.

145 M. L'entretenir? B. Damoiselin.

  M. Et saluer? B. Bas comme luy.

  M. Et diviser? B. Motz tous nouveaulz.

Pour contenter le femynin,

Nous ferions plus d'ung esclin,

150 Qu'ung aultre de quinze Royaulx.

  M. Hée cueurs joyculx! B. Hée cueurs loyaulx!

  M. Prest! B. Prins! M. Promps! B. Preux!

  M. Espéciaulx!

  B. Aymez! M. Supportez! B. Bien reçeuz!

  M. Nous devrions passer aux sceaulx

155 Envers les officiers royaulx,

---

(139) *Aux survenans.* Que ferions-nous aux arrivans. — B. Accueil indifférent.

(140) *La Havée.* La poignée de main.

(141) *Le jobelin.* Nous parlerions leur langage.

(142) *L'accollée.* L'accolade.

(143) *Aux gens de mesmes.* A ceux qui seroient de notre condition. Le sourire gracieux.

(145) *L'entretenir.* Nos entretiens sur quel ton? *D'entretenir* étoit une faute.

(152) *Especiaulx.* D'un mérite tout particulier.

(154) Etre employés de préférence.

Comme messieurs les despourveux.

B. De congnoissance avons assez.

M. On nous a veu si francs ; B. Si doulx.

M. Hélas cent escuz nous sont deubz.

160 B. Au fort si nous les eussions euz,
On ne tint plus compte de nous.

M. Nous avons faict plaisir à tous.

B. Chère à dire dont venez vous.

M. Emérillonez; B. Advenans.

165 M. Cent escuz et juger des coups!
On auroit beau mettre aux deux bouz
Se ne nous tenions des gaignans.

B. Nous sommes deux si beaulx gallans.

M. Fringans; B. Bruyans; M. Allans; B. Parlans:

170 M. Esmeux de franche volunté.

B. Aagez de sens. M. Et jeunes d'ans.

B. Bien gays : M. Assez recréans :

B. Povres d'argent. M. Prou de santé.

B. Chascun de nous est habité :

175 M. Maison à Paris ; B. Bien monté,
Aussi bien aux champs qu'en la ville.

M. Il y a ceste malheurté
Que de l'argent qu'avons presté,

---

(158) *On nous a veu.* Il y avoit *veux* ; j'ai corrigé.

(161) *On.* On auroit cessé de nous estimer si nous les avions exigés.

(170) *Esmeux.* Porté, rempli de bonne volonté.

(172) *Bien gays.* Estant d'humeur assez gaie.

(173) *Prou.* Riche de santé.

Nous n'en arrons ne croix, ne pille.
180 B. Ou sont les cens et deux cens mille
Escus que nous avions en pille,
Quant chascun avoit bien du sien.
M. Au fort ce nous n'en avons mille,
Nous sommes, selon l'évangile,
185 Des bien heureulx du temps ancien.
B. J'aymasse mieulx qu'il n'en fust rien.
M. Trouvons-en par quelque moyen.
B. Qu'en à aprésent? M. Je ne sçay.
B. Hé ung angin parizien!
190 M. Art Lombart. B. Franc praticien
Pour faire à présent ung essay.
M. Je vis le temps que j'avanssay
L'argent de chose, et adressay
Tel ni tel et tel bénéfice.
195 B. Et mais pour moy quant je commence
Monseigneur tel, et luy pourchasse
Moy mesmes, tout seul, son office.
M. J'étois toujours à tous propice.
Mais je crains. B. Et quoy? M. Qu'avarice
200 Nous surprint, si devenyons riches.
B. Riches! quoy? ceste faulce lisse;
Pouvreté nous tient en sa lisse.
M. C'est ce qui nous faict estre chiches.

_____

(190) *Art lombart*. Ruse de lombard, de juif, d'usurier.
(201) *Cette faulce*. Cette chienne de pauvreté.

    b. Nous sommes legiers ; m. Comme biches.
205 b. Rebondis ; m. Comme belles miches.
    m. Et frayzez ; m. Comme beaulx ongnons.
    b. Aussi coutellez ; m. Comme chiches.
    b. Adventureux ; m. Comme Suysses
    A Nancy, sur les Bourguygnons.
210 b. Entre les gallans ; m. Compaignons.
    b. Entre les gorgias ; m. Mignons.
    b. Entre gens d'armes ; m. Courageux.
    b. S'on barguigne ; m. Nous barguignons.
    b. Heureulx ; m. Comme beaulx cham-
      pignons,
215 Mis jus en ung jour ou en deux.
    b. Nous sommes les adventureux,
    Despourveuz ; m. D'argent. b. Planteureux.
    m. De nouvelles plaisantes. b. Tant.
    m. Pour servir princes ; b. Curieux.
220 m. Et pour les mignons ; b. Gracieulx.
    m. Et pour le commun ; b. Tant à tant.

---

(206) *Et frayzès.* Nos fraises sont tournées.

(207) *Aussi coutellez.* Aussi bien tournés que des pois chiches.

(208) *Entre.* Parmi.

(213) *S'on barguigne.* Si on marchande, si on hésite.

(215) *Mis jus.* Coupés, cueillis. Il y avoit *mis sus*, ce qui n'offroit aucun sens ; j'ai corrigé.

(217) *Planteureux.* Bien fournis.

(218) *Tant.* C'est cela.

(219) *Curieux.* Empressés.

(221) *Et pour.* Et pour le peuple. B. Lui rendant ce qu'il nous prête, et rien de plus.

    M. Hée monsieur de Baillevant
    Quant reviendra-il le bon temps ?
    B. Quant chascun aura ses souhais ?
225 M. Cent mille escus argent content ;
    Sur ma foy, je seroye content
    Qu'on ne parlast plus que de paix.
    B. Nous sommes si francs ; M. Si parfaiz ;
    B. Si sçavans ; M. Si cauz en nos faiz ;
230 B. Si bien nez ; M. Si preux ; B. Si hardis ;
    M. Saiges ; B. Subtilz ; M. Advisez. B. Mais !
    Faulte d'argent et les grans preslz,
    M. Nous ont ung peu appaillardis.
    B. Habandonnez ; M. Comme hardis.
235 B. Requis ; M. Comme les gras mardis.
    B. Et fiers ; M. Comme ung beau pet en baing.
    B. J'ay dueil que vieulx villains tarnys,
    Soient d'or et d'argent si garnis,
    Et mignons en ont tant besoing.
240 M. Nous avons froit ; B. Chault ; M. Fain ;
    B. Soif ; M. Soing.
    B. Nous traccassons ; M. Cà ; B. Là ; M. Près ;
    M. Loing ;

---

(223) Ed. mod. *Quant reviendra le*, etc.

(229) *Si cauxx.* Si prudens dans notre conduite.

(233) *Appaillardis.* Rendus gueux.

(234) *Habandonnez.* Nous sommes abandonnés. M. Comme personnes à craindre.

(237) *J'ay dueil.* Je suis affligé que des vieux manans sans honneur soient si bien fournis lorsque, etc.

M. Sans prouffit; B. Sans quelque adventaige
M. Mais s'on nous fonsoit or au poing,
Nous serions pour faire, à ung coing,
245 Nostre prouffit, d'aultruy dommaige.
Avez-vous tousjours l'éritaige
De Bailleven ? B. Ouy. M. J'enraige,
Qu'en Mallepaye n'a vins, blez, grains.
B. Cent franc de rente et ung fromaige,
250 Vous oriez dire de couraige,
Vive le Roy ! M. Ronfflez villains !
B. Qui à le vent ? M. Joyeulx mondains.
B. Gré de dames ? M. Amoureux crains.
B. Et l'argent qui ? M. Qui plus embource.
255 B. Qu'esse d'entre nous courtissains ?
M. Nous prenons escus pour douzains
Franchement, et bource pour bource.
B. Ha monseigneur! M. Sang bieu! la mouste
M'a trop costé. B. Et pourquoy? M. Pour ce.
260 B. Hay ! hay ! Tout est mal compassé.
M. Comment? B. On ne joüe plus du pousse.
M. Qui ne tire? B. Qui? et la trousse

---

(250) *Vous oriez.* Vous m'entendriez dire de bon cœur. Vive le Roi! Dormez, canaille !

(252) *Qui à.* Qui sont ceux qui sont favorisés de la fortune.

(256) *Nous.* Nous prenons bonnement les écus pour des sous, et la bourse pour l'étoffe.

(258) *La mouste.* Le vin.

(260) *Mal compassé.* Mal arrangé dans ce monde.

(261) *Du pousse.* Du pouce.

Autant vault ung arcque cassé.

M. Monsieur mon père eust amassé
265 Plus d'escu qu'on n'eust entassé,
En ung hospital, de vermine.
B. Mais nous avons si bien sassé,
Le sang bieu, que tout est passé,
Gros et menu, par l'estamyne.
270 M. Si vient guerre, mort ou famine,
Dont Dieu nous gard', quel train, quel'myne
Ferons-nous pour gaigner le broust?
B. Quant à moy, je me détermine
D'entrer chez voisin et voisine,
275 Et d'aller veoir se le pot bout.
M. Mais regardons, à peu de coustz,
Quel train nous viendroit mieulx à goust,
Pour amasser biens et honneurs.
B. Le meilleur est prendre par tout.
280 M. De rendre; quoy? B. On s'en absoult,
Pour cinq solz, à ces pardonneurs.
M. Allons servir quelques seigneurs.
B. Aucuns sont si petitz d'honneurs,
Qu'on n'y a que peine et meschance.
285 M. Et prouffit quel? B. Selon les eurs.
Mais entre nous fins estradeurs,

---

(262) *Qui ne tire.* Pourquoi ne tirez-vous pas. — M. Pourquoi ?
(272) *Gaigner le broust.* Pour avoir de quoy brouter, manger.
(276) *A peu de coust.* A peu de frais.

Il nous fault esplucher la chance.

M. Servons marchans pour la pitance,
Pour *fructus ventris*, pour la pence.

290 B. On y gaigneroit ses despens.

M. Et de fonsser ? B. Bonne asseurance,
Petite foy, large conscience.
Tu n'y sçez riens et y aprens.

M. De procès quoy ? B. Si je m'y rens,
295 Je veulx estre mis sur les rencs,
S'ilz ont argent, si je n'en crocque.

M. Quelz gens sont-ce ? B. Gros marchesens,
Qui se font bien servir des gens,
Mais de payer quérez qui bloque.

300 M. Officiers quoy ? c'est toute mocque,
L'ung pourchasse, l'autre desroque
Et semble que tout soit pour eulx.

B. Laissons-les là. M. Ho ! je n'y tocque,
Il n'est point de pire défroque,
305 Que de malheur à malheureux.

B. Pour despourveuz, adventureux

---

(291) *Et de fonsser*. Et qui est-ce qui nous fournira de l'argent?

(293) *Tu n'y*. Tu ne connois pas encore l'art du marchand, tu apprendras à le connoitre.

(294) *De procès*. Si on nous fait des procès, comment vous en tirerez-vous ?

(296) *S'ilz*. Ceux qui voudront plaider contre nous.

(299) *Querez*. Cherchez-en d'autres pour cela.

(301) *L'ung*. L'un poursuit une place, l'autre perd la sienne.

Comme nous, encor c'est le mieulx
De faire l'ost et les gens d'armes.
M. En fuite, je suis couraigeux.
310 B. Et à frapper? M. Je suis piteux.
Je crains trop les coups, pour les armes.
B. Servons donc Cordeliers ou Carmes,
Et prenons leurs bissatz à fermes,
Car il n'y a pas grant débit.
315 M. Il nous prescheroient en beaulx termes,
Et pleureroyent maintes lermes
Devant que nous prinssions l'abit.
B. Se en c'est malheure et labit
Nous mourions, par quelque acabit,
320 Ame n'y a qui bien nous face.
M. J'ay ung vieil harnoys qu'on forbit,
Sur lequel je fonde ung aubit,
Et du surplus Dieu le parface.
B. Hée fault il que fortune efface,
325 Nostre bon bruyt? M. Malheur nous chasse;
Mais il n'a nul bien qui n'endure.
B. Prenons quelque train. M. Suyvons trasse.
B. Nous trassons et quelq'ung nous trasse,
A loups ravis grosse pasture.
330 M. Allons. B. Mais ou? M. A l'adventure.

___

(308) *De faire.* De suivre les camps et les armes.

(318) *Se en c'est.* Si nous venions à mourir tandis que nous sommes si malheureux.

(321) *Ung aubit.* Un obit, service funèbre.

(326) *Qui n'endure.* Qui n'empire.

B. Qui nous admoneste? M. Nature.

B. Pour aller? M. Où on nous attend.

B. Par quel chemin? M. Par soing ou cure.

B. Logez où? M. Près de la clousture

335 De monseigneur d'Angoulevent.

B. Comme yrons nous? M. Jusqu'à Claqdent,

Et passerons par Mallepaye,

B. Brief c'est le plus expédient

Que nous gettons la plume au vent,

340 Qui ne peult mordre si abaye.

M. Ou ung franc couraige s'employe,

Il treuve à gaigner. B. Quérons proye.

M. Desquelz serons-nous? B. Des plus fors.

M. Il ne m'en chault mais que j'en aye;

345 Que la plume au vent on envoye.

B. Puis après? M. Alors comme alors.

B. La plume au vent! M. Sus! B. Là. M. Dehors.

B. Au haut et au loing. M. Corps pour corps.

Je me tiendray des mieulx venuz.

350 B. On n'yra point, quant serons mors,

Demander au Roy les trésors

De messeigneurs les despourveuz.

La plume au vent! M. Je le concluz,

Pour les povres de ceste année.

355 B. Ne demeurons plus si confuz.

Au grat! la terre est dégélée.

―――――――――――――――――

(356) *Au grat.* A l'ouvrage.

M. Allons, suyvons quelque trainée.
Ou faysons icy demourée.
M. Devant, vostre fièvre est tremblée :
360 Car nous sommes tous étourdiz,
B. Dieu doint aux riches, bonne année.
M. Aux despourveuz, grasse journée.
D. Et aux femmes, pesants maritz.
Prenez en gré grans et petitz.

---

(357) *Devant*. Avant de partir, dites-moi votre fièvre, etc.
(363) *Prenez*, etc. Applaudissez.

FIN.

AVIS.

Les pièces suivantes sont tirées d'un *Mss.* du commencement du seizième siècle, qui est dans une des plus magnifiques Bibliothèques de Paris. Plusieurs personnes distinguées par leur érudition et par leur bon goût les ont trouvées si ingénieuses, que nous avons cru devoir les donner au public. (*Coustelier.*)

BALLADE.

I.

1 J'ay ung arbre de la plante d'amours,
Enraciné en mon cueur proprement,
Qui ne porte fruits, sinon de dolours,
Feilles d'ennuy et fleurs d'encombrement :

5 Mais puis qu'il fut planté premièrement,
Il est tant creû, de racine et de branche,
Que son umbre, qui me porte nuysance,
Fait au dessoubs toute joye sechier ;
Et si ne puis, pour toute ma puissance,
10 Autre planter, ne celuy arrachier.

II.

De si long-temps est arrosé de plours,
Et de lermes tant douloureusement,
Et si n'en sont les fruits de rien meillours ;
Ne je n'y truys guaires d'amendement ;
15 Je les recueil pourtant soigneusement,
C'est de mon cueur l'amère soustenance,
Qui trop mieux fût, en friche, ou en souf-
  france,
Que porter fruits qui le deussent blecier ;
Mais pas ne veult l'amoureuse ordonnance
20 Autre planter, ne celui arrachier.

III.

S'en ce printemps, que les feilles et flours
Et abrynceaux percent nouvellement,
Amours vouloit moy fere ce secours,
Que les branches, qui font empechement,
25 Il retranchast du tout entièrement,
Pour y hanter ung Rynseau de plaisance ;
Il gecteroit bourgeons de souffisance,
Joye en istroit, dont il n'est rien plus chier ;

Et ne faudroit já par desesperance,
30 Autre planter, ne celuy arrachier.

ENVOI.

Ma princesse, ma première espérance,
Mon cueur vous sert en dure pénitence;
Faictes le mal, qui l'acqueult, retranchier,
Et ne souffrés, en vostre souvenance,
35 Autre planter, ne celuy arrachier.

AUTRE BALLADE.

I.

Plaisant assez et des biens de fortune
Ung peu garny, me trouvay amoureux,
Voire si bien, que tant aymay fort une,
Que nuit et jour j'en estois langoureux;
5 Mais tant y a que je fus si heureux,
Que moyenant vint écus à la rose,
Je fis cela que chacun bien suppose;
Alors je dis, connoissant ce passage,
Au fait d'amours babil est peu de chose,
10 Riche amoureux a toujours l'avantage.

II.

Or est ainsy que, durant ma pécune,
Je fus traité comme amy précieux;

Mais tost après, sans dire chose aucune,
Cette vilaine alla jetter les yeux
15 Sur un vieillard riche, mais chassieux,
Laid et hideux, trop plus qu'on ne propose;
Ce néantmoins il en jouit sa pose ;
Dont moy confus voyant un tel ouvrage,
Dessus ce texte allay bouter en glose,
20 Riche amoureux a toujours l'avantage.

III.

Or elle a tort, car noyse, ny rancune
N'eut onc de moy. Tant luy fus gracieux,
Que s'elle eust dit : Donne-moy de la lune,
J'eusse entrepris de monter jusqu'aux cieux;
25 Et non obstant, son corps tant vicieux,
Au service de ce vieillart expose :
Dont ce voyant un Rondeau je compose,
Que luy transmets ; mais en pou de langage
Me respond franc ; povreté te dépose,
30 Riche amoureux a toujours l'avantage.

ENVOI.

Prince tout bel, trop mieux parlant
qu'Orose,
Si vous n'avez toujours bourse déclose,
Vous abusez ; car Meung, docteur très sage,
Nous a décrit, que pour cueillir la rose
35 Riche amoureux a toujours l'avantage.

NOUVELLE BALLADE.

I.

Qui en amours veut estre heureux,
Faut tenir train de Seigneurie;
Estre prompt et avantureux
Quand vient à montrer l'armarie;
5 Porter drap d'or, orfaverie;
Car cela les Dames émeut :
Tout sert; mais par saincte Marie!
Il ne fait pas ce tour qui veult.

II.

Je fus naguères amoureux
10 D'une Dame cointe et jolie,
Qui me dit en mots gracieux,
Mon amour est en vous ravie,
Mais il fault qu'el'soit desservie
Par cinquante écus d'or, s'on peut.
15 Cinquante écus! Bon gré, ma vie!
Il ne fait pas ce tour qui veult.

III.

Alors luy donnay sur les lieux
Où elle feisoit l'endormie;

Quatre venues de cœur joyeux
20 Luy fis, en moins d'heure et demie.
Lors me dit à voix espasmie :
Encore un coup, le cœur me deult.
Encore un coup ! hélas m'amie !
Il ne fait pas ce tour qui veult.

ENVOI.

25   Prince d'amours, je te supplie,
   Si plus ainsi elle m'accuelt,
   Que ma lance jamais ne plie ;
   Il ne fait pas ce tour qui veult.

FIN DU RECUEIL.

ERRATA.

Page 40, ligne 15º, *franohes repenes*, lisez : *franches repeyes*.

Page 42, nº 1, *Mss. R.*, lisez : *Mss. T.* Même correction à faire p. 77, not.

Page 53, ligne 4º, *et de Lusignen*, lisez : *ou de Lusignen*.

Page 56, le premier alinéa doit être précédé d'un *V*.

Page 78, vers 153, not., *Haguyer*, lisez : *Raguyer*.

Page 92, ligne 3º, *tout en mouflé*, mettez le trait entre *en* et *mouflé*.

Page 105, vers 6º et not., *soulz*, lisez : *soubz*.

Page 115, vers 180, *navoir*, lisez : *n'avoir*.

Page 116, vers 190, *revencher*, lisez : *revenchier*.

Page 117, vers 199, not., *prend au magasin*, lisez : *se rassasie à table*.

Page 126, vers 326, Remplacez le point par une virgule.

Page 146, vers 572, remplacez la note par celle-ci : *Au sujet de ce que je viens de dire*.

Page 171, vers 922, *Michaul*, lisez : *Michault*.

Page 178, vers 108, *enreng*, lisez : *en reng*.

Page 186, vers 1113, *quin e*, lisez : *qui ne*.

Page 211, vers 1470, *lequel a ort*, lisez : *lequel a tort*.

Page 220, vers 1606, *que non fera*, lisez : *que non sera*.

Page 233, vers 1780, not., *que je meurs*, lisez, *que je meure*.

Page 241, vers 1891, *n'y*, lisez : *ny*.
Page 243, vers 1932, *pour tous*, lisez : *pour tout*.
Page 251, *Marot* 1330, lisez : *Marot* 1530.
Page 319, vers 46, *pars*, lisez : *pas*.
Page 331, vers 26, lisez : *cigne*.
Page 332, à la note 34, ajoutez : *Mss. que fais-je plus*.

N. B. Le lecteur ne sera pas étonné de rencontrer quelquefois, dans la même pièce de vers, un mot écrit de deux manières différentes. Ces vices d'orthographe sont les habits du temps ; en dépouiller un écrivain seroit, à mon avis, un acte de vandalisme. Je n'ai pas voulu m'en rendre coupable.

TABLE.

	PAGE.
Explication des abréviations.	6
Clément Marot aux lecteurs	8
Marot au Roi François Ier.	13
Mémoire sur la Vie et sur les Œuvres du poëte F. Villon.	15
LE PETIT TESTAMENT.	65
Leçons diverses.	93
LE GRAND TESTAMENT.	103
Ballade des Dames du temps jadis.	126
Ballade des Seigneurs du temps jadis.	129
Ballade même propos en vieil langage françois	131
Les Regrets de la belle Héaulmière.	137
Ballade de la belle Héaulmière aux filles de joie.	143
Double Ballade continuant le premier propos.	150
Icy commence Villon à tester.	161
Ballade que Villon feit à la requeste de sa mère, pour prier Nostre-Dame.	168
Ballade de Villon à s'amye.	173
Lay, ou plustost Rondeau	176
Ballade et Oraison.	194
Ballade que Villon donna à ung gentil-homme nouvellement marié	204
Ballade X.	207
Ballade intitulée les Contreditz de Franc-Gontier.	211
Ballade des Femmes de Paris	214
Ballade XIII.	219
Belle leçon de Villon aux enfans perdus.	225
Ballade de bonne doctrine à ceulx de mauvaise vie.	227
Lay.	233

	PAGE.
Rondeau	241
Ballade par laquelle Villon crye mercy à chascun.	246
Ballade XVI.	248
Leçons diverses.	251
AUTRES ŒUVRES DE M. F. VILLON	305
Le Quatrain que feit Villon quant il fut jugé à mourir.	ib.
Epitaphe	306
Epitaphe en forme de Ballade	Ib.
Ballade de l'appel de Villon.	309
La Requeste de Villon au Parlement.	312
Le Débat du cueur et du corps de Villon	315
La Requeste que Villon bailla à Mgr. de Bourbon	319
Ballade tant grate chèvre, etc.	322
Ballade je congnois bien, etc.	324
Espitre.	326
Ballade Villon.	329
Les povres Housseurs	332
Ballade.	335
Problème	338
Fragment d'une Ballade contre les Taverniers.	341
Leçons diverses.	343
Jargon et Jobelin de Villon	349

ŒUVRES QUI ONT ÉTÉ ATTRIBUÉES A VILLON	360
Les Repeues franches. — Préambule.	ib.
Ballade des Escoutans.	367
L'Acteur	369
La Repeue de Villon et de ses compaingnons	373
La manière comment ils eurent du poisson.	374
La manière comment ils eurent des trippes.	378
La manière comment ils eurent du pain.	380
La manière comment ils eurent du vin	382
La manière comment ils eurent du rost.	384
Deuxième partie	386
La Repeue franche du Lymousin	392
La Repeue franche de Souffreteux.	401
La Repeue du Pelletier	406

	PAGE.
La Repeue franche des Gallans sans soulcy.	409
La Repeue faicte auprès de Montfaulcon.	413
Le Monologue du franc archier de Baignolet	419
Dialogue de MM. de Mallepaye et de Baillevant	439

Ballade première	456
Ballade deuxième	458
Ballade troisième	460
Errata	463

FIN DE LA TABLE.

AU LECTEUR.

Isabelle, fille de Charles Ier, duc de Bourbon, l'un des protecteurs du poëte François Villon, comme on le voit par une requête ingénieuse qui lui est adressée (ª), avoit été mariée, en 1454, à Charles-le-Téméraire, duc de Bourgogne. De cette union naquit, le 13 février 1457, la princesse MARIE, qui, depuis, épousa Maximilien, archiduc d'Autriche.

La grossesse d'Isabelle dut être d'autant plus agréable au duc, son époux, que, n'ayant pas eu d'enfans de son premier mariage, il pouvoit, après deux ans de stérilité, craindre avec raison de ne pas en avoir de celui-ci.

François Villon sut mettre à profit une circonstance qui pouvoit lui être favorable. Condamné à être pendu par sentence du Châtelet (ᵇ), il demanda, au nom de l'enfant, et sans doute par l'intermédiaire de la mère, que le duc employât son crédit auprès du parlement chargé de vider un appel dont le succès lui paroissoit fort douteux (ᶜ).

Il est à présumer que la haute protection du prince détermina le parlement à user d'indulgence. La peine de mort fut commuée en celle de bannissement.

(ª) Œuv. div., pag. 319.
(ᵇ) Mém. 1re part., n° 12.
(ᶜ) V. Ballade, pag. 309.

Le poète reconnoissant, après avoir remercié la cour (a), et vraisemblablement le duc et la duchesse de Bourgogne, crut devoir chanter la naissance d'une princesse de qui il tenoit en quelque sorte la vie.

Ce petit poëme est dans le *Mss.* des poésies de Charles d'Orléans dont nous avons extrait la *Ballade Villon* (b). Le dernier vers porte le nom de l'auteur (c), précédé d'une qualification qu'il affectionnoit (d). La confiance que nous avions cru pouvoir donner à une table faite, en apparence, avec beaucoup de soin, nous auroit empêché de le découvrir, si M. Aug. Soulié, conservateur à la Bibliothèque de l'Arsenal, n'avoit eu la bonté de nous l'indiquer.

Nous avons eu deux *Mss.* sous les yeux. On s'apercevra par nos notes que nous les avons corrigés l'un par l'autre, lorsqu'ils s'écartoient du sens naturel.

Dans l'un des *Mss.* cette pièce n'a pas de titre, et dans l'autre elle est, on ne sait pourquoi, précédée du mot *Balade*. Nous avons cru pouvoir l'intituler : *Le Dit de la Naissance Marie de Bourgogne.*

(a) Ballade, pag. 312.
(b) OEuv. div., pag. 329.
(c) *V.* Mém., 1re pag., n° 5.
(d) *V.* P. T., pag. 65, et G. T., pag. 240.

SUPPLÉMENT AUX OEUVRES

DE MAISTRE

FRANÇOIS VILLON.

LE DIT

DE LA NAISSANCE MARIE DE BOURGOGNE.

Jàm nova progenies celo demittitur alto. *
(Virg. ecl. iv, v. 7.)

    O louée concepcion,
    Envoiée sà jus des cieulx ;
    Du noble lis digne Syon,
    Don de Jhésus très-précieulx ;
5 MARIE, nom très-gracieulx,
    Fons de pitié, source de grace,
    La joye confort de mes yeulx
    Qui nostre paix batist et brasse.

---

* *Jàm*, etc. Cet enfant nouveau-né nous est envoyé des cieux.
(2) *Sà jus.* Ici bas ; sur terre. — (3) *Syon.* Rejeton.
(5) *Marie.* Marie de Bourgogne naquit le 13 février 1457.
(7) *La joye confort.* La joie consolante.
(8) *Batist* et *brasse.* Littéralement construit et produit.

La paix, c'est assavoir, des riches;
10 Des povres le substantement;
Le rebours des felons et chiches.
Très-nécessaire enfantement:
Conceu, porté honnestement,
Hors le péchié originel,
15 Que dire je puis sainctement,
Souvrain bien de Dieu éternel,

※

Nom recouvré, joye de peuple,
Confort des bons, de maulx retraicte;
Du doulx Seigneur, première et seule;
20 Fille de son cler sang extraicte,
Du dextre costé Clovis traicte;

---

(9) *La paix.* Qui donnera la paix aux princes.

(10) *Des povres.* Aux sujets la vie et le repos.

(11) *Le rebours.* L'effroi des traîtres et des usuriers : tel est, je crois, le sens du mot *chiche*.

(13) Les deux Mss. *Portée.* Erreur provenant de ce que les copistes auront pris pour un *e*, un *s*, qui vraisemblablement se lioit avec le mot *honnestement*. — Enfantement si pur dans sa conception, et jusqu'à la naissance de l'enfant, le péché originel excepté que, etc.

(16) Les deux Mss. *Souverain.* Il pourroit se faire aussi que la suppression dût tomber sur le *de*.

(17) *Nom recouvré.* Héritière d'un nom qui alloit se perdre.

(18) *De maulx retraicte.* Séparée des méchans.

(19) *Première et seule.* Le duc de Bourgogne n'avoit alors et n'eut dans la suite que cette fille.

(473)

Glorieuse ymage en tous fais,
Du hault ciel créée et pourtraicte
Pour esjouyr et donner paix.

25   En l'amour et crainte de Dieu
Es nobles flans César conceue ;
Des petis et grans en tout lieu
A très-grande joye receue.
De l'amour Dieu traicte, tissue,
30 Pour les discordez ralier
Et aux enclos donner yssue,
Leurs lians et fers deslier.

Aucunes gens qui bien peu sentent,
Nourriz en simplesse econfiz,

---

(22) *Glorieu.e*. Créature parfaite en tous points ; formée dans le ciel pour, etc.

(25) *En l'amour*, etc. Le poëte revient sur l'idée déjà exprimée, fruit d'une union légitime.

(29) *Traicte*. Sortie. *Tissue*. Produite par l'amour que Dieu nous porte.

(30) *Pour*, etc. Pour unir les princes qui sont, etc.

(31) *Et*. Et délivrer les prisonniers. Villon étoit en prison, chargé de fers et condamné à mort, lors de la grossesse de la duchesse de Bourgogne.

(33) *Aucunes gens*. Des personnes peu réfléchies, d'ailleurs d'une simplicité extrême, murmurent contre la volonté de Dieu, qui a trompé leurs désirs.

35 Contre le vouloir Dieu attentent,
Par ignorance desconfiz,
Désirans que feussiez ung filz;
Mais qu'ainsi soit, ainsi m'aist Dieux,
Je croy que ce soit grans proufiz :
40 Raison ; Dieu fait tout pour le mieulx.

Du psalmiste je prens les dictz,
Delectasti me Domine
In factura tūa, si diz.
Noble enfant de bonne-heure né,
45 A toute doulceur destiné ;
Manne du Ciel, céleste don,
De tout bienfait le guerdonné
Et de noz maulx le vray pardon.

---

(38) *Mais.* Pour moi, je pense qu'il est très-utile que les choses soient ainsi ; la raison que j'en donne, c'est que, etc.

(41) *Je prens.* J'emprunte les paroles du Psalmiste *(Ps. 91, v. 5)*: « Seigneur, vous m'avez comblé de joie en me montrant l'œuvre de vos mains. »

(43) *Si diz.* Or il dit. — Un des *Mss.* porte : *Je ditz.*

(47) *Le guerdonné.* Enrichie de tous les dons ; parfaite.—Les deux Mss. *Le gueredonné.*

DOUBLE BALLADE.

I.

  Combien que j'ay leu en ung dit,
50 *Inimicum putes*, y a,
  Qui te presentem laudabit,
  Toutesfois, non obstant cela,
  Oncques vray homme ne céla
  En son courage, aucun grant bien,
55 Qui ne le monstra çà et là ;
  On doit dire du bien, le bien.

II.

  Saint Jehan-Baptiste ainsi le fist,
  Quant l'aignel de Dieu descela.
  En ce faisant pas ne meffist :
60 Dont sa voix ès tourbes vola,
  De quoy saint André Dieu loua,

---

 (49) *Combien.* Quoique j'aie lu dans un écrit, où il est dit, vous tiendrez pour ennemi celui qui fera votre éloge en votre présence.

 (53) *Oncques.* Jamais homme véridique ne s'abstint de rendre justice au mérite dont il avoit connoissance. — *Courage.* Cœur.

 (57) *Saint.* Telle fut la conduite de saint Jean-Baptiste.

 (58) *Descela.* Fit connoître le Fils de Dieu.

 (60) *Es tourbes.* Parmi le peuple.

 (61) *De quoy.* Ce qui convertit et attacha au service de Dieu saint André, qui ne le connoissoit pas.

Qui de lui cy ne scavoit rien,
Et au Fils de Dieu s'aloua :
On doit dire du bien, le bien.

III.

65 Envoyée de Jhésucrist,
Rappelles, sà jus, par deçà
Les povres que rigueur proscript
Et que fortune bétourna.
Cy sçay bien comment y m'en va.
70 De Dieu, de vous vie je tien.
Benoist celle qui vous porta ;
On doit dire du bien, le bien.

IV.

Cy devant Dieu fais congnoissance
Que créature feusse morte,
75 Ne feust vostre doulce naissance
En charité puissant et forte,
Qui ressuscite et reconforte
Ce que mort avoit prins pour sien.
Vostre présence me conforte ;
80 On doit dire du bien, le bien.

---

(66) *Rappelles*, etc. Sur la terre où tu parois, ramène de son exil celui qu'une sentence trop rigoureuse proscrit, et dont la fortune a renversé l'existence.

(69) *Cy*. Je sais fort bien comment je suis dans mon exil.

(73) *Cy*. Je reconnois ici, en présence de Dieu, que moi, créature.

(79) *Me conforte*. Me console et rend à la vie.

V.

Cy vous rens toute obéissance,
Ad ce faire raison me porte,
De toute ma povre puissance ;
Plus n'est deul qui me desconforte,
85 N'autre ennuy de quelconque sorte.
Vostre je suis et non plus mien ;
A ce, droit et devoir m'enhorte :
On doit dire du bien, le bien.

VI.

O grace et pitié très-immense,
90 L'entrée de paix et la porte,
Some et bénigne clémence,
Qui noz faultes toust et supporte,
Cy de vous louer me déporte,
Ingrat suis, et je le maintien :
95 Dont en ce refrain me transporte ;
On doit dire du bien, le bien.

ENVOI.

Princesse, ce loz je vous porte
Que sans vous je ne feusse rien.

---

(82) *Me porte.* Un Mss. *M'exorte.*

(84) *Deul.* Il n'y a plus de chagrin qui abatte mon âme.

(91) *Some et.* Il ne faut pas élider l'e final de some. — Clémence auguste et bénigne qui te charge, et porte, etc. — Dans l'un des Mss. il y a *source et bénigne.*

(93) *Cy* Si je cesse de vous louer, je serai un ingrat. Un Mss. *Louez.*

A vous, et à vous m'en raporte ;
100 On doit dire du bien, le bien.

※

Euvre de Dieu digne, louée,
Autant que nulle créature,
De tous biens et vertuz douée
Tant d'esperit que de nature,
105 Que de ceulx qu'on dit d'aventure ;
Plus que rubis noble, ou balais ;
Selon de Caton l'escripture,
Patrem insequitur proles.

※

Port assuré, maintien rassiz
110 Plus que ne peut nature humaine,
Et eussiez des ans trente siz.
Enfance en rien ne vous demaine :
Que jour ne le die et sepmaine
Je ne sçay qui le me deffant.
115 Ad ce propos ung dit ramaine :
De saige mère, saige enfant.

---

(101) *Digne.* Aussi parfait et digne d'éloges.

(105) *Biens d'aventure.* Qualités accidentelles.

(106) *Plus.* Plus noble, plus distinguée que le rubis et le balais.

(108) *Patrem*, etc. L'enfant doit ressembler au père.

(109) *Port asseuré.* Vous avez le etc., autant que si vous aviez 36 ans.

(114) *Enfance.* Il n'y en a vous rien de l'enfant. Je ne sais ce qui m'empêche de le répéter continuellement. Un Mss. *Je n'estay.*

(115) *Ung dit.* Un proverbe.

Dont résume ce que j'ay dit,
Nova progenies celo,
Car c'est du poëte le dit,
120 *Jamjàm demittitur alto.*
Saige Cassandre, bel Écho,
Digne Judith, caste Lucresse
Je vous congnois, noble Dido,
A ma seule dame et maistresse.

125 En priant Dieu, digne pucelle,
Qui vous doint longue et bonne vie;
Qui vous ayme MADEMOISELLE,
Jà ne coure sur luy envie.
Entière dame et assouvie,
130 J'espoir de vous servir ainçoys,
Certes, se Dieu plaist, que devie.
Vostre povre escolier FRANÇOYS.

---

(121) *Saige Cassandre.* Enfant qui avez la sagesse de Cassandre, la beauté de la nymphe Echo, le courage héroïque de Judith, la chasteté de Lucrèce et la noblesse de Didon, je vous prends, dès çe jour, pour ma seule, etc.

(128) *Jà ne coure.* Mais qu'il n'ait jamais le dessein de vous rappeler à lui.

(129) *Entière.* Dame parfaite et accomplie. J'espère, s'il plaît à Dieu, de vivre assez pour vous servir.

(130) *Povre escolier françoys.* (V. Mém., 1re part., n° 5, et Œuv., p. 65, 240, 305, 306.)

FIN.

www.ingramcontent.com/pod-product-compliance
Lightning Source LLC
Chambersburg PA
CBHW072113220426
43664CB00013B/2106